南京信息工程大学人才科研启动项目"权利—制度—资源—角色：我国城市社会养老服务体系优化研究"（2243141701095）资助

教育部人文社会科学青年基金项目
"积极老龄化视域下城市低龄老年人社会参与政策研究"
（19YJC840050)资助

银发中国

中国城市社会养老服务理论与实践

徐倩 著

SILVER CHINA

Theory and Practice of Urban Social Pension Service in China

北京大学出版社
PEKING UNIVERSITY PRESS

图书在版编目(CIP)数据

银发中国:中国城市社会养老服务理论与实践/徐倩著. —北京:北京大学出版社,2020.12

ISBN 978-7-301-31877-5

Ⅰ. ①银… Ⅱ. ①徐… Ⅲ. ①养老—社会服务—研究—中国 Ⅳ. ①D669.6

中国版本图书馆 CIP 数据核字(2020)第 237163 号

书　　　名	银发中国——中国城市社会养老服务理论与实践 YINFA ZHONGGUO——ZHONGGUO CHENGSHI SHEHUI YANGLAO FUWU LILUN YU SHIJIAN
著作责任者	徐　倩　著
责 任 编 辑	姚文海
标 准 书 号	ISBN 978-7-301-31877-5
出 版 发 行	北京大学出版社
地　　　址	北京市海淀区成府路 205 号　100871
网　　　址	http://www.pup.cn　新浪微博:@北京大学出版社
电 子 信 箱	sdyy_2005@126.com
电　　　话	邮购部 010-62752015　发行部 010-62750672　编辑部 021-62071998
印 　刷 　者	北京溢漾印刷有限公司
经 销 者	新华书店 730 毫米×1020 毫米　16 开本　15 印张　277 千字 2020 年 12 月第 1 版　2020 年 12 月第 1 次印刷
定　　　价	58.00 元

未经许可,不得以任何方式复制或抄袭本书之部分或全部内容。
版权所有,侵权必究
举报电话: 010-62752024　电子信箱: fd@pup.pku.edu.cn
图书如有印装质量问题,请与出版部联系,电话: 010-62756370

序

南京信息工程大学的徐倩老师发来微信，说她正在考虑将她近几年的研究成果正式出版，邀我为她的书写个序。

2017年春天去南京大学开会，因一个偶然的机会认识了徐老师，当时，她还是南大的博士生。她听说我退休以后一直在研究老年服务，就说起了她的论文，并提出请我帮她看看。因为这样的情况常常遇到，也就随口答应了。回京以后不久，就收到了她发来的论文初稿。粗略地看了一遍，总的感觉是她阅读过的参考文献很多，但疏于整理与消化，所以这个初稿差不多就是资料的堆积。

通过其他途径，知道徐老师当时怀孕了，在同一时间，孕育着世界上最珍贵的两个胚胎，可能确实有点顾此失彼。说实在的，以前带博士生时也曾遇到过类似的个案，我还一直半开玩笑地传播这样的"经验"，即女博士在读博期间怀孕生孩子是件两全其美的事，但是应该延迟一年交论文。我把我的意见告诉徐老师，可是没想到看起来娇弱的她却异常坚决地坚持要生"双胞胎"。几次交涉以后，她毫不动摇。无可奈何的我在仔细读了她的论文初稿的基础上，给了她一个几乎是"颠覆性"的修改意见。

再次见到徐老师，已经是差不多一年之后了。她告诉我，她已经顺利通过论文答辩毕业了，并且已经在南京信息工程大学当上了老师；与此同时，她也已经当上了妈妈——"双胞胎"居然奇迹般地诞生了！这个消息令我大跌眼镜，满心疑惑。等我接过她递来的论文最终稿时，发现她居然参考我的"颠覆性意见"把她的论文初稿完全颠覆了，然后从头来过。

在将近25万字的最终稿中，她充分利用了她阅读过的大量参考文献，并以詹姆斯·梅志里的"发展型社会政策"理论为主心骨，结合世界卫生组织倡导的"长期照护""健康老龄化""积极老龄化"等概念，建构了她的论文的理论框架。在此基础上，她客观地分析了"我国城市社会养老服务体系"，并深入讨论了南京市的实践。在此基础上，她总结了经验，指出了不足之处，并最终提出了"优化"的政策建议。

徐倩的论文虽然说不上尽善尽美，但在我近年来审阅过的众多论文中确属上乘，值得出版供从事或关注中国老年服务和失能老人长期照护的理论工作者及实际工作者一读。作为博士论文,则值得学弟学妹们借鉴。后来者读师兄师姐们已经写就的博士论文,除了在学术理论上寻求借鉴和帮助,其实论文的框架结构也是值得花一番工夫去分析研究的。

  我为徐倩写这篇序言,更是被她的努力所感动。可以想象一下,2017年数十天"高烧不退"的夏天,又是在号称"火炉"的南京,一个孕育着一天天长大的婴儿的母亲,在电脑前挥汗如雨地写着她的博士论文……在这篇序言即将写成之际,在"全球社会政策网站"上见到一个报道,即《生娃和研究如何兼得——学术妈妈们给大学支招》(An Academic Mother's with 12 Things Universities Need)。我还来不及细看,不知三位作者(一位德国的和两位英国的女性学者)的意见与我相似、相容还是相左?

2019年元月21日

(社会政策研究专家,中国社会科学院社会政策研究中心秘书长,教授,博士生导师)

前　言

21世纪的中国已然被不可逆转的银色浪潮疯狂席卷。较之发达国家的"富老同步""先富再老",强制性的计划生育政策实施与尚不充足的社会养老保障资源积累"双管齐下",提前催生了我国人口老龄化的社会。人口老龄化及老年人的社会养老服务体系建设是现阶段我国面临的重大问题,研究如何构建与实施具有中国特色、组织结构合理、制度功能齐备、能够满足老年群体多层次养老服务需求的现代社会养老服务体系,就显得十分迫切和重要了。人口老龄化不仅是每个人和每个家庭都正在经历或即将经历的现实问题,更是关乎国计民生与国家长治久安的重大社会问题。社会养老服务体系的完善与优化是我国积极应对人口老龄化、保障与改善民生的必然要求,是国家发展战略规划的重要内容,用新型的发展理念与理论工具剖析社会养老服务问题具有深刻的理论价值与实践价值,也与国际社会大力倡导的"积极老龄化""成功老龄化""老年长期照护国际共识"等先进发展理念一脉相承。本书在全面分析我国社会养老服务政策发展演进过程与实践经验基础之上,针对政策体系发展过程中存在的关键问题,对如何完善与优化我国社会养老服务政策进行了事实求证、系统分析与逻辑推导。与此同时,借鉴与吸收以瑞典、日本和英国为典型的福利国家社会养老服务体系发展经验,在发展型社会政策、"积极老龄化""成功老龄化"等理论的指导下,立足我国基本国情,从权利保障、制度安排、资源供给与角色互动四个方面对社会养老服务体系进行深入挖掘,构成社会养老服务体系优化的四维逻辑分析视角。其中,权利保障是社会养老服务政策的价值立场,制度安排是社会养老服务政策的支撑系统,资源供给是社会养老服务政策的主要内容,角色互动是实现社会养老服务政策目标的保证。通过四个维度的优化路径展示与推演,以期为政府提供社会养老服务体系发展模型,为实现"老有所养、老有所医、老有所为、老有所学、老有所教、老有所乐"的国家战略目标提供中观层面的决策参考。

本书主要包括以下几个部分:

第一部分是导论,首先通过分析我国人口老龄化程度不断深化的现实背景与社会发展理念不断转变的宏观背景,旨在引出社会养老服务的需求迫切性与现实重要性以及将社会养老服务置于新型发展理念之下进行整体性战略部署的重要性与必要性,并以此作为本书的选题背景。在此基础上,通过对国内外学者关于社会养老服务政策选择与实践方面的研究成果进行分类、归纳、概括与评析,发现现有研究之不足。

第二部分是基本概念界定与相关理论支撑。即对社会养老服务与社会养老服务体系、社会养老服务与老年长期照护服务、发展型社会政策、发展型社会政策视域下城市社会养老服务、"健康老龄化""积极老龄化"与"成功老龄化"等核心概念及相关逻辑关系进行界定与梳理。

第三部分是我国城市社会养老服务体系建设的历史叙事。根据以"孝文化"为中心的传统养老服务模式、计划经济时代"剩余型"社会养老服务模式以及改革开放时期"政府主导、社会资本开始介入"的社会养老服务模式三个不同发展时期社会养老服务模式所呈现出的不同特点,分析我国社会养老服务体系的发展历程及发展规律,总结我国城市社会养老服务体系发展演进过程中的经验与教训。

第四部分是我国城市社会养老服务体系的现实生态与发展困境。根据对南京市鼓楼区凤凰街道四个社区的调查以及2016年南京市重点养老机构的调查资料,分析社区居家养老服务以及机构养老服务的现实生态与发展困境,进行成因剖析与反思,为研究如何优化社会养老服务体系提供现实依据。

第五部分是国外社会养老服务启示与借鉴。本书选择有着"福利国家橱窗"美誉的瑞典、号称"东亚福利典范"的日本以及被称为"社区服务先驱"的英国三个国家各具特色的福利体制作为主要研究对象。这三个国家在社会养老权利保障、服务资源供给、服务主体角色互动以及服务制度安排方面各具特色,对于急需进行社会养老服务体系改革的我国来说具有极强的借鉴意义。

第六部分是我国城市社会养老服务体系优化路径,是本书的落脚点和重点。在将我国传统养老文化、发展现状与西方福利国家社会养老服务体系建设经验相结合的基础上,我们构建了"权利、资源、角色、制度"四位一体社会养老服务体系分析框架。其一,就权利实现体系而言,应当在推广"成功老龄化"理念、扩展"实有权利"与老年群体"增权"等方面作出努力,在政府的引导之下理性重塑社会养老服务体系制度安排的目标取向。其二,就制度再生产体系而言,要建构符合我国发展现状与发展需求的、具有中国本土特色的发展型社会养老服务制度体系,需要宏观层面的顶层设计、政策制定与资金筹措,中观层面的体制配套、社区支持以及微观层面的人才培养、社会组织培育等各项机制整合运行才有可能实现。与此同时,发展型社会养老服务制度体系还应当在老年人家庭赡养能力逐渐弱化的背景之下,对具有无法替代的经济供给与精神慰藉作用的家庭给予重视与支持。其三,就资源供给与递送体系而言,要整合社会养老服务资源,基于老年群体不同层次的生存及发展需求"分层分类"地优化服务资源配置结构,通过一系列兼顾生存与发展需求的服务"精准递送",在保障老年群体生存质量的同时,提升其生活品质、拓展其发展空间,使其共享经济社会发展红利。在"服务组合""方式融合"以及"体制整合"理念的指导下,尊重市场规律,提升资源动员能力,积极扶持民办养老服务机构,大力培育社会组织参与养老服务资源供给。"社区养老服务综合体"可以作为中国特色社会养老服务的实践新模式。其四,就主体角色分配体系而言,政府应当以"多元合作伙伴"角色取代传统"大包大揽、全局控制"角色,改变既有"强政府、弱社会"的资源非平等依赖关系模式,在培育与发展社会服务组织的基础上,建构诸如政府购买服务等"公私合作伙伴关系"(PPP)善治时代的政社关系全新模式,进而形成"在竞争中合作与在合作中竞争并行"的政府主导、社会参与的"社会养老服务多元主体协同创新网络",最终形成融合家庭、政府公共部门、社会非营利组织以及市场营利组织各自优势的发展型社会养老服务制度体系。

目　　录

第一章　导论 ……………………………………………………………… (1)
　　第一节　需求提档与理念升级 ………………………………………… (1)
　　第二节　养老服务研究现状与进展 …………………………………… (10)
　　第三节　发展型服务体系愿景与趋势 ………………………………… (23)

第二章　养老国际共识与本土理念融通 ………………………………… (30)
　　第一节　我国城市社会养老服务本土化理论与政策 ………………… (30)
　　第二节　城市社会养老服务国际共识与理念拓展 …………………… (34)

第三章　我国城市社会养老服务体系建设的历史叙事 ………………… (48)
　　第一节　以尊老敬老文化为中心的城市传统养老服务 ……………… (48)
　　第二节　计划经济时代"剩余型"城市社会养老服务 ……………… (53)
　　第三节　改革开放时期"政府主导型"城市社会养老服务 ………… (56)

第四章　我国城市社会养老服务体系现实生态与发展困境 …………… (64)
　　第一节　社区居家养老服务的现实生态与发展困境 ………………… (65)
　　第二节　机构养老服务的现实生态与发展困境 ……………………… (92)

第五章　国外城市社会养老服务启示与借鉴 …………………………… (116)
　　第一节　瑞典：公民权利主导下的社会养老服务体系 ……………… (117)
　　第二节　日本：国家制度保障下的社会养老服务体系 ……………… (122)
　　第三节　英国：二元改革推动下的社会养老服务体系 ……………… (134)

第六章 我国城市社会养老服务体系优化路径 ·············· (145)
　第一节 "权利—制度—资源—角色"四维社会养老服务体系架构······ (145)
　第二节 权利保障:重塑养老服务价值立场 ·············· (154)
　第三节 制度安排:构建发展型社会养老服务制度体系 ········ (167)
　第四节 资源供给:整合资源,优化配置 ················ (176)
　第五节 角色互动:构建社会养老服务多元合作关系 ········· (192)

附录1　南京市鼓楼区四个社区养老服务调查问卷 ············ (200)

附录2　南京市养老服务机构访谈问卷 ··················· (216)

附录3　城市社会养老服务访谈提纲 ···················· (220)

参考文献 ······································ (224)

第一章 导 论

第一节 需求提档与理念升级

(一) 老龄化现实与发展理念转变

1. 人口老龄化程度不断深化的现实背景

在社会人口老龄化不断加剧的时代,"如何满足老年人持续增长的社会服务需求"是继"如何满足老年人收入补偿需求"之后,世界各国正在面临的普遍难题之一。"人口老龄化"是指老年人口占总人口比重不断增加的过程,国际社会一般将60岁以上的老年人比例达到10%或65岁以上的老年人比例达到7%,作为进入老龄化社会的衡量标准。根据中国国家统计局数据,"我国在2000年前后,60岁及以上人口占总人口的比例就已经达到了10%,并且65岁及以上人口占总人口的比例达到了7%",符合迈入"老龄化社会"的标准。此后,我国人口老龄化程度不仅在持续深化,而且呈现出持续加速现象。2014年,全国60岁以上的老年人口净增加约1000万人,增长幅度约为6‰,高于人口自然增长率(5.21‰)约0.8‰。"截至2015年年末,全国60岁及以上老年人口达到22200万人,占总人口的16.1%,其中65岁及以上人口14386万人,占总人口的10.5%",再创历史新高。同时,中国老年人口数量占世界老年人口总数的比例已经超过了中国人口数量占世界人口总数的比例。根据联合国统计的人口数据,我们不难发现,中国人口老龄化速度之快已经到了令人瞠目结舌的地步,这并非人口发展的"正常状态":"1990—2010年世界各国老龄人口平均增长速度为2.5%,中国为3.3%,发达国家人口老龄化进程一般会持续长达几十年到一百年,如法国115年,美国60年,德国40年,日本24年,而中国仅用了18年时间。"如此"存量旁大、增量巨大、增速飞快"的老年群体必然会催生出种类繁多、层次各异的养老服务需求。由此可以说,我国正在经历人类历史上规模最大、速度最快的人口老龄化,在现在和不久的将来,"银发中国"将成为社会"新常态"。

我国老年人口不仅基数大、老龄化速度快,而且地区之间、城乡之间发展不平衡的特点也十分突出。不仅如此,高龄化、失能化、空巢化、少子化、家庭核心化"五化"齐发的态势更是我国当前社会老龄化的突出特征,加之女性劳动力的社会就业参与率不断攀升,在这些因素的共同作用下,家庭养老能力被大幅度削弱,而人口老龄化的社会影响被不断放大。一方面,传统家庭养老模式正在遭遇前所未有的严峻挑战,特别是独生子女家庭面临的照料压力更是巨大。一是空巢家庭数量快速增长,"独子老龄化"甚至"无后老龄化"使得我国将会有八成以上的老年人独居生活,无法得到养老方面的服务供给;二是小型化、空心化的家庭对老年人的照料功能越来越弱,核心家庭中能够承担照顾老人责任的人数大为减少。另一方面,专业机构老年照护资源的可及性与可得性严重不足。目前,我国的专业老年护理院太少,收费太贵,不具备医养结合功能,失能老年人专业护理型养老机构的建设远滞后于现实需要。我国一旦进入高龄社会甚至超高龄社会,失能老年人口数量之巨大程度将是触目惊心的:我国失能老年人数量已经从 2012 年的 3600 万人增长到 2014 年的 3750 万人;慢性病老年人从 2012 年的 0.97 亿人增加到 2014 年的 1 亿多人。"截至 2014 年年底,我国已经拥有 4000 多万失能老年人。"[①]"预计到 2030 年和 2050 年前后,我国失能老年人口总数将分别达到 6168 万和 9750 万人。"[②]这些不幸的老年人寻求专业照料的刚性需求日趋增长。失能老年人的照料需要社会化、院舍化,同时失能老年人的照料成本也需要部分政府化,而目前国家养老政策为失能的、低收入老年人群提供的全方位的托底照料支持仍然十分薄弱。宏观来看,我国的"老年人口高龄化"和"不健康老龄化"持续扩展,人口老龄化带来的养老风险和照料压力持续放大。这些都意味着当下和未来,我国社会养老服务需求将会进入一个急剧增长期。

不仅如此,在社会经济发展水平不高、社会经济基础还比较薄弱以及社会保障制度体系有待于进一步健全的背景下,我国"跑步"进入了社会人口老龄化时代。根据世界银行世界发展指标(WDI)数据显示,无论是以人均 GNP 水平还是已进入老龄化社会的相关指标评判,相对于发达国家而言,我国的人口老龄化具备典型的"未富先老"与"未备先老"特征。2000 年前后,我国 65 岁及以上老年人比例达到 7% 时,我国的人均 GNP 仅为 840 美元,而美国、日本等发达国家这一比例达到

---

① 中国新闻网. 中国首部养老机构发展研究报告在京发布[EB/OL]. http://www.chinanews.com/gn/2015/07-16/7409367.shtml, 2017-02-03.
② 全国老龄工作委员会办公室总报告起草组. 国家应对人口老龄化战略研究总报告[J]. 老龄科学研究. 2015(3).

7%时,其人均GNP已经达到1392美元和1940美元。我国的"未富"并不仅仅表现在人均GNP上,还表现在工业化、城市化指标方面:2000年,我国三大产业在GDP中的比例分别为16.4%、50.2%和33.4%,其中第一产业农业所占GDP的比重比日本高出近十个百分点,第三产业服务业所占GDP的比重比日本低十多个百分点,三大产业发展不均衡的态势说明我国工业化和现代化程度远未达到发达国家进入老龄化社会时的同期水平。据2000年第五次全国人口普查数据显示,我国进入老龄化社会时的城市人口所占总人口的比重不足40%,远低于美国和日本在64%和72.1%的水平。不难发现,较之于发达国家,我国工业化与城市化的落后状况非常明显,这在某种程度上反映了我国现代工业发展与现代化城市建设还处于初级阶段,还有很长的路要走。换言之,解决我国社会养老保障问题要兼顾用于收入补偿的经济保障和满足照护需求的服务保障。过去,我们对社会保险体系建设投入很大,但对社会养老服务体系的投入相对不足。现阶段和未来很长一段时期内,我国社会养老的突出问题将是"由谁来向银发中国提供照护服务"。因此,有学者提出,"资金缺口"极有可能被"服务缺口"所取代,进而成为我国社会保障制度体系构建所面临的最尖锐矛盾,养老"难"与养老"贵"的问题十分突出。我国持续实施了三十多年的计划生育政策也加速了人口老龄化进程,加之高龄化、失能化、空巢化、少子化等因素的影响,导致了家庭养老能力的弱化,放大了人口老龄化的社会影响,显示出了老年群体对专业养老和社区服务的迫切需求,进一步生成了巨大的社会养老风险和社会照护服务压力。直面我国特有的"未富先老""未备先老"事实,首先必须明确的是,"老"是无法逆转的客观事实,我们要从根本上破解"未富"与"未备"难题,这就需要找寻符合我国国情的、可持续发展的应对之策,以回应社会养老服务需求未能有效满足的现实危机与社会养老服务制度有待完善的现实挑战。人口老龄化及老年人的社会养老服务体系建设是现阶段我国面临的重大问题,研究如何构建具有中国特色的、组织结构合理、制度功能齐备、能够满足老年群体多层次养老服务需求的现代社会养老服务体系,就显得十分迫切和重要了。

2. 社会发展理念不断转变的宏观背景

20世纪80年代前后,遭遇了石油危机的西方福利国家在积极应对经济全球化、社会复杂化、风险化挑战的过程当中,不断探索着改革与重构福利国家公平性与合理性的实践路径,这一实践过程有效地推动了发展型社会政策理论的顺利产生与有效发展。发展型社会政策强调价值理性与工具理性相统一、经济增长与社会发展相协调、经济政策与社会政策相包容等。特别是在全面深化改革、深入落实

"创新、协调、绿色、开放、共享"五大发展理念的今天,推行中国特色的发展型社会政策是兼备理论合理性与实践可行性的。经济效率与人文关怀作为"发展天平"的两端,二者失衡导致了一系列社会矛盾的集中爆发,这为发展型社会政策提供了现实诉求与操作推力。"中国正在走向社会政策时代"的宏观背景不仅为发展型社会政策预留了充足的发展空间,更重要的是,中国社会政策从"补缺"向"普惠"全面转型,社会政策领域"国家—社会"多元主体责任共担机制的立体化建构,"全民追求美好生活"成为中国发展的共识和核心议题,这一切都为发展型社会政策奠定了良好的实践基础。传统以经济建设为中心、社会发展为边缘的单一社会政策体系已经无法与当今经济社会所需的社会政策诉求结构相匹配,以价值选择的协调性、实施策略的积极性、社会效益的包容性为特征的发展型社会政策将成为实现经济发展与民生改善良性循环的促进剂。

中国特色的发展型社会政策需要以经济社会协调发展为出发点与立足点。其一,推动社会政策从附属于经济政策的"边缘化角色"走向社会发展的中心地位,以"积极社会投资"的姿态,主动参与经济社会发展重大问题的解决,发挥社会政策的优势和作用。社会政策作为推动经济发展的促进剂,从支持市场的立场来对市场进行干预,无论是对个人能力、家庭能力还是社会能力的干预,都是为了使社会成员能够实现自由发展,更好地适应社会经济发展需求。其二,谋求经济政策和社会政策的协同整合,从二者的协调与相互包容之中形成发展合力,共同促进社会系统良性运转,使经济增长的丰硕成果转化为保障和改善民生的殷实基础。其三,实现社会政策化解社会矛盾职能的同时,促进通过社会政策的有效施行来实现社会公平正义,进而提高全体社会成员的福利水平,在普遍增强人民群众获得感的同时推动我国全面、协调、可持续发展,为加快实现小康社会做出贡献。可以说,中国特色发展型社会政策意味着政府和多元社会主体致力于以生产性、投资性、积极性、包容性的方式取代传统"事后补救型"的干预方式,致力于全方位提升全体社会成员的社会参与能力与发展机会。具体而言:

首先,我国的社会政策需要发挥更加积极主动的功能。在经济全球化复杂发展形势之下,社会政策不仅仅充当社会的"安全阀"与"减震器",更重要的是保障和促进国家的综合竞争实力,也即"社会政策不应仅仅是被动应急的,而应具有预防和发展的作用,所以在经济发展中要先行一步"。因此,特别是在大力推广五大发展理念的今天,我们需要审时度势地调整现有社会政策的发展方向,应当从中长期战略发展的角度整体考虑具有生产性与投资性功能的社会政策来为经济增长提供充足而持久的动力。这就意味着我国的社会政策不能只停留在为经济增长"保驾护航"的"附庸"地位上。

其次，我国的社会政策不应仅仅局限于事后缺陷的消极性修补，而应以满足与支持全体社会成员的发展需求、保障与拓展全体社会成员的发展权利作为出发点和落脚点，将包括老年群体在内的人力资本作为社会最重要、最宝贵的资产进行开发、培植和投资。这不仅是社会政策彰显人文关怀之光辉，更是因为发展型社会政策自始至终都将人作为经济和社会发展的最终动力。改革开放四十多年来，我国社会保障制度基本局限于为"国家—单位制"解体而产生的社会弱势群体和市场竞争中的失败群体提供"最后的安全网"，而对新型社会风险之下如何在保障社会成员基本生存的基础上，保障社会成员的发展权利、满足其发展需要、提升其适应经济社会变迁的能力则缺乏必要的政策安排。通过借鉴西方发展型社会政策理论与实践经验，可以认为，我国社会政策必须强化对全体社会成员发展权利与机会的保护与支持作用，不是非要待其陷入困境之后才为其提供必要援助，而是通过积极的、前置性的"上游干预"措施，帮助其提升自我可行能力，实现能力建设。

最后，我国的社会政策不能局限于现金与实物给付，而要把社会服务作为社会投资的有效手段之一。欧洲大多数福利国家为了应对劳动力供需变化、国际竞争加剧、技术变革、家庭结构变化等因素导致的社会风险共担机制和收入维持机制失衡，纷纷通过扩大社会服务来改变延续了几十年的"重现金给付、轻社会服务"倾向，并且不断把社会资源和人力资源调配至弱势群体保护、家庭支持以及社区服务提供等领域，以期尽快实现由"收入维持"向"服务提供"转变。这一做法对我们也有极强的借鉴意义。能力促进型社会服务能够使不同群体尤其是具有劳动能力的受助者减少对社会福利的依赖，促使他们自力更生，通过自身力量来提升生活质量。值得一提的是，围绕着发展型社会政策的社会投资理念，社会政策不再仅仅关注人生的弱势阶段，而是通过社会服务的提供将政策视阈扩展至人生所有阶段，具体包括积极的儿童发展服务政策、积极的家庭投资与服务政策、发展型就业促进与服务政策、积极的老年服务政策等。以养老服务为例，通过采取自我护理、家庭成员照料、伙伴互帮互助、社区服务支持、机构服务补充、政府最基本层面的资金与服务兜底等"一揽子发展型社会服务套餐"来间接实现对老年群体的人力资本投资，通过社会养老服务的提供来促进他们的发展。

区别于以往的任何时代，我们国家社会人口老龄化的挑战长远而深刻，截至2016年，我国有长期照护服务需求的老年人口数量至少达7000万人，按照户均3人计算，需要提供长期照护服务的人口老龄化现象的影响面至少波及2亿多人。人口老龄化问题不仅与数以亿计的老百姓生活息息相关，而且与国家发展全局紧密相连，这就需要我们运用大局眼光和整体性思维，将有效应对人口老龄化挑战与整个国家的全局发展进行整合考量，并且将应对人口老龄化问题上升为国家发展战略和国家长期实施的基本国策,这样才有可能探索出破解世界人口老龄化难题的"中国战略"与"中国道路"。

从发展的视角看,老龄化社会的影响不仅局限于老年人的社会照料服务问题,也不仅局限于社会劳动力方面的问题。从社会经济发展的全局看,传统的养老问题常被视为只是老年群体的问题,或是如何解决老年群体经济赡养与社会服务的难题,殊不知老龄化已成为社会人口发展常态,即仅仅关注老年群体的社会政策已无法应对老龄社会的诸多挑战。在发展型社会政策理论所倡导的新型社会发展理念的影响之下,世界卫生组织(WHO)于1990年提出"健康老龄化"的战略性目标,强调的重点是人在进入老年以后继续在生理、心理、智能等多方面尽可能地在较长时期内保持良好状态。此后不久,联合国于1992年通过的《世界老龄问题宣言》,呼吁全球共同开展"健康老龄化运动";2002年,WHO继"健康老龄化"之后又提出"积极老龄化","积极老龄化"把健康、参与和发展并列为三大支柱,旨在树立一个比"健康老龄化"内涵更为广泛的宣示。如果说"健康老龄化"侧重于表达个体发展延续的一种良好状态,强调晚年生活状态与能力取决于生命全周期的积累,那么"积极老龄化"则强调一种"自由状态",即它使我们认识到自己在整个生命周期中的能力发挥,即在生命的全程始终发挥潜能,并按照自己的意愿与需求实现自我价值、参与社会发展。从这个意义上来说,"健康老龄化"超越了"一般老龄化",而"积极老龄化"又超越了"健康老龄化",它使社会养老政策的含义延展至全体社会成员的生命全程。因为人的生命周期的不同年龄阶段是相互关联的动态整体,必须把个体生命周期的不同阶段和人口结构的各个层次作为整体考虑,并以提升老人"人力资本""自理能力""家庭功能""互助水平"作为夯实养老服务政策设计的基础。2016年5月27日,中共中央政治局就我国人口老龄化形势与对策等重大问题举行第三十二次集体学习。习总书记强调:"坚持党委领导、政府主导、社会参与、全民行动相结合,坚持应对人口老龄化和促进经济社会发展相结合,坚持满足老年人需求和解决人口老龄化问题相结合,努力挖掘人口老龄化给国家发展带来的活力和机遇,努力满足老年人日益增长的物质文化需求,推动老龄事业全面协调可持续发展"①。

(二) 中国养老服务何处去?

在国际社会积极推行发展型社会政策、深入贯彻"健康老龄化""积极老龄化"

---

① 党委领导政府主导社会参与全民行动 推动老龄事业全面协调可持续发展[EB/OL].人民网,2016-05-29。

理念的宏观背景之下,在我国社会各领域切实践行"五大发展理念"的今天,我们有必要转换发展思路,深刻意识到应对人口老龄化是对整个社会形态重新建构过程。虽然"发展型社会政策理论""健康老龄化""积极老龄化"以及"创新、协调、绿色、开放、共享"五大发展理念表述不同,但是它们与我国的养老问题特别是养老服务问题具有相同的逻辑契合点,这就需要我们以更加积极的发展的眼光重新审视老龄化社会,积极看待老年群体和老年生活,将老年视为仍然可以有所为、有所乐的重要人生阶段,将老年群体视为宝贵的社会人力资源加以投资和利用。通过积极的发展型服务来有效应对人口老龄化,不仅有助于提高老年人生活和生命质量、维护老年人的尊严和权利,而且能够促进经济社会的全面协调可持续发展。这就需要我们在以"经济与社会协调发展""注重人力资本与社会资本投资""包容全体社会成员共享社会经济发展成果"为特征的发展型社会政策理论的指导下,具备清晰的多中心合作治理思路。在明确多元主体资源优势、多元主体责任边界以及多样化作用机制的前提下,深度挖掘我国社会的结构资源优势,并在此基础上进行与当今社会情境相契合的融合创新,建构政府、企业、社会组织、家庭、老年人自身共同参与、共担责任的致力于经济社会协调可持续发展、全体社会成员自由发展的现代老龄社会治理体系与治理模式,搭建相互促进、协同推进的老年友好型社会服务平台。与此同时,增强老龄政策的针对性、协调性与系统性;完善老年人权益保障法的配套政策法规,统筹好生育、就业、退休、养老等政策;完善养老和医疗保险制度,落实支持养老服务业发展、促进医疗卫生和养老服务融合发展的政策措施;建立老年人状况统计调查和发布制度、相关保险和福利及救助相衔接的长期照护保障制度、老年人监护制度、养老机构分类管理制度,制定家庭养老支持政策、农村留守老人关爱服务政策、扶助老年人慈善支持政策、为老服务人才激励政策,促进各种政策制度相互衔接,全方位增强政策合力。

基于以上分析,本书的核心问题为:如何在发展型社会政策理论、"健康老龄化""积极老龄化"以及"成功老龄化"先进理念的统领之下优化具有中国特色的城市社会养老服务体系?本书对此提出了具发展性与建设性的中观层面的政策建议,用一种新型的发展理念来指导事关数以亿计百姓生活的民生问题。由此演绎出本书所要研究的几个基本问题:

第一,我国目前城市社会养老服务体系从何而来?如何评价?即分析我国城市社会养老服务体系的历史与发展现状,现有体系存在的弊端以及转变与发展前景。

第二,我国目前城市社会养老服务体系为什么要寻求进一步发展?三个典型福利国家的城市社会养老服务体系发展历程带给我们怎样的启示?即分析城市社会养老服务体系优化的经验借鉴与"权利、制度、资源、角色"分析框架的实践根基。

第三,发展型社会政策理论与"成功老龄化"等先进理念视域下的我国城市社会养老服务体系协调可持续发展的新方向是什么?如何妥善处理好权利、制度、资源、角色之间的逻辑关系?如何实现转变?即城市社会养老服务体系优化的改革与愿景以及实现路径。

(三)发展型社会养老服务体系理论与实践

1. 理论契合与"四位一体"策略

本书尝试用发展型社会政策理论来解决社会养老服务政策选择的问题,以新型发展理论解决重大实际问题,以期实现理论与实践相结合。本书的重点是探讨中国城市社会养老服务体系,并以此为基础,进一步阐述发展型社会政策理论、"成功老龄化"等先进理念与社会养老服务之间的关系。以往的研究对发展型社会政策理论等与社会养老服务之间关系的辨析缺乏系统性梳理,使社会养老服务不论是在理论探究还是实践探索层面均处于缺乏系统理论指导的尴尬境地。这不仅使得社会养老服务的内涵和外延争议较大,而且由于一系列认识误区导致产生诸多实践困境。

本书认为,发展型社会养老服务政策体系包括权利实现体系、制度再生产体系、资源供给与递送体系以及主体角色分配体系。

第一,就权利实现体系而言,应当在推广"成功老龄化"理念、扩展"实有权利"与老年群体"增权"等方面作出努力。社会养老制度安排的目标取向应当在政府的引导之下被理性"再造","再造"之后的目标价值应当与经济社会的可持续发展理念融为一体,形成一种"老年人晚年如何发展""如何实现成功老龄化"以及"社会如何实现包括老年人平等参与、共享成果的包容性发展"的全新目标价值体系。

第二,就制度再生产体系而言,要建构符合我国发展现状与发展需求的、具有中国本土特色的发展型社会养老服务制度体系,这就要求我们合理设定并且妥善协调社会养老服务体系建设与发展的阶段性目标与总体性目标,使得社会养老服务制度体系具有发展性、积极性、可持续性以及连续性特征。社会养老服务制度体系不仅应满足当代老年人的生存型与发展型需求,而且应对全体社会成员进行"事前干预型"人力资本投资。这不仅是发展型社会政策、"积极老龄化"与"成功老龄化"的内在要求,亦是将我国社会养老服务体系融入经济社会发展全局的重要战略举措。发展型社会养老服务制度体系的构建是一项复杂的系统性工程,需要宏观层面的顶层设计、政策制定与资金筹措,中观层面的体制配套、社区支持以及微观层面的人才培养、社会组织培育等各项机制整合运行才有可能实现。与此同时,发展型社会养老服务制度体系还应当在老年人家庭赡养能力逐渐弱化的背景下,对具有无法替代的经济供给与精神慰藉作用的家庭给予重视与支持。

第三,就资源供给与递送体系而言,就是要构建中国特色的"发展型整合照料体系",应当整合养老服务资源,基于老年群体不同层次的发展需求"分层分类"地优化服务资源配置结构;应当逐渐转变以家庭、养老机构等居住方式作为养老服务资源供给与递送标志的传统做法,着力突出养老服务供给与递送的资源类型,包括定向为困难老年人提供的"补缺性养老服务资源"、为一般老年人提供的"工具性养老服务资源"、为全体老年人提供的"日常性养老服务资源"以及为经济条件相对优越老年人提供的"选择性养老服务资源"等。即明确社会养老服务生产、供给与递送的要旨在于使服务资源与老年人实际需求相适应,通过一系列兼顾生存与发展需求的服务精准配送,在保障老年群体生存质量的同时,提升其生活品质、拓展其发展空间,使其共享经济社会发展红利。在"服务组合""方式融合"以及"体制整合"理念的指导下,尊重市场规律,提升资源动员能力,积极扶持民办养老服务机构,大力培育社会组织参与养老服务资源供给,同时积极发挥政府在社区养老服务中的统领性作用。以社区为平台整合各种养老服务资源,为老年人提供包括家政服务、生活照料、文化娱乐、精神慰藉、心理健康等发展型服务的"社区服务综合体"可以作为中国特色社会养老服务的实践新模式。

第四,就主体角色分配体系而言,"多元合作治理"与"合作伙伴关系构建"是发展型社会政策对政府与社会关系最好的诠释,而构建发展型养老服务体系更应当寻求行政管理体制突破。政府应当以"多元合作伙伴"角色取代传统"大包大揽、全局控制"角色,改变既有的"强政府、弱社会"的资源非平等依赖关系模式,在培育与发展社会服务组织的基础上,建构诸如政府购买服务等的政社关系全新模式。与此同时,创造有利条件,切实推进社会公益类事业单位分类改革实践,最终形成"在竞争中合作与在合作中竞争并行"的政府主导、社会参与的"社会养老服务多元主体协同创新网络",以期实现对我国社会养老服务资源供给体制机制的架构重塑与流程再造。

2. 敬老爱老与"健康中国"战略

老年人是社会的重要组成部分,尊老敬老是中华民族的传统美德,是弘扬社会主义精神文明和建设社会主义和谐社会的重要构成,满足老年人日益增长的社会养老服务需求、保障老年人合法权益,是中国共产党全心全意为人民服务根本宗旨的体现,是贯彻落实全面建成小康社会指导思想和实现中华民族伟大复兴中国梦的重要体现。因此,社会养老服务本身就具有极其重要的现实意义。完善并优化"居家为基础、社区为依托、机构为补充、医养相结合"的中国特色的社会养老服务体系,通过凝聚社会多元主体的力量协同解决"养老难""养老贵"的现实困境,是一项事关全体老年人及上亿家庭权益与福利、生存与发展的民生大事,对实现"老有所养、老有所医、老有所为、老有所学、老有所教、老有所乐"目标具有重要的战略意义,对强化全社会老年人关爱意识与老年人自爱意识、弘扬孝亲敬老文化、促进社会和谐包容与可持续发展具有重要的社会价值与现实意义。在发展型社会政策理论与"成功老龄化"等先进理念指导下建设城市社会养老服务体系以有效应对人口老龄化,不仅能提高老年人生活和生命质量,维护老年人尊严和权利,而且能促进经济发展、增进社会和谐。由此,有效应对人口老龄化,实现老有所养目标的国家战略决策应当立足于系统性、综合性、动态性、投资性以及可持续性的全局战略发展观念,应将"健康老龄化""积极老龄化""成功老龄化""智慧老龄化"纳入"健康中国"国家战略的总体设计思路及行动方案中,使其成为不同生命周期、各年龄阶层社会成员的一种社会共识。不仅如此,还应当拓展"老有所养"的价值理念,将"老有所为""老有所能""老有所学"以及"终身学习"纳入积极老龄化战略设计框架,最大限度挖掘和发挥老年人力资源、社会资源的重要价值,积极创造条件,在发展型社会养老服务政策指引下构建有中国特色的"老年友好型、老年发展型社会"。

第二节 养老服务研究现状与进展

西方国家进入人口老龄化社会的时间较早,国家与社会对老年人救助、保障和服务进行了积极有效的政策选择与制度安排。我国学界虽然对社会养老服务的研究起步较晚,但热情高涨。在2014年的"中国十大学术热点"评选中,"人口老龄化背景下的社会养老服务体系优化"位列第八名,足见社会各界对社会养老服务的重视程度。学者们对社会养老服务政策、服务体系、服务模式中的基础性问题进行了富有成效的探索和研究,提出了一系列具有理论与实践价值的观点,成为影响我国老年社会政策走向的重要推动因素。

(一) 研究来源与变量确定

据中国知网(CNKI)搜索结果显示,自1980年至2015年,以"养老服务"为主题的中文期刊文献共计9730篇。从学科类别看,排名前十位的学科分别是中国政治及国际政治(4891篇),行政学及国家行政管理(1131篇),投资(848篇),保险(822篇),社会学及统计学(800篇),宏观经济管理与可持续发展(563篇),服务业经济(469篇),农业经济(406篇),医药卫生方针政策与法律法规研究(315篇),临床医学(244篇)(见图1-1)。其中,对于"养老服务"的研究六成以上集中在公共管理领域(6022篇,占61.89%),三成左右的研究集中在经济领域(3108篇,占31.94%),医疗卫生领域的养老服务研究所占比重不足一成(559篇,占5.74%)。

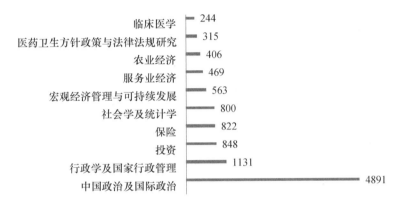

图1-1　中文期刊论文排名前十位的学科(单位:篇)

资料来源:根据CNKI数据(截至2015年9月2日)分析整理得出。

根据已检索出的期刊文献,有675篇约占总数7%的文献显示受到国家级和省级科研基金支持,如图1-2所示。其中,受到国家社会科学基金项目支持的有342篇,受到省级科研基金支持的有191篇,受到国家自然科学基金支持的有93篇,受到国家科技支撑计划项目支持的有14篇,受到中国博士后科学基金支持的有11篇,受到跨世纪优秀人才培养计划项目支持的有8篇,受到国家软科学研究计划项目支持的有6篇,受到全国教育科学规划项目支持的有4篇,受到教育部留学回国人员科研启动基金支持的有3篇,受到长江学者奖励计划项目支持的有3篇,这些数据反映出社会对养老服务的迫切需求以及有关部门对养老服务的极端重视。

根据发表时间看,自1980年《吉林财贸学院学报》发表第一篇刘世杰翻译的大阪大学经济学部教授藤田晴的与养老服务相关的论文《福利财政的今后动向》至今,每年发表的养老服务相关论文数逐年增长。如图1-3所示,1993年达到两位数(14篇),2004年达到三位数(103篇),2012年达到四位数(1022篇),2014年全年共计发表养老服务相关论文2412篇。从这些数据不难发现,论文数由1980年的1

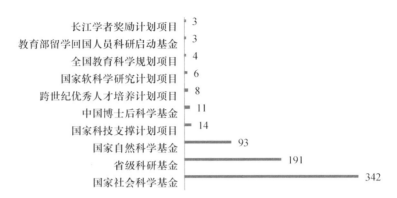

图 1-2 中文期刊文献受到国家级和省级科研基金资助情况(单位:篇)
资料来源:根据 CNKI 数据(截至 2015 年 9 月 2 日)分析整理得出。

篇增长到 1993 年的 14 篇用了 13 年时间,由 1993 年的 13 篇增长到 2004 年的 103 篇用了 11 年时间,由 2004 年的 103 篇增长到 2012 年的 1022 篇用了 8 年时间,而从 2012 年的 1022 篇到 2014 年的 2411 篇,论文数量翻了一番却仅用了 2 年时间。

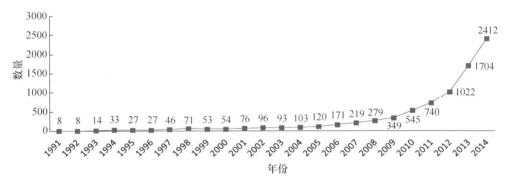

图 1-3 养老服务研究中文期刊学术关注度(单位:篇)
资料来源:根据 CNKI 数据(截至 2015 年 9 月 2 日)分析整理得出。

随着养老服务研究日渐深入,相关学术论文数量也呈几何级数式增加,本书将侧重在公共管理视域下进行文献述评。本书以"是否刊发在核心期刊"作为筛选标准,根据该标准,在中国知网数据库中检索到约 700 篇相关文章,通过快速阅读文章标题与摘要,迅速剔除了与公共管理研究视域相关性较小的新闻报导、会议小结、工作总结等无效文献,最终确定了 652 篇文章,进而界定了文献分析的几个维度,如表 1-1 所示。文献分析维度的明晰,旨在通过定性分析准确掌握目前学界对于养老服务问题的研究进展与不足,以便在已有研究基础上进一步分析,为养老服务研究准确把脉,寻求我国养老服务研究"瓶颈期"的解困之道。

表 1-1 文献编码的几个维度

维度	编码标准	编码 1	2	3	4	5	6
D1	研究重点	核心意涵	利益攸关方	模式分析	对策建议		
D12	利益攸关方	家庭	政府	市场	社会(社区+社会组织+社工等)		
D13	模式分析	主体供给方式	客体需求分析	管理与规制体制	递送与运行机制	评估与监督	
D131	主体供给方式	居家服务	社区服务	机构服务	社区居家服务	新方式	
D132	客体需求分析	物质需求	服务需求	精神需求			
D133	规制与管理体制	准入和退出	价格设定	税收优惠			
D134	递送与运行机制	政府直接提供	政府间接提供	市场提供	社会提供		
D2	研究类型	应然类研究	描述性分析	理论建构	评价研究		
D21	应然类研究	文献述评	国外经验借鉴	国内经验总结			
D22	描述性分析	现状分析	问题分析	政策分析			
D24	评价研究	服务效果评估	主体效能评估	政策执行评价			
D3	研究视角	政治学	行政学	经济学	社会学		
D4	制度安排与机构建设	1999年全国老龄委成立;2000年《关于加快实现社会福利社会化意见的通知》	2005年《关于开展养老服务社会化示范活动的通知》	2006年《关于加快发展养老服务业的意见》	2008年《关于全面推进居家养老服务工作的意见》	2011年《十二五时期社会养老服务体系建设规划(2011—2015)》	2012年《老年人权益保障法》

资料来源:根据 CNKI 数据(截至 2015 年 9 月 2 日)分析整理得出。

(二) 基于四大维度的质性分析

1. 关于社会养老服务含义的研究

养老服务是与养老现金给付（退休金、尊老金、高龄津贴等）相对的一个概念，学者们分别从养老服务资源供给者、内容、目标、原则以及形式等不同角度阐释了养老服务的内涵。从养老资源的提供者来说，人类只存在三种基本的养老方式，即家庭养老、社会养老和自我养老。由家庭提供养老资源的就是"家庭养老"，由社会提供养老资源的就是"社会养老"；而所谓"自我养老"，从理论上讲，就是既不依靠子女和亲属，又不依靠社会保障的养老方式。[①] 养老服务是指以国家和社会为主体，以发扬敬老爱老美德、安定老年人基本生活、维护老年人生理健康、充实老年人精神文化生活为目的而采取的政策措施和提供的设施服务的总称。由于服务的不可感知性、不可分离性、品质差异性、不可储存性和所有权的不可转让性等特点，养老服务具有物质和精神双重特性，既与基本生活、医疗、住房等物质性保障和精神慰藉等精神性保障相并列，又贯穿其中体现在基于物质保障的照料护理上，并通过照护给老年人提供精神上的支持。[②]

社会养老服务是通过以社会为途径、以制度化为保障、以多元化为依托的发展导向，在不断完善社会养老政策指导、养老机构网络建设、养老资金多元支持、老年产品市场化提供等多方面服务保障系统的过程中，实现老年人不同层次需求的社会满足。[③] 社会养老服务不仅包括政府和社会为老年人提供的日常照料、护理活动、相关设施与制度，而且包括社会为老年人安度晚年提供的所有正式与非正式的、物质与非物质的制度安排。[④] 社会养老服务和传统的家庭养老方式不同，是通过社会的途径提供大量的生活照料和情感慰藉等各项服务，主要包括基本养老服务（福利性养老服务）、非营利性养老服务和营利性养老服务。其中，基本养老服务和非营利性养老服务是基本公共服务的主要组成部分。[⑤]

2. 关于社会养老服务客体需求的研究

社会养老服务，核心在"老"，即为老年人提供迎合其需求的服务，老年人既是社会养老服务的出发点，亦是落脚点。因而，了解并分析老年人的养老服务需求成

[①] 穆光宗.中国传统养老方式的变革和展望[J].中国人民大学学报,2000 (5).
[②] 董红亚.中国政府养老服务发展历程及经验启示[J].人口与发展,2010(5).
[③] 孙宏伟.中国社会养老服务体系建设的政策选择[J].东北大学学报(社会科学版),2013(4).
[④] 董红亚.中国社会养老服务体系建设研究[M].北京:中国社会科学出版社,2011:46.
[⑤] 林闽钢.论中国社会养老服务的公益性及实现途径[J].人口与社会,2014(3).

为解决养老问题的首要环节。国内不同研究领域的学者从各自学术背景、研究兴趣入手,提出了各自不同的看法,但有一点已经达成共识,即老年群体的养老服务需求是有层次的、异质性的、复杂的多元需求体系,而满足该需求是一项包含内容众多、涉及政府和社会等部门的系统工程。具体而言,应从满足全部老年人的养老服务需求出发,从服务供给、服务输送、服务利用整个过程出发,调动包括政府、企业、社会、社区、家庭以及老年人个体在内的多方面的力量。

一些学者从"社会需要"与"马斯洛需求层次"理论出发来讨论"需求"问题。社会需要是理解社会服务的关键,是社会资源分配和福利制度运作的价值基础,福利制度的设计旨在回应变迁的社会需要与解决社会问题,改善生活状况与提高人类福利。① 按照马斯洛需求层次理论,老年人的需求也分为生理需求(吃、穿、住、用)、安全需求(健康、安全)、情感需求(友情、亲情、归属感等)、尊重需求(尊严、尊重、认可)和自我实现需求(自我价值)。要满足老年人的需求,不仅要做到"物质养老"(经济赡养),还要做到"精神养老",更重要的是"文化养老",真正实现"老有所养、老有所医、老有所教、老有所学、老有所为、老有所乐"的目标。② 另一些学者从灵活多样的养老服务需求出发,深入分析养老服务需求差异化的原因。养老服务需求体系包含生活需求、急救需求、医疗保障需求、护理需求以及精神需求,养老服务需求差异化主要源于经济差异、家庭支持条件差异以及个体差异,而"分层养老"是基于差异化养老需求的新理念,旨在满足不同人群养老需求,以使养老服务更有针对性,使老年弱势群体得到更好的保护。③

还有一些研究通过问卷调查、数据模型等定量研究形式来检视养老服务需求类型、需求影响因素、供需适配程度、需求模式以及优化路径。就需求类型而言,老年人对经济供养的需求仍是重点。同时,日常照料、精神慰藉及医疗护理的需求也增加,因此应建立健全养老服务体系,建立长效机制,加强机构能力建设,完善社区养老服务等。④ 同时,积极挖掘子女在养老方面的潜力,满足空巢老人养老需求也是政策的着力点。⑤ 就养老服务需求影响因素而言,年龄、性别、职业、受教育程度、收入水平、能否自我照料以及拥有自有住房状况均对养老服务需求产生显著影

---

① 刘继同.人类需要理论与社会福利制度运行机制研究[J].中共福建省委党校学报,2004(8).
② 胡爱敏.高速老龄化背景下中国养老服务的着力点——以马斯洛需求层次理论为观照[J].中共福建省委党校学报,2012(12).
③ 席恒.分层分类:提高养老服务目标瞄准率[J].学海,2015(1).
④ 周秋光等.养老服务需求现状及发展趋势——基于长沙市的实证分析[J].中国劳动,2012(5).
⑤ 牛荣华等.空巢老人养老意愿及其影响因素[J].中国老年学杂志,2015(6).

响。① 因此,政府、企业和社会在提供多元化、多层次的养老服务时,要充分考虑不同群体的养老服务需求意愿,在充分考虑居民的年龄、职业、受教育程度、经济状况等多种因素的基础上,不断构建和完善分层次、多元化的养老服务体系。② 就养老服务模式选择而言,目前,家庭养老模式是老年人主要的也是首选的养老方式;社区居家养老方式仍处于发展的阶段,但它具有地缘的便利性,能够获得老年人心理上的认同感,③将成为老龄化背景下重要的社会养老模式,因此应增加对社区居家养老服务的投入,使养老服务的资源更多地向社区配置。④

3. 关于社会养老服务主体结构及其供给方式的研究

社会养老服务,关键在于"谁来养老"以及"如何养老"。"谁来养老"探讨的是社会养老服务的主体结构问题,从主体各自职能以及主体间互动关系两个维度进行;"如何养老"探讨的是社会养老服务主体以何种方式提供服务资源的问题,从居家养老、社区养老、机构养老以及新方式养老等层面展开。

一些研究从政府责任角度展开,这些研究侧重点各不相同,但就政府在养老服务中的责任而言,"政府最基本的性质就是履行与公民的契约而使用和支配着公共权力,使其为公民的有效服务达到最优化"已成为学界共识。养老服务属于准公共产品,这决定了政府在养老服务发展中不能缺位。⑤ 政府既要从宏观角度推进养老服务体系化建设,着眼解决整个养老保障问题,又要从微观角度加强对机构和社区的指导与管理,同时通过制定政策支持家庭履行义务,推进专业化建设,着力提高养老服务的质量。政府要起到主体作用,科学制订规划,发展养老机构和居家养老服务,特别是要研究制定家庭养老社会政策,包括发放老年津贴、给予休假、对与老人共住的家庭发放住房补贴等,以支持家庭成员做好养老服务。⑥ 居家养老是目前最适合我国国情的养老模式,政府作为最权威的力量,在居家养老中具有不可推卸的责任。政府必须承担完善政策法规、加强财政支持、强化科学管理和坚持服务导向等责任。⑦ 还有一些研究从政府职能转变或政府与社会、市场部门合作的角度出发,以社会组织养老服务职能作为突破点展开研究,基本就"政府'掌舵',社

---

① 曹煜玲.中国老年人的照护需求与服务人员供给分析——基于对大连和南通的实证研究[J].人口学刊,2014(3).
② 胡宏伟等.需求与制度安排:城市化战略下的居家养老服务保障定位与发展[J].人口与发展,2011(6).
③ 同上.
④ 李敏.社区居家养老意愿的影响因素研究——以北京为例[J].人口与发展,2014(2).
⑤ 黄佳豪.合肥市社区居家养老的实践探索及政府责任[J].中国老年学杂志,2015(10).
⑥ 董红亚.中国政府养老服务发展历程及经验启示[J].人口与发展,2010(5).
⑦ 周湘莲.居家养老服务中的政府责任[J].学海,2011(6).

会'划桨';政府与市场主体和社会主体展开支持性合作"等观点达成共识。中国社会福利制度创新发展的核心和实质是政府社会福利责任的转型。① 养老服务中政府责任过度收缩和责任缺失并存,建立"能促型政府"是未来政府在养老服务中责任调整的方向,对政府在养老服务中角色的调整,并不意味着政府责任面临收缩,而是政府在不同责任上的重新平衡。养老服务供给由从政府提供向政府支持民间提供转型,政府不再直接为公众提供养老服务,而由非营利组织以市场化方式来提供,政府则制定政策和提供资金给予支持,国家与非营利组织建立了广泛合作的伙伴关系。政府应减少直接服务的提供责,加强在政策支持、资金投入、服务购买和质量管理方面的责任。② 从我国国情出发,完善社会养老服务要坚持"公益性"原则,重点加强公办养老机构及其体系化建设,加强其托底作用和示范作用。与此同时,鼓励非营利组织举办多元化的社会养老服务。③ 在充分认识到养老服务业的巨大风险的前提下,政府应鼓励民营资本参与养老服务体系建设并注重对其评价和监管。在服务体系完善的过程中,应引入市场化管理模式并转变政府职能,使政府成为社会化养老服务的购买者、组织者、管理者,而非养老服务的直接提供者。④

我国目前正在建构的以"居家养老为基础,社区服务为依托,机构养老为补充"⑤的"医养相结合"的社会养老服务体系不仅在学界形成共识,并在最新发布的《中共中央关于制定国民经济和社会发展第十三个五年规划的建议》中得到确认。

养老机构是为社会养老服务提供保障的社会机构,是为老年人提供生活护理、清洁卫生、饮食起居、文体娱乐和健康管理等服务的综合性机构。⑥ 机构养老解决的是居家养老无法解决的最需要照料的那部分特殊老年人的问题。养老机构具有护理照料典型示范和辐射意义,⑦不仅具有专业化、社会化、市场化的特征,还能够整合社会资源,节约养老成本,使养老资源得到充分的利用。⑧ 根据养老机构的出资与承办主体的性质,我国社会福利事业的实施机制是"公办+公助民办+民办"

---

① 彭华民.中国政府社会福利责任:理论范式演变与制度转型创新[J].天津社会科学,2012(6).
② 李长远,张举国.养老服务本土化中政府责任的偏差及调整[J].人口与发展,2013(6).
③ 林闽钢.我国城乡社会养老服务体系的发展探讨[J].中国社会保障,2012,(06).
④ 张仲兵,徐宪.养老服务体系保障机制建设研究[J].湖南社会科学,2014(2).
⑤ 国务院.新华社授权发布:中共中央关于制定国民经济和社会发展第十三个五年规划的建议[EB/OL]. http://news.xinhuanet.com/fortune/2015-11/03/c_1117027676_7.htm,2015-11-09.
⑥ 关信平,赵婷婷.当前城市民办养老服务机构发展中的问题及相关政策分析[J].西北大学学报(哲学社会科学版),2012(5).
⑦ 吴玉韶.推动养老服务业发展要着力处理好5个关系[EB/OL]. http://www.shanghaigss.org.cn/news_view.asp? newsid=6452,2015-09-21.
⑧ 穆光宗.中国传统养老方式的变革和展望[J].中国人民大学学报,2000(9).

三轨并行,①具体细化为"公有公办、公有民办、公助民办、民有民办"四种模式,适用于具有不同消费能力的老年人。②

在机构养老存在的问题方面,我国机构养老起步晚、底子薄,相关政策法规不健全。虽然机构养老供不应求,但资源利用率不高,原因在于老年人支付能力不足,加之对传统家庭养老方式的偏爱以及对养老机构服务质量的担心等;微利甚至负债导致养老机构自我发展能力不强,养、护、医、送四大功能分离,大多养老机构以"养老"为主,缺乏疾病防治功能,缺乏家庭认同感和亲情滋养,缺乏专业、负责的老护工和管理人才。③ 此外,我国养老机构为公办与民办双轨运行,市场竞争机制不健全,民办养老机构发展空间被挤占,并且公办机构对收住对象的选择性强于民办机构。④⑤ 有研究从公办养老机构"一床难求"现象入手,发现公办养老机构每张床位的投资是民办的数倍且享受税收、床位补贴以及水电费等各项政策优惠。公办机构设施好、服务好、收费低,理所当然成为趋之若鹜的选择。与此同时,公办机构也存在着盲目上马、变相圈地、角色错位、市场失灵与政府失灵并存等倾向。⑥ 就机构养老的优化路径而言,政府、市场、社会应共同努力,借助市场化手段,构建以"公有民办"为基础、以"民办公助"为主体、以市场化养老为重要补充的多元化机构养老体系,为有需求且缴费能力迥异的老人有效率地提供无偿、低偿、有偿等不同层次的机构养老服务。政府应改革公有公办机构为公有民办机构,大力发展民办公助型养老机构,积极发展营利性养老机构。⑦ 对于民办机构,应确立以提高质量为重点,通过质量带动数量的发展战略,通过政府的资助大力加强机构服务能力的建设和监管体制的建设,构建一个以质量竞争为核心的良性运行机制。⑧ 对于公办机构,政府应构筑"社会养老安全工程"和"社区养老服务网络",要走以适度福利型、完全护理型为基本特点的公共养老机构发展之路。⑨

居家养老服务是指政府和社会力量依托社区为在家居住的老年人提供生活照料、家政服务、康复护理和精神慰藉等,是对传统家庭养老模式的补充与更新,是我

---

① 郑功成.中国社会福利的现状与发展取向[J].中国人民大学学报,2013(2).
② 黎民,胡斯平.中国城镇机构养老及其模式选择——以广州为实例的研究[J].南京社会科学,2009(1).
③ 穆光宗.我国机构养老发展的困境与对策[J].华中师范大学学报,2012(3).
④ 冯占联.中国城市养老机构的兴起:发展与公平问题[J].人口与发展,2012(6).
⑤ 《中国养老机构发展研究报告》发布[EB/OL]. http://www.ccgp.gov.cn/gpsr/gdtp/201507/t20150717_5572025.htm,2015-10-29.
⑥ 穆光宗.公办养老机构"乱象"治理[J].人民论坛,2012(11).
⑦ 黎民,胡斯平.中国城镇机构养老及其模式选择——以广州为实例的研究[J].南京社会科学,2009(1).
⑧ 关信平,赵婷婷.当前城市民办养老服务机构发展中的问题及相关政策分析[J].西北大学学报(哲学社会科学版),2012(5).
⑨ 穆光宗.公办养老机构"乱象"治理[J].人民论坛,2012(11).

国发展社区服务、建立养老服务体系的重要内容。① 居家养老实际上是把老人在家中居住和社会为老人提供上门服务结合起来以及家庭养老和机构养老合理要素结合起来的新型养老模式,②具有资源高度集中、服务效率高、资本和空间需求小、灵活多样、简便易行的特点。③ 其优势是让老人身处熟悉自由的环境从而摆脱养老院束缚、节约社会养老成本、满足老人情感需求、增加社会就业。④⑤

政府效能发挥、市场化运作、服务队伍建设、资源有效整合,是当前全面推动居家养老服务面临的实践难题。首先,政府职责边界不清,政府责任越位与缺位并存;其次,市场运行机制发育滞后,政府过度介入,抑制了民间组织和企业的健康发展;再次,服务队伍建设不能满足现实需求,志愿者队伍缺口较大;最后,服务资源利用效率低下,政府、社会和市场三者之间互联、互补、互动不够。⑥ 居家养老虽然是我国养老的最基本方式,但各地在推进养老服务体系建设中,多以建立大型养老机构为主,居家养老发展相对缓慢,主要表现为服务覆盖面小、服务内容单一、服务供给滞后于服务需求。⑦ 就居家养老的优化路径而言,政府理性支持、完善基础设施,采取恰当方式、遵循市场原则,发展社会组织、充分发挥协调作用,三者缺一不可。⑧ 有研究指出,"跨部门协同合作的立体网络居家养老服务供给模式"是以居家养老服务需求为核心,需要资源汲取系统(包括政府统筹、市场统筹和家庭统筹)、组织分化系统(包括专业分工、协同合作、运行有序)、行政调试系统(规则制定、权责配置、协调控制)、心理整合系统(包括规则约束、责任共担、信任维系)互动协作实现。⑨

社区是地域性社会生活共同体,随着"单位制"向"社区制"转变,社区在养老服务供给中扮演着日趋重要的角色。社区养老服务是在政府的倡导下,以区、街道、居委会的社区组织为依托,服务于社区的老年居民,满足社区老人的多种养老需

---

① 民政部. 全国老龄办.《关于全面推进居家养老服务工作的意见》[EB/OL]. http://www.mca.gov.cn/article/zwgk/fvfg/shflhshsw/200802/20080200011957.shtml,2015-09-15.
② 阎青春. 我国人口老龄化的特点、发展趋势和对策研究[J]. 社会福利,2004(5).
③ 敬乂嘉,陈若静. 从协作角度看我国居家养老服务体系的发展与管理创新[J]. 复旦学报(社会科学版),2009(5).
④ 罗楠,张永春. 居家养老的优势和政府财政支持优化方案研究——以西安市为分析样本[J]. 福建论坛(人文社会科学版),2012(5).
⑤ 毛满长. 西北地区社区居家养老:功能、限度与完善——以兰州市西北新村社区为个案[J]. 宁夏社会科学,2009(4).
⑥ 吴玉韶等. 居家养老的实践难题与对策建议[C]. 2009年中国老年保健暨产业高峰论坛文集.
⑦ 吴玉韶. 养老服务热中的冷思考[J]. 北京社会科学,2014(1).
⑧ 罗亚萍,茹斯羽. 我国发展城市社区居家养老服务的问题与对策——以西安市社区老年餐桌为例,西安交通大学学报(人文社会科学版),2014(5).
⑨ 张孝廷,张旭升. 居家养老服务的结构困境及破解之道[J]. 浙江社会科学,2012(8).

求,具有非制度性、综合性、互动性、福利性、地域性等特点。①

现有研究大都着重突出居家养老和社区养老的同质性,将其合称为"社区居家养老"。社区居家养老服务是以家庭为核心、社区为依托、专业化服务机构为载体,通过政府购买服务、社会参与、非政府组织实体承办的运作方式,采取上门、日托或邻里互助等服务形式,为居家养老的老人提供以生活照料、医疗保健、精神慰藉等为主要内容的社会服务。社区居家养老服务面向全体老年人,但优先保障低收入的高龄、独居、失能等养老困难的老年人,在一定程度上具有福利性质。②

我国社区居家养老服务覆盖面目前仍十分狭窄并且普遍存在社区管理者认知狭隘、义务性和福利性服务存在偶然性和不稳定性、服务内容与对象需求脱节、社区服务与医疗服务整合力度薄弱、服务人员队伍专业性与稳定性缺乏、③精神慰藉服务不足、服务经费短缺、社会资源利用不足等缺陷。④ 这就需要从责任建构、制度设计分层与配套、技术层面⑤等宏观层面与建立专业人员队伍、完善服务内容、建立多元筹资机制、扩大对象范围、整合社会资源⑥等微观层面优化社区居家养老模式。

4. 关于社会养老服务管理体制与运行机制的研究

管理纷繁复杂的养老服务,一整套完善的服务管理体制与运行机制必不可少。养老服务管理体制是指按照法定方式和程序,采取一定的方式、方法和手段,对养老服务进行计划、组织、领导、协调、控制及监督。养老服务管理职能、机构设置、隶属关系、权限划分、管理机制等方面的总和,包含立法层次、行政主管层次、业务经办层次。⑦ 但是,现行养老服务管理体制并不健全,还存在老年保障法制化程度低、政府养老服务行业管理职能薄弱、主管部门统筹养老事业权限不足、养老服务行业管理方式粗放、公办养老机构仍按照行政方式运行等问题。⑧ 因此,应当健全政府为主导的多中心社会服务供给模式,实现社区社会服务的复合生产及其管理再造,大力推进政府购买社会服务,建立多元参与的社会服务机制,推进社会服务

---

① 任丽新.社区服务在养老保障中的作用[J].社会,2001(1).
② 章晓懿,刘帮成.社区居家养老服务质量模型研究——以上海市为例[J].中国人口科学,2011(3).
③ 陈友华,吴凯.社区养老服务的规划与设计——以南京市为例[J].人口学刊,2008(1).
④ 毛满长.西北地区社区居家养老:功能、限度与完善——以兰州市西北新村社区为个案[J].宁夏社会科学,2009(4).
⑤ 张奇林,赵青.我国社区居家养老模式发展探析[J].东北大学学报(社会科学版),2011(5).
⑥ 毛满长.西北地区社区居家养老:功能、限度与完善——以兰州市西北新村社区为个案[J].宁夏社会科学,2009(4).
⑦ 单大圣.中国养老服务管理体制的改革与发展[J].经济论坛,2011(9).
⑧ 同上.

的标准化和专业化。① 这就需要养老服务行业管理职能与举办机构职能分开,推动政府职能向提供基本公共养老服务转变;需要尽快实现养老服务全行业管理;需要建立适度集中、权责一致的养老服务行业管理体制;需要建立营利性与非营利性社会养老服务机构的分类管理制度。②

就养老服务的运行机制而言,学者们从保障机制、财政补贴机制、政府购买机制等几个维度展开了研究。保障机制是推动养老服务体系建设的关键,保障机制应该立足于保障服务主体、保障服务内容和保障服务渠道。③ 我国养老服务补贴机制从直接补贴供方的"床头补助"逐渐转向补贴需方"定项补助""人头定额补助"并引入竞争机制,建立统筹城乡、融通居家和机构的基本养老服务补贴制度,这是养老服务补贴制度发展的基本方向;确保制度公平、公正和可持续性,是养老服务补贴制度的基本要求;处理好政府和社会的职责关系,是养老服务补贴制度有效运行的保障。发展与完善养老服务补贴制度,必须明确该制度的性质,从国家层面细化制度的顶层设计,在完善评估体系、服务运行机制及强化服务监管等方面着力。④ 我国政府对养老服务的购买机制存在四种方式:服务机构的补助购买、服务项目的委托购买、服务人员的岗位购买以及服务对象的补贴购买。⑤ 有学者根据购买过程中政府与社会组织的关系及购买程序差异,总结出三种购买模式:依赖关系非竞争性购买、独立关系非竞争性购买以及独立关系竞争性购买。⑥ 政府购买养老服务存在的政府角色转换、微观运行机制、宏观政策保障等方面的不足都使其公平性、有效性受到质疑,优化政府购买养老服务机制包含微观运作机制和整体宏观配套机制的不断完善,包括廓清政府职能定位,明确公共服务购买内容;实施分类服务购买,灵活运用多种购买方式;提供资金和法律保障,确保公共服务购买制度规范;建设信息化平台,促进公共服务网络治理;培育相关社会服务机构,构建公共服务中的公私伙伴关系。⑦

---

① 林闽钢.我国社会服务管理体制和机制研究[J].华中师范大学学报(人文社会科学版).2013(5).
② 单大圣.中国养老服务管理体制的改革与发展[J].经济论坛,2011(9).
③ 张仲兵,徐宪.养老服务体系保障机制建设研究[J].湖南社会科学,2014(2).
④ 董红亚.我国养老服务补贴制度的源起和发展路径[J].中州学刊,2014(8).
⑤ 常敏,朱明芬.政府购买公共服务的机制比较及其优化研究——以长三角城市居家养老服务为例[J].上海行政学院学报[J],2013(11).
⑥ 王名,乐园.中国民间组织参与公共服务购买的模式分析[J].中共浙江省委党校学报,2008(4).
⑦ 常敏,朱明芬.政府购买公共服务的机制比较及其优化研究——以长三角城市居家养老服务为例[J].上海行政学院学报,2013(11).

(三) 现行养老服务研究进展

众所周知,我国老年人口基数庞大、增速飞快,人口老龄化问题与经济转型、社会转轨特殊时期的各种矛盾相互交织,并且与"高龄化""失能化""少子化""空巢化"的"中国特色"相伴随,一系列环环相扣的重大社会问题都对强化我国社会养老服务政策体系的功能提出了很高的要求。换言之,人口老龄化及老年人的社会养老服务政策体系建设问题是现阶段我国面临的重大问题。研究如何构建符合我国本土需求、组织结构合理完善、制度功能系统健全、满足老年群体多层次养老服务需求的现代社会养老服务政策体系,就显得十分迫切和重要了。站在全面建成小康社会、实现民族复兴"中国梦"的新的历史起点上,优先发展社会养老服务既是深入践行五大发展理念的重要体现,又是维护社会公平正义、构建社会主义和谐社会、增进全体社会成员获得感、使改革成果惠及全体社会成员的迫切要求。总体观之,在过去十几年中,我国社会养老服务研究"成绩不小"与"问题不少"共存,在经历了近几年平稳较快发展之后,我国社会养老服务研究也逐渐进入瓶颈时期,研究的规范性有待进一步加强。

其一,就研究类型与研究方法而言,现有研究的数量大,但简单重复劳动较多,质量偏低。一些研究主要局限于现象和经验的描述,大多停留在单纯的问卷调查、数据分析等技术层面,定性研究与定量研究的结合程度相对较低;还有一些研究倾向于宏观体系构建,重描述性分析和规范性阐述,缺乏微观深入分析,即对于社会养老服务本质属性、供给匹配程度、应对过程基本规律的归纳和分析偏少,缺乏理论框架和必要的数据支撑,导致理论的解释力和结论的说服力都大打折扣。

其二,就具体研究内容而言,在研究对象上,现有研究大多热衷于"机构养老""社区养老""居家养老"的"拼盘式"研究。虽然也有一些与时俱进的诸如"智慧养老""时间银行""虚拟养老院"等非传统的研究内容涌现,但大多数研究由于缺乏系统性的整体意识而将不同养老资源供给模式相互割裂,忽视了不同养老模式之间的结合与协调发展。在研究的理论视角选择上,现有研究大多缺乏与养老服务内涵相契合的理论视角,停留于"就养老论养老""就服务论服务"的阶段,研究的学理性有待于进一步加强。一小部分研究借用西方"新公共服务理论""治理理论"等,验证西方理论或直接用西方理论解释我国社会养老服务某一具体环节如政府购买服务等,这样的研究难免有以偏概全之嫌,缺乏对西方理论的中国本土适用性的客观检视,导致适合我国国情的本土化养老服务理论视角"错配"与缺失。

事实上,我们不仅应当立足于老年群体的根本权益,更加应当立足于整个社会的可持续发展目标,以积极的、发展的、系统性的整体观念来审视并有效应对人口老龄化问题。将"以老年人为本"作为社会养老服务理论与实践的出发点与落脚点,重点关注老年群体物质与经济需求的同时,更加关注老年人的服务需求、发展需求与精神慰藉需求。将老年群体视为宝贵的人力资源进行投资,不再将社会养老服务政策视为一项"消耗性"社会成本,而看作一项融入整个国家发展中长期发展战略的一揽子发展型社会投资计划,并且将社会养老服务政策与现有的涉老福利政策有效衔接与整合,在避免社会养老服务政策碎片化的同时,从根本上提升社会政策的系统性与有效性。分析至此,我们认为,运用"发展型社会政策"这一理论视角来阐释社会养老服务的政策选择问题恰如其分。发展型社会福利原则在社会政策方面的具体表现,主要包括福利开支的生产主义或投资取向、社会福利权利与义务的统一和福利对象的自立自强,以及政府干预前提下的多元化制度主义(institutionalist)安排三个方面。① 近年来,一些研究立足于发展型社会政策视角检视现实问题,研究内容涉及精准扶贫、残疾人福利、救助对象福利依赖、城市老龄化等,聚焦于社会养老服务政策选择方面的研究并不多见,这为本书的开展留下了理论空间与现实可能性。

第三节 发展型服务体系愿景与趋势

(一) 共识、理论与实践

近年来,我国政府大力发展社会养老服务事业,主要表现为从中央政府到地方各级政府均通过直接投资即出资改建、扩建或新建养老服务机构和社区日间照料中心等老年服务设施以及间接投资即发放各类财政补贴的形式积极落实社会养老服务政策。社会养老服务的财政投资数额增长迅速,据相关统计与测算,"十二五"期间各级政府和有关部门在社会养老服务事业上的总投资已经突破千亿。尽管有如此巨大的投资,社会养老服务事业的产出效果却不尽如人意。社会养老服务体系的突出弊端主要表现为:社会养老服务供给总量不足与供给结构失衡并存、社会养老服务管理体制机制不完善、社会养老服务政策体系缺乏顶层设计以及统一规划、养老服务人力资源结构性短缺、政府责任边界不清晰与社会多元合作低效。有

---

① 方巍.发展性社会福利理论及发展策略[EB/OL]. http://www.chinareform.org.cn/cirdbbs/dispbbs.asp? ID=168558&boardID=2,2008-06-23.

鉴于此,应在全新发展理念指引下对我国社会养老服务政策体系进行重构,构建发展型社会政策视域下的社会养老服务体系,将积极有效地提供社会养老服务以应对人口老龄化与实现经济社会可持续发展融为一体,形成"老年群体如何实现晚年发展、如何实现成功老龄化"以及"社会如何实现包括老年人平等参与、共享成果的包容性发展"的全新目标价值体系。

具体而言,本书的研究思路是:介绍城市社会养老服务及发展型社会政策理论、积极老龄化理论、成功老龄化理论以及长期照护政策的国际共识(即理论概述与架构);分析发展型社会政策视域下的我国城市社会养老服务体系,同时从发展型社会政策视角来研究社会养老服务问题的原因(即价值与意义);介绍我国城市社会养老服务体系建设与发展现状(即实证研究);比较城市社会养老服务体系的国际发展趋势及分析框架(即比较研究);最后为我国城市社会养老服务体系优化提供策略(即路径优化)。

本研究严格遵循"理论概述→价值分析→实证研究→经验借鉴→政策建议"的规范研究路径,主要包括以下内容:

第一章通过分析我国人口老龄化程度不断深化的现实背景与社会发展理念不断转变的宏观背景,引出社会养老服务需求的迫切性以及将社会养老服务置于新型发展理念之下进行整体性战略部署的必要性,并以此作为本书的选题背景。在此基础上,通过对国内外学者关于社会养老服务政策选择与实践方面的研究成果进行分类、归纳、概括与评析,发现现有研究之不足,为后面的深入研究奠定基础。

第二章对社会养老服务及其体系、老年长期照护服务、发展型社会政策视域下城市社会养老服务、"健康老龄化""积极老龄化"与"成功老龄化"等核心概念及其相关逻辑关系进行界定与梳理,以此奠定本书的研究基点。

第三章重点分析以"孝文化"为中心的传统养老服务、计划经济时代"剩余型"社会养老服务以及改革开放时期"政府主导、社会资本开始介入"的社会养老服务三种不同发展时期社会养老服务模式所呈现出的不同特点,进而分析我国社会养老服务体系的发展历程及发展规律,总结我国城市社会养老服务体系发展演进过程中的经验教训。传统中国社会的特点是以农业生产为中心,主要以血缘、亲缘与地缘关系为纽带,"家庭保障"实际上承担甚至取代了"社会养老"的功能。我国古代社会所体现出的社会养老服务模式特征是"家核心、民辅助、君恩赐";到了近代,社会养老服务模式发展则由"道义善举"式的随机性、偶然性养老服务走向"准制度化"的救助式养老服务。中华人民共和国成立之后的计划经济时代,社会养老服务模式的发展特点为家庭养老占据核心地位,"单位制"社会养老模式对单位退休职工的养老服务全面负责,政府主要为城市残病孤寡的困境老年群体在公办社会福利机构之内提供救助式的社会养老服务,公办福利机构提供兜底式养老服务。改革开放时期,在"社会福利社会化"理念导向下,我国社会养老服务呈现出由"社会福利国家化"走向"社会福利社会化"转型的趋势。与此同时,机构养老服务与社区养老服务开始转型,社会民间资本介入机构养老服务,社区养老服务逐渐承接起"单位制"模式解体之后的社会养老服务责任。

第四章基于对南京市鼓楼区凤凰街道四个社区的调查以及对2016年南京市重点养老机构的调查资料,分析社区居家养老服务以及机构养老服务的现实生态与发展困境。在此基础上,深入进行原因剖析与反思,突显优化我国当前城市社会养老服务体系的紧迫性与必要性,为研究如何优化社会养老服务体系提供现实依据。

第五章选择有着"福利国家橱窗"美誉的瑞典、号称"东亚福利典范"的日本以及被称为"社区服务先驱"的英国三个各具特色的国家作为主要研究对象。这三个国家在社会养老权利保障、服务资源供给、服务主体角色互动以及服务制度安排方面各具特色,对于急需进行社会养老服务体系改革的我国来说具有极强的借鉴意义。

第六章作为本书的落脚点和重点,在将我国传统养老文化及发展现状与西方发达福利国家社会养老服务体系建设经验相结合的基础上,构建"权利—制度—资源—角色"四位一体社会养老服务体系分析框架。其一,就权利实现体系而言,应当在推广"发展型的成功老龄化"理念、扩展"实有权利"与老年群体发展型"增权"等方面做出努力,社会养老服务体系制度安排的目标取向应当在政府的引导之下被理性重塑。其二,就制度再生产体系而言,要建构符合我国发展现状与发展需求的、具有中国本土特色的发展型社会养老服务制度体系,这需要宏观层面的顶层设计、政策制定与资金筹措,中观层面的体制配套、社区支持以及微观层面的人才培养、社会组织培育等各项机制整合运行才有可能实现。与此同时,发展型社会养老服务制度体系还应当在家庭老年赡养能力逐渐弱化的背景之下,对家庭给予重视与支持,使现代家庭在社会养老服务体系之中具有无法替代的经济供给与精神慰藉作用。其三,就资源供给与递送体系而言,要整合社会养老服务资源,基于老年群体不同层次的生存及发展需求"分层分类"地优化服务资源配置结构。通过一系列兼顾生存与发展需求的服务"精准递送",在保障老年群体生存质量的同时,提升其生活品质,拓宽其晚年发展空间,使其共享经济社会发展红利。在"服务组合""方式融合"以及"体制整合"的理念指导下,尊重市场规律,提升资源动员能力,积极扶持民办养老服务机构,大力培育社会组织参与养老服务资源供给,就此而言,"社区养老服务综合体"可以作为中国特色社会养老服务的实践新模式。其四,就主体角色分配体系而言,政府应当以"多元合作伙伴"角色取代传统"大包大揽、全局控制"角色,改变既有"强政府、弱社会"的资源非平等依赖关系模式,在培育与发展社会服务组织的基础上,构建诸如政府购买服务等"公私合作伙伴关系"善治时代的政社关系全新模式,进而形成"在竞争中合作与在合作中竞争并行"的政府主导、社会参与的"社会养老服务多元主体协同创新网络结构体系",为形成融合家庭、政府公共部门、社会非营利组织以及市场营利组织各自优势的多元合作关系之上的中国特色的发展型社会养老服务制度体系提供有效的实施保证。

本书研究思路与研究内容如图 1-4 所示。

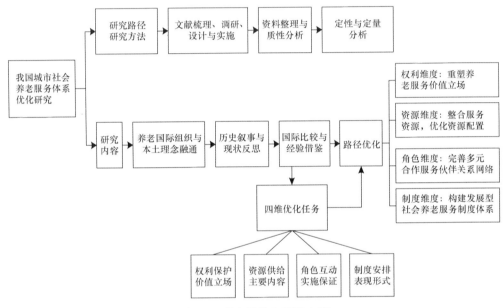

图 1-4　研究思路与研究内容

(二) 视野、策略与路径

1. 于文献梳理中确立方向

本书通过大量收集、整理和分析国内外有关发展型社会政策、社会服务和社会养老服务的文献资料,使我们对我国现行社会养老服务有了全面而深入的了解,并且对国外社会养老服务相关的体系研究与制度安排有了准确的认识和把握,为本书后续研究提供了方向与切入点。

2. 于实证探寻中检视全景

本书属于应用型研究,经合组织(OECD)国家老年人社会服务数据、我国统计年鉴数据库与民政统计年鉴数据、社会服务发展统计公报、健康与养老追踪调查全国基线报告,以及2016年对南京市鼓楼区凤凰街道四个社区的问卷调研与访谈资料、2016年对南京市重点养老机构的访谈资料等为依据,通过访谈法、观察法、问卷法、比较法等调查研究方法获取第一手资料,为理论分析与路径优化研究奠定基础。

3. 于历史回溯中推导规律

本书从历史的角度,对国内外社会养老服务体系发展和演进过程进行纵向比较分析。在历史变迁与发展过程中考察作为社会互动结果的社会养老服务体系的发展现状及其演变趋势。通过对社会养老服务体系的历史发展研究,发现社会养老服务政策的发展规律,并在此基础上推演出社会养老服务政策体系进一步完善与优化的必要性与可能性。

4. 于资源整合中构建体系

本书从主体、客体、手段、目标等方面对社会养老服务发展的影响因素进行综合分析,对社会养老服务需求进行整合,并对其现行制度和体系框架进行分析。本书运用定性与定量分析相结合的方法,对文献资料和实地调研材料进行整理,以实现对社会养老服务全面、系统的研究,推动在发展型社会政策视角下构建优化的社会养老服务体系。

(三) 创新、突破与挑战

本书在发展型社会政策视域下对我国社会养老服务体系建设与发展问题进行深入研究,在历史沿革、现状分析以及未来制度安排等多个方面均作出有益的探索与尝试。虽然目前国内针对社会养老服务的研究成果很多,但是本书依然力求在研究思路、研究切入点、研究内容与研究方法上体现出一定的创新性。受限于笔者的学术能力,在研究过程中遇到很多困难,这也使得本书不可避免地存在缺陷与不足,需要在后续研究中完善。

1. 视角创新与模式创新

其一,本书提供了新的分析视角,将发展型社会政策的分析视角引入社会养老服务体系之中,将新的发展理念与重大社会民生关切问题相结合。在充分借鉴与吸收国外社会养老服务体系发展经验的基础上,提炼出"权利—制度—资源—角色"四位一体的分析框架,为社会养老服务体系研究提供了理论支撑,厘清了发展方向。同时,以发展的视角完善与优化社会养老服务体系的理念、对象、内容、体制与机制,提出社会养老服务针对不同人群分类分层实现,以实现"精准服务"、提高社会投资效率的目标;从老年群体社会权利保障出发,注重对老年人力资源的开发与利用,关注失能半失能老年人长期照护服务的生产与递送,按照"以人为本、赋权增能、平等发展、共享成果"原则,力图将社会养老服务体系建设与发展融入整个国家发展宏观战略布局之中,切实将提高老年人生活质量、增强老年人幸福获得感落到实处。

其二,建构了新的体系优化模式,将发展型社会养老服务政策体系具体化为权利实现体系、资源供给与递送体系、主体角色分配体系以及制度再生产体系四个部分。发展型社会养老服务制度的构建是一项复杂的系统性工程,促进制度衔接、增强政策合力就显得尤为重要,这就需要借助宏观层面的顶层设计、政策制定与资金筹措,中观层面的体制配套、社区支持以及微观层面的人才培养、社会组织培育等各项机制的整合运行。

2. 理论情境突破与资料获取突破

本书在实际调查开展与综合分析研究过程之中,遇到以下难点:

第一,发展型社会政策理论的应用具有限制性。如同其他理论一样,发展型社会政策理论也具有特定的适用范围,是以服务对象自身内在条件与一定的外界支持为前提的。在缺乏外界援助或外界环境不可控的情况下,个人能力很难得到实质意义上的提升,换言之,作为社会资源分配原则之一的发展型社会政策无法保证社会各个阶层福利的实现,这就需要针对不同社会群体的不同特点,双管齐下,综合运用"消费性""救助性""投资性""发展性"的社会资源分配策略,实现综合运用。因此,对该理论的使用具有泛化和简单化的风险,在实际研究中需要不断进行建构、完善与具体化,使其充分"落地"。

第二,实地调研与有效资料获取困难。虽然与社会养老服务相关的数据不难获得,但是获取真正能够反映老年群体服务需求、反映社会养老服务政策实施状况、反映社区居家养老服务发展状况、反映机构养老服务发展状况及存在的弊端的数据和资料则具有一定难度。例如,在访谈与调研过程中难免遇到因各种理由拒绝回答问题的管理人员和工作人员;在与老年群体交谈时难免因老年人听力、视力退化等原因遇到沟通障碍;在与机构负责人以及工作人员交谈时有时无法甄别受访者提供的信息是否真实有效。

第三,社会养老服务体系构建困难。要建立科学完备的符合我国人口老龄化特征的社会养老服务体系,需要进行涉及多学科知识的跨领域研究,包括社会学、管理学、医学、老年护理学、经济学、法学、建筑学等。此外,还需要在调研访谈的基础上查阅现行政策文件、总结政策实施经验,做好制度安排的衔接整合与优化创新工作。因此,无论是文献资料收集还是调研资料收集,工程量都是相当巨大的。

3. 模型演绎挑战与质性研究挑战

本书虽然在发展型社会政策视域下对我国社会养老服务体系发展现状进行研究与分析,并且在此基础上对阻碍其发展的深层原因进行剖析,但是受限于笔者专业知识水平,无法对调研所得数据进行更为专业的模型化处理,进而无法对调研所得资料进行更有深度的分析,只能对调研资料进行浅层次的描述性统计分析与比较研究,使得本书在定量分析与内容分析部分稍显不足。由于社会养老服务问题还涉及经济学、医学等学科的专业性知识,这使得笔者在研究中也难免遇到知识障碍。另外,社会养老服务问题的微观具体实施形态复杂而多样,受限于笔者的社会阅历与社会服务经验,本书在研究过程中大多从中观政策选择层面着手分析,对微观具体操作细节层面关注不够。鉴于以上诸多不足,笔者需要在后续研究中不断加强自身学术素养,不断加以完善与提升。

第二章 养老国际共识与本土理念融通

我国现行社会养老服务体系是在"政府引导""政策扶持""社会参与"和"市场推动"原则下,通过多渠道的投资来源、多元化的服务主体、多样化的服务内容、社会化的服务递送网络、专业化的服务队伍、标准化的服务规范,以"居家为基础、社区为支撑、机构为补充、医养相结合"为主要抓手,面向社会全体老年人提供生活照顾服务、健康护理服务、精神慰藉服务、社会发展服务的综合性、制度性与保障性载体。20世纪末,我国正式步入老龄化社会,此后老年人口数量增长速度飞快,我国人口老龄化程度在"十三五"时期更是进入"全速发展期"。预计到2025年前后,我国60岁以上老年人口数量将突破3亿大关,预计到2050年前后,这一指标将超过4亿。日益庞大的老年人口数量催生了巨大的养老服务需求,满足老年群体不断增长的养老服务需求、提升老年群体生活质量,不仅关乎几亿家庭的切身利益与国家经济社会发展全局,而且也是我们党深入践行五大发展理念、全面建成小康社会、实现中华民族伟大复兴的题中应有之义。本章在对社会养老服务与社会养老服务体系等核心概念进行清晰界定、对社会养老服务与老年长期照护服务等相关概念逻辑关系进行厘清的基础上,梳理并阐释了发展型社会政策及其视域下的社会养老服务、"积极老龄化""成功老龄化"等一系列与社会养老服务紧密相关的理论脉络,为我国社会养老服务体系的进一步优化提供了重要的概念框架与理论支撑。

第一节 我国城市社会养老服务本土化理论与政策

(一)社会养老服务与老年长期照护服务

本书的研究对象为"我国城市社会养老服务体系",农村社会养老服务不在本书的研究范围之内,如无特别说明,本书中提及的"养老服务""社会养老服务""社会养老服务体系"均指城市范围内。

第二章　养老国际共识与本土理念融通

本书主要基于老年人的生活照料需要、康复护理需要、亲情慰藉需要以及社会参与需要来探讨社会养老服务以及社会养老服务体系优化的问题。从社会服务的范畴来看，社会养老服务属于广义的社会服务，即政府与社会以服务提供或资金供给的方式增进包括社会弱势群体在内的全体社会成员的社会福利水平。广义社会服务除了包括救助性质的社会服务之外，涵盖养老服务、医疗服务、教育服务、住房服务、文体服务以及就业服务等多个方面。在此范围内的社会养老服务与依靠子女、配偶以及亲属等提供服务资源的传统家庭养老服务有所不同，但是必须明确的是，社会养老服务并不排斥家庭养老的重要作用。本书所界定的社会养老服务，就具体内容而言，涉及以社会化途径提供的生活照顾服务、康复护理服务、精神慰藉服务、休闲娱乐服务、心理咨询服务以及社会参与服务等诸多方面；就服务性质而言，涵盖保障性、兜底性、救助性的基本社会养老服务、非营利性社会养老服务以及营利性社会养老服务等多种类型；就提供方式而言，社会养老服务又可以被分为社区居家养老服务、机构养老服务。进一步说，要满足规模庞大并且不断增长的老年人多样化、多层次的社会养老服务需求，应当坚持"分类协同"的发展思路，对不同支付能力、不同需求层次的老年群体给予不同类型的社会养老服务，即以救助性、兜底性、公益性的免费或极低费社会养老服务来满足孤老以及优抚、低收入、高龄独居、失能等困难老年群体基本服务需求；以社会化、非营利性服务、"准市场化"社会养老服务方式来适应中低收入老年群体普通服务需求；以社会化、营利性、市场化社会养老服务方式来迎合中高收入老年群体高品质服务需求。

本书认为，老年人长期照护服务（long-term care，LTC）是社会养老服务的重要内容或者说重要实践形式。在国际共识层面，"社会养老服务"等同于"非治疗性的护理与康复服务"，其目标并不是老年群体的疾病"治愈"，而是为了"延缓"老年群体罹患的慢性疾病病程并尽可能"保持"或"促进"老年群体身心健康、"提高"老年群体的正常生活能力。"社会养老服务"在大部分情况下与"老年人长期照护服务"以及"老年人非治疗性的护理与康复服务"在同等意义上使用。[①] 很多西方发达国家已经将"老年人长期照护服务"纳入"社会养老服务"或"个人社会服务"范畴。我们发现，国外学者更倾向于使用"老年人长期照护服务"来取代"社会养老服务"或"养老服务"（ageing service）。事实上这表达了两层含义：一方面，就服务内容而言，"老年人长期照护服务"不仅仅指医疗机构提供的专业化治疗与康复护理服务（nursing service），更是指由社会老年服务机构提供的以"助餐、助行、助浴、助

---

① 唐钧.社区养老究竟是怎么一回事？[N].21世纪经济报道，2016-08-23. http://www.china-esc.org.cn/c/2016-08-23/999541.shtml.

洁、助急"等项目为核心的老年人生活照料服务。与之相配合的是以"助医"、辅助康复为主的老年人健康护理服务,此外还有陪同聊天、精神慰藉、心理疏导、文体娱乐等老年人社会参与、个人发展性质的服务。另一方面,就服务类型而言,老年长期照护服务是独立于治疗性护理服务、自成体系的独立社会服务类专业。本书认为,老年长期照护服务是通过将老年人基本生活照料服务、非治疗性护理服务与康复服务以及社会发展性服务从医疗服务中分离出来,单独形成社会服务体系的重要组成部分,从而降低人口老龄化可能导致医疗费用持续上涨的风险,避免重走发达国家"社会化住院"导致医疗服务资源浪费的错路。遗憾的是,我国的社会政策体系迄今并未引进国际社会已经形成共识的"老年长期照护服务"概念,在政策文本中仍然沿用"养老服务""社会养老服务"概念。2013年出台的《国务院关于加快发展养老服务业的若干意见》,在以往涉老社会政策的基础上,明确提出"到2020年全面建成以居家为基础、社区为依托、机构为支撑的,功能完善、规模适度、覆盖城乡的社会养老服务体系"。2017年年初出台的《"十三五"国家老龄事业发展和养老体系建设规划》将我国社会养老服务体系定位为"居家为基础、社区为依托、机构为补充、医养相结合"。有鉴于此,本书中出现的"社会养老服务""老年社会服务""老年照护服务"等均可以在同一层面替换使用。本书从社会养老服务也即老年人长期照护服务出发,以老年人服务需求为根本着眼点,以老年人服务效用最大化为目标,强调整合已有的照护资源,从社会化制度安排的视角界定社会养老服务也即老年人长期照护服务。

(二) 社会养老服务体系

国务院办公厅于2011年颁布的《社会养老服务体系建设规划(2011—2015年)》对我国社会养老服务体系的内涵与功能定位作了清晰的表述。与我国目前所处的社会主义现代化国家发展阶段和当今经济社会发展水平相适应,以社会经济发展所积累的社会财富为物质支撑;以"老有所养、老有所医、老有所为、老有所学、老有所教、老有所乐"为目标,在满足老年群体基本生活需求的基础上切实提升老年群体的生存与生活质量;以政府、企业、社会等多元力量为主体,在"政府主导、多方参与"原则指导下,厘清多元主体之间的权责关系,明确政府在制度设计、规划制定、资金筹集、服务监管等方面的职责,明晰市场在服务资源配置中的基础性作用,合理运用"公建民营""公助民办""政府购买""贴息补助"等"准市场化"政策工具,从而充分发挥市场与社会在社会养老服务提供中的潜能;以社会全体老年人为对象,特别关注并优先满足民政对象、低收入失能独居高龄等困难老年群体的养老服务需求;以向老年人提供基本生活照护服务、医疗服务、康复护理服务、文化体育休闲娱乐服务、精神慰藉服务、老年教育服务、社会参与服务以及社会发展服务为内容；以实体服务设施、服务组织、服务人才队伍和服务技术要素以及配套服务标准规范、相关运行机制和监管制度等为支持网络；以社区服务支持下的居家养老、机构养老为两大支柱，建设以"居家是基础"（重视并强化家庭养老核心地位）、"社区是依托"（作为共建共享与精准聚焦的资源整合平台）、"机构是补充"（民办与民营为主，社区化、小型化、连锁化、养护相结合的老年照护服务提供场所）功能齐全、结构合理、机构居家与社区更趋于一体化的整合照护服务体系。

我国城市社会养老服务体系如图 2-1 所示。

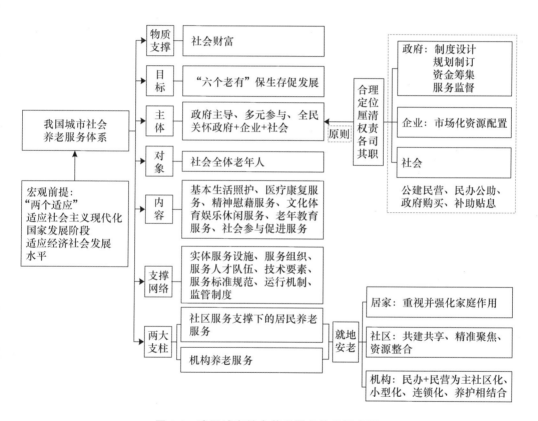

图 2-1 我国城市社会养老服务体系示意图

第二节 城市社会养老服务国际共识与理念拓展

(一) 发展型社会政策

20世纪80年代前后,遭遇了石油危机的西方福利国家在积极应对经济全球化与社会复杂化、风险化挑战的过程中,不断探索改革与重构福利国家公平性与合理性的实践路径。这一实践过程有效地推动了发展型社会政策理论的顺利产生与有效发展。自20世纪80年代一直延续至20世纪90年代初,欧洲福利国家的政府通过推行"新自由主义福利改革"以减轻公共财政负担,遏制福利开支过快增长。与此同时,以"私有化"、大幅度削减政府福利开支为特征的"新保守主义福利改革"在缓解财政危机的同时也引发了社会不平等加剧、贫富差距拉大等一系列新问题。于是,对于社会政策社会福利性与社会政策经济促进性的双重考量、对于新保守主义与新自由主义的双重审视与反思的辩证思想理路逐渐开始发展。20世纪90年代中期,发展型社会政策应运而生,这种极具"折中"色彩的政策研究范式对发达国家以及发展中国家的社会政策研究与制定意义重大。梅志里(Midgley)提出社会政策规范性研究的新范式——"社会政策的发展型模式",认为"发展型社会政策"(developmental social policy)与剩余型或制度型模式的区别就在于,前者致力于消除社会福利和经济发展之间的明显裂痕,而后二者则把社会政策与经济政策割裂开来,认为经济政策附属于社会政策。事实上,社会政策与经济政策本就是"一脉相承"的,二者既非可以截然两分的事物,也非"零和博弈"的双方。发展型社会政策聚焦于"发展",在应对社会问题方面采取具有前瞻性的"上游干预"措施,并且非常注重中长期可持续发展战略的规划,通过提升社会成员的发展能力提高所有人的生活水平,特别注重对人力资本的社会投资和社会包容性发展,通过社会投资战略的广泛推进促进有助于经济发展的生产性社会政策干预。据此,发展型社会政策既包含融合经济政策的社会政策,又涵盖融合社会政策的经济政策,体现为经济社会整合发展的综合性政策。目前,发展型社会政策已经在国际社会取得了较大范围的认同。联合国于1968年召开的"第一届国际社会福利部长级会议"提出了"发展型社会福利"的观点;联合国经济及社会理事会在1979年通过的《加强发展性社会福利政策活动方案》中重申了"发展型社会福利"理念;欧洲委员会于2013年宣布正式启动"社会投资计划",包括实施与之相匹配的"欧洲社会基金计划",并且颁布了一系列有助于实现经济增长的同时增强社会凝聚力的配套措施。"社会投资计划"通过一系列社会服务的提供,对社会成员可能遭遇的社会风险进行"上游干预",

第二章 养老国际共识与本土理念融通

而非事后消极修补,致力于提升社会成员当前及未来的发展能力。"社会投资计划"应当广泛应用于儿童照顾与教育服务、青年就业保障与技能培训服务、老年人社会照护与就业发展服务等围绕社会服务所展开的一揽子人力资本社会投资计划。

发展型社会政策又称为"发展型社会福利"(developmental social welfare)、"社会投资"(social investment)、"包容性自由主义"(inclusive liberalism)和"能动国家"(enabling state)等,尽管意识形态与适用范围千差万别,但是发展型社会政策的核心内涵却不难把握:其一,在发展观选择层面,发展型社会政策促使工具理性与价值理性相契合,追求以人为本的自由发展。其二,在具体操作层面,发展型社会政策高度关注社会政策与经济政策相互协调,在注重社会公平的同时,兼顾社会发展。发展型社会政策一改传统社会政策"纯粹消费性再分配"的做法,即变"社会政策只能消耗资源"为"社会政策也是生产力",一改被"污名化"的传统社会政策事后消极修补的做法,转而走向积极的上游干预。发展型社会政策聚焦于经济社会发展的核心区域,尤其注重社会政策的经济产出功能,突出强调社会开支的"投资"取向,力图通过投资社区与投资家庭的社会项目促进福利对象的经济参与,获得经济回报,在社会人力资本投资等诸多方面创造了积极作为的空间。其三,在社会目标层面,发展型社会政策追求包容性的社会发展模式,通过促进多元社会主体"全流程"参与社会政策过程,进而实现互动合作与利益共享,从根本上激发与提升社会成员的可行能力。换言之,以折中主义与实用主义为特征的发展型社会政策,作为社会政策规范性研究领域的全新范式,在价值理念方面,实现了目的性与手段性的协调统一;在实施策略方面,实现了补偿性与投资性的积极统一;在社会效益方面,实现了社会发展与经济增长的包容统一。协调、积极、包容这"三个统一"使发展型社会政策全面超越传统社会政策的内涵与外延,真正实现了工具理性与价值理性的统一。

表 2-1 发展型社会政策逻辑框架与操作方略①

维度	功能定位	理论特质	操作性特征
价值选择	逻辑起点	协调性 (价值理性与工具理性契合)	社会公平与社会发展相结合 以人为本的自由发展
实施策略	本质要求	积极性 (投资性——人力资本投资)	经济政策与社会政策相协调的社会资源 投资性(投资国家、投资社区、投资家庭) 生产性再分配
社会效益	主要目标	包容性 (多维成长过程)	社会发展与经济增长相包容 能力提升与资本积累相包容

---

① 发展型社会政策可以从多个维度进行解读,本书特别选取价值选择、实施策略、社会效益三个维度进行深度剖析,并由此归纳出此表。

1. 价值选择协调性:发展型社会政策逻辑起点

传统社会政策范式与发展型社会政策范式最根本的差别在于价值选择的协调性。基于此,社会公平与社会发展相结合、经济政策与社会政策相协调,也即价值理性与工具理性的契合就成为发展型社会政策的逻辑原点。众所周知,社会政策的基本价值包含两个部分,一部分是利益、权利、义务、责任等工具性或实用性价值,代表着人们对一些社会现实问题的理解与分析;另一部分是自由、平等、公平、正义等目标性或终极性价值,体现了人们对理想社会的向往与渴求,好的社会政策应适当兼顾工具性价值与目标性价值。然而遗憾的是,传统社会政策的价值选择是一种相对狭隘的发展观,即将"发展"简单地等同于 GDP 增长、个人收入增加、工业化、技术进步或社会现代化,并未意识到"发展"既是目的又是手段的"二重性"。发展型社会政策认为,社会成员的福利质量应当根据动态的自我发展程度而非静态的财富水平来衡量,发展作为手段是为社会成员的福利服务的,发展作为目的就是为了实现"以人为中心"的最高境界,这恰是发展型社会政策的要旨所在。"发展"可以理解为"工具性自由"与"实质性自由"或者说"手段性自由"与"建构性自由"的统一体。"工具性自由"或"手段性自由"是"实质性自由"或"建构性自由"的条件。如经济条件、政治自由、社会机会、防护性保障等"工具性自由"的具体形式是实现"实质性自由"的条件;而"实质性自由"或"建构性自由"意味着"享受人们有理由珍视的那种生活的可行能力"[1],作为人们价值标准与发展目标中固有的组成部分,"它不需要通过与别的有价值的事物的联系来体现其价值,也不需要通过对别的有价值的事物起促进作用而显示其重要性",为了能实现"实质性自由"或"建构性自由",社会政策应当以提升全体社会成员的可行能力为最高目标,用以实现增进全体社会成员福利的目的。"我们必须站在比财富积累、GDP 总量增加以及收入关联性变量增长更高的层面来重新审视发展,我们需要将经济增长与社会发展协同考量以共同推动社会的进步,让个人自由成为社会福利承诺的重要内容。"[2]发展型社会政策通过辩证剖析自由与发展、"工具性自由"与"实质性自由"几组重要变量之间的关系,以福利哲学的高维度视角在价值选择层面实现了对传统社会政策狭隘性的突破。

2. 实施策略积极性:发展型社会政策本质要求

社会政策的本质就是一种社会保护和市场扩张之间的调节机制,因此社会与

---

[1] 阿马蒂亚·森.以自由看待发展[M].任赜,于真译.北京:中国人民大学出版社,2002.
[2] 同上.

市场关系就成为社会政策绕不开的矛盾。发展型社会政策用一种直观的方式表达了建设一种兼备经济增长生产性与社会投资积极性的社会政策的期待。发展型社会政策以投资人力资本为抓手,努力将不同利益群体与其所具有的不同价值目标有机地结合起来,进行统合考量,形成一种促进发展的政策实施运作机制,最终实现人类自由发展,并且分享发展红利。消极被动地接受福利只会造成社会成本大幅增加,要实现社会转移性支付对经济增长的贡献,就需要从根本上对受助者进行能力建设,就需要变"补偿导向"为"能力导向"。在强调公民社会权利的同时,更加需要重视公民的社会责任,倡导个人、社会和国家的通力合作,还需要倡导进行包括弱势群体在内的全体社会成员的资产建设,让全民成为经济主体,主动参与经济发展和社会建设,以实现经济独立、生活保障、能力提升的个人包容性发展。

首先,就积极的人力资本投资而言,"以人为本"在社会政策上的体现就是要提升个人能力来抵御市场风险;就是要对个人能力进行投资,通过对家庭和社区投资来实现人力资本和社会资本投资,从根本上提高个人可行能力,只有这样才有可能提高以人力资源为核心的国家竞争力。发展型社会政策通过人力资本投资进而实现人力资源的就业创业投资,为社会资本投资贡献力量,以期为社会成员消除社会经济参与过程中的发展障碍。"社会投资型国家的基本原则是在可能的情况下尽量在人力资本上投资,而最好不要直接提供经济资助。""人力资本在经济活动中居中心地位,对人力资本进行投资一方面可实现经济增长,另一方面又能推动福利国家的改革,实现经济增长与福利国家改革的良性互动。因此,在人力资本上投资是治本之策。"同时,"以人为本"还要求把被动的社会政策的接受者变成经济活动的参与者,强调个人的选择权和参与权,也即"自由"。此外,发展型社会政策还要求完善政策制定者和服务提供者的问责制度以提高质量和效率,培养民众表达诉求的能力以及社会权利意识。发展型社会政策通过积极性、投资性或生产性特征的体现,丰富了人们对社会资源再分配多元化手段的深刻认识。

其次,就积极的社会资本投资而言,发展型社会政策革新了与福利对象的作用方式,一改消极维持受助者基本生存水平的做法,转而帮助受助者提升生存能力直至摆脱救济。从此意义上说,发展型社会政策属于典型的"社会投资政策",它不仅使社会弱势群体普遍受益,而且也致力于改善全体社会成员福利,进而促进社会经济协调发展。需要注意的是,发展型社会政策必须处于肯定政府需要对经济改革和社会变迁中出现的社会弱势群体负责的大前提之下。发展型社会政策并不排斥传统社会政策的"事后补救"模式,在极端必要情况下甚至鼓励与支持维持生存的救助手段。只不过发展型社会政策更加强调社会问题的"预先防范""上游干预""防患于未然",主张通过预先提供必要的支持援助为服务对象自立和自强创造发展性条件。

最后,就积极投资的具体策略而言,我们需要在促进社会资本形成以及重视个人和社区资本积累两方面做出长足努力。从促进社会资本形成维度上说,社会资本表现为社会成员之间相互构建起来的联系网络,包括社会关系网络和由此产生的互信互惠互利规范。发展型社会政策所倡导的投资人力资本、投资家庭、投资社区,归根结底就是一种社会资本的促进行为,一系列投资行为正是从源头上为增强整个社会凝聚程度、促进社会良性运转注入活力。"社会资本能够影响社会成员的经济利益,能够缓解社会经济不利所产生的潜在影响,如果缺乏有效的社会资本,尽管我们拥有人力资本,我们的经济前景也还是会面临严重衰退的风险。"[1]从重视个人和社区资产积累维度上说,"以资产为本"作为发展型社会政策的题中之意,围绕授权个人进行资产积累,旨在提升个人自力更生的能力。具体而言,与"以收入为本"相对而言的"以资产为本"的社会政策就是通过促进个人资产长期积累进而推动家庭和社区发展,并且以这种发展撬动整个社会的中长期发展。"以资产为本"的发展模式从根本上突破了传统模式的非生产性以及应急临时性突出弊端,转而将社会政策延伸到个人责任导向的生产性经济领域,从而拓宽了"以收入为本"的传统社会政策视野:从关注维持收入转向关注个体、家庭以及社区的整体性发展。由此我们说,发展型社会政策通过资产积累的具体手段提升个体应对风险的能力,进而提高社会生产力,最终实现社会与经济协调发展。

3. 社会效益包容性:发展型社会政策主要目标

之所以我们要特别强调社会效益的包容性,因为这是发展型社会政策追求的最主要目标之一。无论是强调价值选择的协调性,还是实施策略的投资性与积极性,实质上都是为了最终实现发展型社会政策的社会效益包容性。也就是说,对价值选择协调性、实施策略积极性的要求最终都要通过社会效益包容性、政策收益共享性来体现。发展型社会政策的社会效益包容性就是以社会进步为诉求,包容经济增长和社会投资;以个人能力发展为导向,包容资本积累和个人可行能力提升。可以认为,发展型社会政策的完备性通过具有社会效益包容性的"融入经济政策的社会政策"以及"嵌入社会政策的经济政策"体现出来,进而将社会政策红利惠及全体社会成员。以"福利主体多元化"与"运作机制准市场化"为主要特征的"融入经济政策的社会政策"致力于改良福利国家既有收入维持政策和社会福利体系。政府在整个社会福利体系中仍然扮演最主要与最基础的"顶层设计"与"末端兜底"的

---

[1] 罗伯特·帕特南. 独自打保龄[M]. 刘波等译. 北京:北京大学出版社,2013.

角色,承担最基本的责任。与此同时,其他福利主体则是以制度化方式分担社会福利供给责任。"运作机制准市场化"旨在通过市场化竞争机制、以政府购买替代直接补贴等方式的引入来优化社会福利资金供应与服务递送模式,并且提升服务对象"用脚投票"的可能性,进而促进服务质量和服务效率的提高。在通过"使用者付费"来体现受益者个人责任的同时,拓宽服务机构的资金来源,缓和政府财政压力;不仅如此,还通过对服务机构绩效进行考核评估的方式提升机构服务效率和能力。以"可持续生计"(sustainable livelihoods)与"资产建设"为抓手的"融入社会政策的经济政策",主要关注复杂性社会滋生的新风险与新问题,致力于促进就业和劳动力市场的紧密结合,并将其融入社会政策的资源获取方式和分配方式之中,促进社会包容与社会参与。在社会目标方面,兼顾经济增长与社会发展以及实现二者的包容性统一是发展型社会政策的终极追求。这种包容性的社会效益意味着一种良好的"多维"社会状态(being well and feeling well),包括社会需求得以表达与满足,全体社会成员的发展权益得到平等保障以及社会矛盾得到控制与缓和等,而非收入与消费等物质层面单一维度所体现的"获得"与"增长"。为了实现包容性的良好状态,发展型社会政策力图纠正经济发展与社会进步二者不同步所造成的"扭曲发展"(distorted development),进而实现社会整体进步。发展型社会政策主张在经济政策的制定与实施过程中融入"社会"因素,在社会政策的制定与实施中融入"发展"因素,以期实现经济增长和社会发展的统一,这样就有可能在社会目标方面完成对传统社会政策的超越。审视西方福利国家的社会政策实践便不难发现,在对社会问题的干预时机的选择上,发展性社会政策将社会干预措施充分"前置"。这就意味着将一系列干预措施提前至社会问题的形成环节甚至即将形成之前,进而将社会福利开支主要用于具有投资效益的福利项目之中,通过为社会弱势群体提供必要的支持与援助,为其自力更生创造条件,最终实现其可行能力的建设与强化。

(二)发展型社会政策视域下的社会养老服务

纵观目前人口老龄化的相关研究成果,大多数研究仅仅针对人口老龄化的某一方面及已经造成或可能造成的社会影响与社会风险进行剖析,在此基础上提出相应的社会政策建议,如调整人口政策、调整老年福利政策、调整某一部门政策等。殊不知,这种"头痛医头、脚痛医脚"、治标不治本的局部性、后置性、消极补救式的社会治理政策,在回应日益多样与复杂的人口老龄化问题时往往难以发挥出预期效果。这种社会政策类型难以承担应对人口老龄化冲击的重任,这就迫使我们用社会整合与长期发展的全局性、动态化战略眼光取代局部性、静态化问题视角,重新审视当前所面临的严峻的人口老龄化问题。"发展型社会政策"为我们提供的恰是这种整体化、系统化的社会政策分析工具。我们需要利用这个有效的政策工具来统筹经济与社会的可持续发展,在人口老龄化日益深化的宏观背景下,用全新的发展型视角重构整合化的社会政策体系,从而有效应对人口老龄化。概言之,只有在社会养老服务制度安排中注入"发展"这一价值基石,才有可能使具有社会投资潜质的社会养老服务政策不再是事后干预型应急补救式策略,而是全面融入经济社会可持续发展的整体性宏观战略。这对于深入落实"创新、协调、绿色、开放、共享"五大发展理念、全面深化各领域改革的银发中国,具有极其重要的战略意义。

作为一种"实用主义"与"折中主义"典型代表的发展型社会政策,在社会养老服务层面尝试将社会政策支出性收入补偿及收入再分配的传统功能与生产性社会投资新型功能有机整合为一体。发展型社会政策指导下的社会养老服务政策,以整体发展为目标,对老年人不断变化的需求状况以及日益复杂的老龄化社会情境进行充分考量,在发展性与整体性的战略视角下找寻如何改革社会政策从而能够更加有效应对社会老龄化风险的创新型路径。然而遗憾的是,我国现有社会养老服务体系和框架是建立在剩余型社会政策范式之上的,缺少具有整体性、前瞻性、动态性和发展性的视野,是一种被动和消极的补缺型社会服务。现代社会服务的发展性和差异化诉求,为社会养老服务和发展型社会政策提供了整合可能性。用发展型社会政策的理论工具尝试解决我国养老的实际问题,从而把社会养老与经济社会持续发展的现实问题有机结合起来,兼备理论价值与实用价值。社会服务的发展历程和发展型社会政策的发展趋势让二者在对象、内容、手段和功能等方面具有了一定的逻辑同构性。为了实现社会服务的发展目标和经济社会协同发展,我们将发展型社会政策的价值理念嵌入社会养老服务始终,以构建发展型社会养老服务政策体系,为我国全面实施"适度普惠型"社会福利,谨慎处理社会政策与市场运行的关系,通过社会投资来实现经济增长和社会发展融合提供理论依据。

当发展型社会政策理念与社会养老服务融合之后,社会养老服务就具有了发展功能。从政策的发展性角度来说,我国养老服务的发展理念则更应充分体现"以老人为本"的原则,即在满足老年群体基本生活及个性化需求基础上,为其提供不同层次的必要照顾,以维护其合法权益和尊严。

其一,满足老年群体的多样性需求。构建发展型社会养老服务体系,要兼顾老年群体的基本生活需要与个性化发展需要,在为其提供广阔活动空间的同时,积极提升其"自助互助"主观能动性。比如,发展型社会养老服务应当充分整合并且协同发挥个人、家庭、社区以及机构等服务资源优势,鼓励社会力量积极参与到社会养老服务事业的发展之中,用社会化、市场化操作手段弥补公共部门等科层组织固有的效率低下与灵活性不足等服务资源供给短板,以专业化、多层次的社会养老服务满足老年群体多样化的服务需求。发展型社会养老服务政策的目标群体是全体老年人,其发展型特征也决定了其包容性内涵,即服务政策特别关注弱势老年群体:针对城乡困难老年群体,将失能、半失能老人作为重点服务对象,将其需求作为出发点和落脚点,依靠多元化主体为其提供无偿或低偿服务;针对经济困难的独居、高龄老人,提供具有救助性和福利性的免费服务;针对生活能够自理、健康程度较好的低龄老人,围绕"就地安老"(ageing in place)原则,通过政府购买的形式为其提供社区内的文体娱乐、老年健身、健康咨询、知识普及、自理能力提升培训等服务项目。此外,针对中高收入的老年人,可以由营利性市场主体来提供满足其高品质、专业化、个性化服务需求的私人养老服务产品。

其二,保障老年群体的"法定权利""应有权利"以及"实有权利"。切实保障老年群体的生存权与发展权,离不开社会各界努力营造尊老、敬老、爱老的法治氛围,离不开有关部门为老年人提供安享晚年的社会政策支持,离不开完善的老年法律援助体系的建构与严格的老年权益保护相关法律法规的执行,更离不开老年群体维权意识、自我保护意识以及自我发展意识的培养与提升。

其三,维护老年人尊严,发挥老年人余热,实现"老有所学""老有所为"与"老有所乐"目标。以目前我国实行的55—65岁退休制度为例,其中不乏大量的"年富力强""精力充沛""经验丰富"的"准老年群体"。因此,政府和社会应通过发展型社会政策工具在"共建共享"原则下,在明确老年群体曾经是经济社会繁荣发展的基础性力量、社会福利的建设者与维护者的基础上,鼓励并创新"准老年群体"再次融入社会福利生产过程的参与机制;同时,探索并确立"以服务促发展"的"准老年群体"互助养老、服务社会的运作模式,旨在充分发挥老年人力资源在经验积累与关系处理方面的优势,为其创造更多的社会发展机会,使其成为发展的主体与发展成果的平等分享者,实现"老有所为"与"老有所乐"目标。从这个角度说,随着老龄化程度的日益加深,现实已对发展型社会政策再设计提出了迫切的要求,即就社会养老服务政策的性质界定而言,宏观层面是社会与经济如何继续"协调与可持续发展"的问题,微观上则涉及"以人为本""共建共享"的具体落实问题。因此,发展型社会养老服务政策体系的构建既包含技术层面的实际操作问题,又蕴含价值层面的战略选择问题。

1. 从"老人视野"到"生命周期视野":政策内涵的外部延展

从发展的视角看,传统的养老问题常被视为只是老年群体的问题,或是如何解决老年群体经济赡养与社会服务的难题。殊不知老龄化已成为社会人口发展常态,仅仅关注老年群体的社会政策已无法应对老龄社会的诸多挑战。世界卫生组织于1990年提出"健康老龄化"的战略性目标;联合国于1992年通过的《世界老龄问题宣言》呼吁全球共同开展"健康老龄化运动",之后又提出"积极老龄化"等。以"躯体健康、精神健康、社会交往健康"为内涵的"健康老龄化"立足于"生命全周期视野",倡导从生命早期就开始针对健康影响因素进行系统化干预,旨在维护并提升老年群体健康水平,营造有利于老年群体身心健康的生活环境与社会发展环境,进而达到延长预期健康寿命之目标。在"健康老龄化"基础上提出的"积极老龄化",既是一种新观念、新战略,又是一种"新自觉":作为新观念的"积极老龄化",强调的是比老年群体身心健康与养老权益得到保障这一层次更高的社会参与与社会发展,旨在促进老年群体在老龄化过程中根据自己不同的需求潜能谋求自我实现与自我发展;作为新战略的"积极老龄化",强调的是全新发展观引导下的"广义老龄观",即老年服务和发展问题与社会经济发展全局全面统筹协调,从制度层面到操作层面均进行统筹考量,全社会营造出尊老、敬老、爱老的和谐氛围;作为"新自觉"的"积极老龄化"倡导社会全体成员培养"老吾老以及人之老"宽广博爱的积极道义自觉,以及"未雨绸缪"提早做好老龄化物质与精神储备的积极心态。从这个意义上说,"健康老龄化"在"一般老龄化"中融入了心理健康与社会支持环境健康的因素,而"积极老龄化"又在社会参与、社会发展层面比"健康老龄化"更近了一步,它使社会养老政策的意涵向外延展至全体社会成员的生命全程。也就是说,通过对年轻人进行健康投资,转变其生活行为方式等路径,使其老年健康水平和医疗保健得到改善;通过转变积累方式或者提高劳动生产率与老年人经济参与率来缓解养老金缺口;通过家庭支持政策、社区投资政策缓解养老服务的供给难题,因为生命全周期的不同年龄阶段是相互关联的动态整体,有必要对其进行整体化统筹。

2. 从"碎片化"到"统筹整合":改革创新管理体制与管理方式

在深入落实"创新、协调、绿色、开放、共享"五大发展理念的今天,统筹考虑应对人口老龄化的战略规划,通过构建与完善发展型社会政策体系来践行政府执政理念、实现发展目标已被社会各界所认同。毋庸置疑,一项好的社会政策往往需要一整套科学合理的管理体制和管理方式与之相配套,然而在实践中我们发现,在我国现行管理体制之下,"多龙治水"与"无人问津"现象同时存在,政策之间相互制约甚至冲突的情况时常发生。究其源头,与我国现行社会养老服务的管理体制与管理方式有着密切关系。

就管理体制而言,我国目前社会养老服务事务主要由民政部门、发展改革委、社保部门、卫生部门、工商部门、商务部门等几大部门共同管理。具体来说,民政部下属的"社会福利与慈善事业促进司"下设"老年人福利处",主要负责困难老年群体的社会福利事业,制定社会养老服务发展规划与老龄政策以及相关养老服务机构运营标准及管理办法;国家发改委下属的"社会发展司"下设"社会服务处"与"人口发展处",主要负责拟定社会服务体系建设规划,确定社会服务体系投融资政策与规模,制定人口中长期协调可持续均衡发展政策以及做好人口发展预测与预警。失智、失能与半失能老年群体的医疗康复护理,需要卫生部门批准。除此之外,"全国老龄工作委员会"作为国务院主管全国老龄工作的多部门议事协调机构,其下设在民政部的"全国老龄工作委员会办公室"主要负责研究、制定、协调与推动实施老龄事业发展战略及重大政策以及宏观指导与综合管理全国老龄工作等。

就管理方式而言,我国目前针对养老服务机构有行政许可、登记管理与行业管理三种方式。社会养老服务行业管理与业务指导主要是由民政部门统一负责,其中非营利性养老服务机构被视为"民办非企业",需要到民政部门注册登记;营利性养老服务机构被视为"企业",通常需要到工商行政管理部门注册登记;若有外资兴办各种性质的养老服务机构,则需要向商务部门申请报批。条块分割、部门分割、职责分散不仅导致多部门之间职责交叉错乱、权责不明、资源浪费、工作效率低下等诸多弊端,而且出于自身职能定位考量,各部门在社会养老服务政策制定与实施过程中还存在严重的"碎片化""重复化"倾向。这种缺乏全局意识、统筹协调的做法使得许多源头性问题难以解决,国家出台的一些好的政策变得难以落到实处。不仅如此,冗杂的"事前控制"管理方式严重制约了社会养老服务机构的健康发展。因此,我们认为,政府在进行社会养老服务制度设计时,首先,要用发展性、全局性的眼光改革与创新管理体制与管理方式,这是推进发展型社会养老服务政策的体制保障。本着促进市场化与社会化的社会养老服务机构健康运营的原则,可以适当简化前置审批程序,切实整合与优化行政力量,实行注册登记审批"一站式服务"。与此同时,加强更加重要的事中事后监管,这才是社会民心之所向。其次,应当由能够统筹协调并且调动资源的强势部门牵头,组建权威的"常态化统筹协调管理部门",这个部门应当能够运用制度优势与资源优势强势整合民政、卫生、社保等与社会养老服务密切相关的职能资源,把社会养老服务事业视为统一的整体,统筹有限的资金,设置制度框架,出台相关政策,整合社会资源。最后,政府在提供体制、组织、资金与人力资源保障的同时,对融入"发展"理念的服务政策进行统一的规划与管理实施,进而推动发展型社会养老服务政策的积极转型。

3. 从"被动接受"到"主动参与":积极投资人力资本

如前所述,发展型社会养老服务政策目标之一便是在生命全周期视野下,提升老年群体对自身养老所需经济资源与社会资源的获取与利用程度。这也是我们面对"银发浪潮"迅速来临必须思考的问题。尽管说老年人的健康状况与劳动能力会随着年龄增加而衰减,但我们也不应忽视老年群体所特有的发展潜质,可以通过互帮互助与能力重塑的方式拓展老年人参与社会的实质性发展途径。老年群体绝不仅仅是被供养的对象与社会资源的消耗者,也应该是社会价值的生产者、历史的创造者,他们的宝贵经验与"可持续发挥"的能力理应得到珍视与传承。我们应当用发展的、动态的眼光来审视老年群体的"热能",即所蕴含的庞大的人力资本与社会资本。比如,现有就业制度"年龄一刀切"的退休政策设计,将55—65岁的老年群体排挤出正规就业市场,这样的政策安排无疑人为加重了社会应对老龄群体的照护成本,使之成为社会负担;同时,也意味着一部分银色人力资源被忽视与浪费。西方发达国家的实践经验表明,老年群体再就业并不以牺牲年轻人就业机会为代价,通过抑制老年人再就业增加年轻人就业机会的就业政策从来就没有产生过显著效果。反观我国,引发社会各界热议的"延迟退休年龄"政策,在短期内强制实施的支持条件尚待完善,但是以政策形式针对不同领域、不同岗位的特定人群实行循序渐进的退休年龄柔性调节、进一步发挥老年特殊人力资源的巨大作用无疑将成为一种现实可行的路径。基于此,我们认为,社会养老服务的发展型特征也可以通过促进老年群体的社会参与来带动其参与某些社会服务、发挥精英老年群体的智力资源等。有数据显示,在一些社会组织、志愿者团体甚至私营企业中,经验丰富、能力超群的老年群体所占比例不仅很高,而且相当活跃,其中有很多是具有专业技术职务资格的领军型人才和持有高级技师证书的专业人才,可以说不少"退而不休"的精英老年群体(senior labor)已经成为社会进步的巨大推力。他们凭借自己丰富的从业经验和人生阅历,言传身教地影响着年轻一代从业者,这无疑是优质人力资源的积极开发与利用。这不仅在改善精英老年群体经济收入与社会地位方面起到了良好作用,在有效缓解公共养老金支出压力的同时为社会资本积累做出了贡献,还有助于实现精英老年群体的自我发展需求,在整个社会经济发展的代际示范方面也发挥了积极作用。

当然,我们并不是说所有老年人都适合延迟退休,而是提倡尽可能地发挥银色人力资源的余热与潜能。就业仅仅是老年群体社会参与的途径之一,可以是不同程度的参与,应促使老年群体在自身意愿与能力允许的前提下,积极参与社会发展过程、分享社会发展成果。

此外,在发展型社会养老服务政策中,另一个重要问题就是除了针对老年群体自身的社会参与促进服务之外,政府还应当以政策的形式对家庭养老作出积极的支持,鼓励家庭与社会成员参与培训,了解基础知识与护理技法,以实现"社会养老服务"人力资本与社会资本的有效投入,重视并促进家庭真正成为践行发展型社会养老服务政策的重要主体之一。家庭在养老服务资源供给方面所能够发挥的作用尤其是家庭成员之间的精神慰藉作用是政府、市场等社会服务提供主体无法替代的。进一步说,家庭养老责任缺失的社会养老服务制度是残缺不全的制度安排,这不仅会使老年群体心理蒙受难以愈合的创伤,难以获得完整的老年福利,而且还会造成过重的社会照护负担与经济负担。我们认为,若促进家庭成为社会政策与经济政策连接的桥梁,社会养老服务制度就有可能通过发展型家庭政策的实施实现发展取向的转型;将社会资源分配到具有投资取向的社会生产制度安排中,就有可能实现收入补偿与再分配功能以及生产性功能的协同整合。具体来说,其一,以家庭为单位,通过"家庭所得税"、家庭成员之间共享社会福利以及长期照护成本的社会保险分担机制等创新性形式,提升承担老年人照护服务家庭的整体福利水平;其二,对于遭遇"老年照护困境"的家庭,在给予直接经济援助的基础上,进行家庭投资与家庭成员能力建设投资,尤其要为承担老年照护责任的低收入家庭成员提供普遍的经济支持与技能培训服务。

值得一提的是,要注意家庭支持政策与其他社会福利政策的衔接性与统一性。之所以特别强调家庭在社会养老服务政策体系中不可替代的重要作用,并非要将政府、企业与社会应当承担的社会养老服务责任全部转嫁给家庭,而是因为家庭是我国最有价值的社会资产之一,要特别赋予每一个家庭、每一个人"发展"内涵,从而延续并拓展家庭的功能,协调并促进家庭与其他社会服务提供主体共同发挥作用。总之,通过发展型家庭政策来重塑家庭在社会养老服务中的责任边界是我国传统文化的应有之义,同时也是社会养老服务得到发展型再生产的有效路径。

(三)健康老龄化、积极老龄化与成功老龄化

1. 融入老龄化应对战略的"老年发展"

"老龄问题"包含"人道主义"与"老年发展"双重内涵,这意味着有效解决老龄问题需要兼顾"老有所养"与经济社会可持续发展。"人道主义"意味着老年人是否能够安度晚年,是否能够得到应有的尊重、支持与保护,养老需求是否能够得到回应与满足。"老年发展"中的"发展"是一个多维概念,"发展"包括经济、社会、文化、人口等诸多方面量的积累与质的提高,只有在诸多发展要素协同促进之下,老龄问题才有可能得到妥善安排与解决。老年发展常常被视为老年时期的"再社会化"与"再就业化",具体包括老年时期健康、知识、技能、社会角色、心理、婚姻家庭、个人价值实现等多维度的发展。在20世纪90年代初,《联合国老年人原则》就鼓励各

成员国家政府尽可能将"独立、参与、照顾、自我充实和尊严"五大原则纳入国家养老政策方案。五大原则均体现出老年发展的重要性与必要性——"老年独立"是老年发展的基础与前提,"老年社会参与"是老年发展的重要途径,"老年照顾"是实现老年发展的重要保障,"老年自我充实"是老年发展的重要目标,"老年尊严"是老年发展的终极价值体现。由此,作为老年发展重要实现途径的老年再就业之所以备受关注,是因为其不仅与老年群体生活质量息息相关,而且与老龄化社会经济可持续发展紧密相连。通过老年再就业体现出来的"老年发展"等同于生命全周期视野下的人力资本"再动员""再生产"与"再创造",通过创造和积累新的人生资本从根本上遏制或者缓解老龄化的潜在风险。在发达国家,由于劳动力短缺,老年人在身体健康状况允许与个人愿意的情况下重返就业岗位,"退而不休"的老年人力资源已然成为发达国家人口老龄化进程中一道充满活力的银色风景线,这充分说明健康老年人日益成为举足轻重的经济力量。换言之,身体健康、追求发展与自我实现的老年群体,在包容性社会提供平等参与机会的前提下,就有机会实现人力资本的"再发展"与"再提升"。

2. 成功老龄化:提升与超越

成功老龄化聚焦于老年群体的身心健康,促进老年人融入社会和参与发展;关注老年人力资本投资,更多地将老年群体视为社会财富的创造者而非社会资源的单纯消耗者;综合考量老年群体与其他社会群体及社会环境之间的互动关系,力求在大多数社会成员权利不受损失的前提下,通过"共建"实现"共享"与"共生"目标;维持适当的代际人口均衡;促使老年群体的人生价值得到充分肯定、生活热情得到充分激发、人生境界得到充分提升、发展潜能得到充分挖掘,最终实现"快乐与活跃的老龄化"。健康老龄化、积极老龄化等都将促进老年发展,进而实现幸福老龄化与成功老龄化。(见图2-2)

成功老龄化之所以深得人心,是因为其蕴含着"老年发展"之要义。[①] 随着经济社会发展水平的提高,老年群体对于晚年生活质量的追求早已超越"老有所养、老有所依"的生存性需求阶段,进入"老有所学、老幼学乐、老有所得"的发展性需求阶段。"老年发展"的地位是举足轻重的,并且贯穿于老龄化的整个阶段,在老年生活照护服务、医疗康复服务、精神慰藉服务、娱乐休闲服务、社会参与服务等各个阶段都要体现"老年发展",这样才有可能真正实现"成功老龄化"。换言之,"老年发展"从发展型的投资视角重新认识老年群体潜在的积极力量并努力开拓成功老龄

---

① 穆光宗.成功老龄化:中国老龄治理的战略构想[J].国家行政学院学报,2015(3).

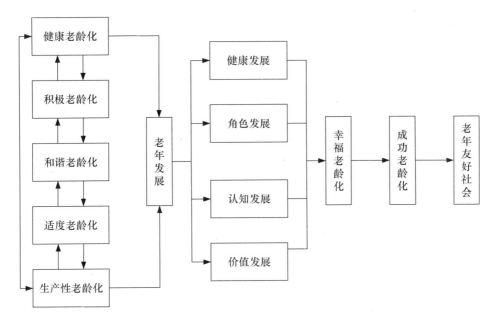

图 2-2 成功老龄化示意图

资料来源：穆光宗.成功老龄化之关键：以"老年获得"平衡"老年丧失"[J].西南民族大学学报（人文社会科学版），2016(11)；张旭升，林卡."成功老龄化"理念及其政策含义[J].社会科学战线，2015(2)。

化的实现路径。"成功老龄化"试图将人口老龄化问题融入社会发展整个大局进行统筹考量，因而可以突破个体维度的局限，不仅强调"身心健康安老"的重要性，也突出"社会发展享老"的特有价值。与其将"成功老龄化"作为有效应对人口老龄化的积极战略之一，不如将其视为一种社会发展目标。

第三章　我国城市社会养老服务体系建设的历史叙事

第一节　以尊老敬老文化为中心的城市传统养老服务

一直以来,我国社会养老服务无论是在价值理念、措施方法,还是政策法规方面均与西方福利国家存在着不小的差距。特别是在近代,西方各国在现代化浪潮的推动下开始转变养老服务模式,改进服务技术,实现服务的制度化和法制化,而我国社会养老服务依然没有从以临时生活救济为主的"剩余模式"向社会权利保障型"制度模式"转型。老年人社会福利以临时救助为主导,而社会服务的内容则相对匮乏。直到20世纪80年代改革开放之后,我国社会养老服务才开始逐渐实现制度化,并开启向以社会权利为主导的"制度模式"转型的大门。在社会福利制度化之前,我国"普享化"、制度化的社会养老服务模式尚未建立,现代意义上专门针对老年群体的福利资源安排尚未进入政府的政策视野,因而老年人无法享受定期和定量的社会保障和社会服务。很长一段时间以来,我国对老年人的社会福利分配具有随机性和临时性,老年人享受社会养老福利未被作为一项确定的社会公民权利确立下来。

在我国古代和近代时期,养老的重任主要由家庭来承担。传统的中国家庭既是从事农业生产的基本单元,也是抚养子女、赡养老人的服务单元,家庭的多样化社会功能在代际传承过程中不断进行着再生产。千百年来,"孝顺"或"孝道"观念一直是家庭养老功能得以实现的普遍道德基础,与此同时,也奠定了家庭中子代对亲代物质赡养与精神供养的物力与人力资源基础。"道义孝行"是子代基于血缘与亲缘认同感与归属感自觉自愿赡养亲代的反哺行为,"律令定孝、严惩不孝"所体现的则是强制性的赡养责任与义务。概言之,"尊长抚育卑幼,卑幼赡养尊长"是出于人性本能与道德良知的自觉,这种道义层面的传承在家庭成员共同生活中以道德规范与法律约束的强制性与非强制性混合形式得以固定与延续。基于传统孝道文化的理念与实践,儒家提出"仁者爱人""老吾老以及人之老"正是从宗族血缘的孝悌关系出发,从爱父母、爱亲人逐步延伸至尊敬与善待全社会的老年人。孝道与"仁爱"一道成为全社会尊老敬老的道义共识与情感底线。即便是在封建社会,君王们也通过各级官府来设立"悲田院""养济院"等公共设施,为老无所养、老无所依的困难老年人提供照护服务,以彰显"民贵君轻"与"君民一体"的大同盛世。诚然,在今天看来,传统"孝道"观念中包含着一些维护君主专制统治根基并且与现代社会政治理念相背离的深层意蕴,但是"孝"文化中体现出的人性基本道德追求与人伦关系内涵是任何时候都不容置疑的,仍然是当今社会道德建设与伦理追求的价值典范。尽管我国从封建社会时期就开始探索以"悲田院""养济院"等养老服务公共设施为代表的社会养老实践形式,但是这些零散而随机、随着朝代更迭频繁变化的实践形式无法形成整体化的制度体系,与之相配套的资金来源、人员配置也缺乏持续且充足的供给,其中有统治阶级追求奢华享受而忽视民生的因素,也有封建社会生产力水平低下造成社会资本积累不足的原因,加之小农经济以家庭为单位自给自足的生产方式又使得传统中国家庭成为养老首当其冲的承担者,在这些因素共同作用下,这些偶然性、碎片化、非制度性的社会养老服务措施只能作为家庭养老的临时性补充。冯友兰先生曾指出:"在20世纪中叶以前,中国社会的养老问题基本上是在家庭之中得以解决的。家本位的传统中国,家庭是社会的基本组成单位,个人无法独立于家庭组织之外,老有所依和老有所养基本只能依靠家庭来实现,官府、民间慈善机构甚至家族组织的养老作用都是极其有限的。"[①]

(一)古代中国的养老服务:家核心、民辅助、君恩赐

源于孝道的家庭养老传统诞生于小农经济时代,自给自足的生产方式、相对低下的社会生产力发展水平、"家国同构"的大一统封建专制政体、作为哲学思想主体的儒家文化、作为传统文化核心的血缘和亲缘宗法观念,这些历史的、文化的因素共同作用,促进了中国养老传统的形成和发展,并基于此构建了以"孝"为核心的家庭伦理秩序,也以此作为维系宗法社会统治的伦理根基。在"家国同构"的封建时代,父子关系是君臣关系的社会根基,君臣关系是父子关系的社会化表现形式,"由家及国、由父及君、移孝于忠"便成为统治阶级维护封建皇权统治合情合理的逻辑理路。

家庭一直是中国人养老的支柱,家庭在养老服务供给中扮演着极其重要的角色,在此角色发挥作用的过程中有深层次的文化逻辑与伦理逻辑。家庭是由血缘、婚姻以及收养关系联结起来的社会基本单元,是人口生产与再生产以及物质生产

---

① 冯友兰.新事论·说家国[M].上海:三联书店,2007.

与再生产的复合体。"宗族"在中国传统封建社会包含着"宗"和"族"两层既相互区别又相互联系的含义:"族"是血缘关系的自然聚合,"宗"是家族组织的管理者,"宗族"包含以血缘关系建立起来的"主干家庭"和以姻缘关系建立起来的"核心家庭",是扩大化的家庭组织形式。家庭是社会的组成单元,而宗族作为以父系血缘关系为纽带的人类社会生活共同体,在数千年的中国历史中曾发挥着维护社会稳定、延续传统文明、抵御自然灾害及解决族人生老病死等的重要作用。家庭、宗族使得血缘和经济关系产生了错综复杂的联系,父母养育未成年子女,子女成年之后赡养因年迈而逐渐丧失劳动能力的父母,以子代赡养亲代的"反馈模式"回报父母养育之恩。不同于西方"传递式养老"的单向家庭关系,中国传统家庭反哺关系是双向的,这就形成了子代与亲代在物质与精神双重层面的互相依赖情结,为家庭养老奠定了难以替代的情感根基。传统中国养老体系是以个人所在的核心家庭为中心,并向宗族关系网络等扩展而形成的具有中国传统特色的互助供养与支持体系。我们发现,传统养老保障的微观逻辑体现在资源供给的角色维度便是"家庭→宗族(大家庭)"。具体而言,宗族以血缘和亲缘为基础,以义田为资产,并按照宗法采取互助养老的方式进行管理。宗族互助养老的具体形式有两种:一是宗族组织为族内贫困无依的老人提供生活物质资料保障;二是宗族内部向"后继无人"的家庭通过"过继"等形式"延续香火",以实现养老人力资源的服务保障。宋代以后,随着族田义庄制度的产生和发展,族产丰厚的宗族直接为贫老无依的族人提供粮食资助。

　　我国传统社会的养老功能主要是由家庭和宗族完成的,对于无依无靠的贫病困难老人,除了宗族内部的亲属互助之外,政府、民间宗教组织以及乡贤乡绅也开设慈善事业予以救助。我国古代社会极力推崇"孝道",在"善事父母"的社会氛围下,封建君王通过"仁政"的施行促使家庭承担起提供养老所需的物质资源与服务资源的核心责任。与此同时,封建统治者们辅助提供其他养老资源,如"存问"赏赐、徭役免老、封爵"赐杖"以及建立官方养老服务机构等,这些直接或间接的举措成为国家推广"孝道"的物质根基与制度保障,亦是统治者们通过"柔性"统治手段达到巩固封建政权、维护社会安定、提升民众服从程度之目标的重要社会基础。诚如《汉书·宣帝纪》所言:"导民以孝,则天下顺"。我国最早于先秦时期提出"国家养老"概念,但是这种封闭性的"君主福利系统"的权利分配主要针对位于皇权中心及其附近的老年人,比如"三老五更""家中之老"及"致仕之老"等,极少部分的福利资源能够惠及老无所依的"庶人之老"。当家庭无法为老年人提供养老资源时,封建君王便通过建立养老机构的方式承担起养老责任。公元521年,南朝的梁武帝命令设立"独孤院",这是中国历史上第一家由政府开办的"养老院",专门收养老人和孤儿;唐宋时期的"悲田院"与"居养院",都是官方救济与赡养孤苦老人的场所。

第三章　我国城市社会养老服务体系建设的历史叙事

除了官方救助之外，民间慈善救助事业在我国也有着悠久的历史。在奉行"养老慈幼之政"的宋代，"范氏义庄"堪称楷模。早期，义庄暗含着一种朴素的平均主义社会福利理念，其保障性质更加偏向一种普遍的宗族福利。明清时期，义庄大量出现，其保障性质也从宗族福利转向更具公平性质的扶老救贫济穷。与此同时，义庄的保障内容也更加丰富，在为族人提供生活、养老保障的基础上，推行道德教化以维护社会稳定与和谐。相对于官方保障的选择性、被动性、季节性而言，义庄保障具有全面性和常态性。义庄之外的一些民间慈善与宗教组织也承担了社会困难老人的救助与赡养职责，如由寺院创办的"六疾馆""孤独园"，由宗教团体兴办的"养老院""鳏寡孤独院"等，这些民间组织大大缓解了老无所养、老无所依者的生存困难。到了 19 世纪中后期，倡导"慈善博爱普济众生"思想的宗教组织进入中国，虽然西方"爱己及人、敬老怀幼"的宗教文化与我国以强烈的血缘认同感与高度的亲缘重视感为核心的传统文化相比显得十分微弱，但外源性宗教在增加文化多源性、济世救贫、引导人们向善的利他与博爱情怀方面做出了重要贡献，为传统家庭养老模式注入了新鲜血液。清代以后，在维新思想和洋务运动影响下，源于明代的善堂文化和慈善事业得到进一步革新，"社会化养老"开始进入人们的视野。截至清朝末期，我国基本形成了由个体家庭为主，宗族、民间慈善组织和官方为辅的老年人社会福利和服务递送体系，"院所居养"是主要形式。其中，家庭和宗族的义庄收养了绝大多数孤苦老年人，其余无依无靠的老年人才由民间慈善组织普济堂以及官方机构养济院等收养。

（二）近代中国的养老服务："道义善举"走向"准制度化救济"

近代以来，封建中国的近代化征程与西方国家"社会内在动力激发内部创新的内生性现代化"有着明显不同，属于典型的"迫于外源冲击引起社会内部思想意识与政治体制被动变革的外源性现代化"。外力强势阻断我国封建社会按照固有逻辑自然演变的发展进程的同时，终结了我国两千余年的封建君王专制制度，还引发了封建时代"天朝意象"世界观的彻底破碎、儒家思想价值系统的根本震裂，此后的近代中国开始由传统强势君主专政走向弱势民主共和体制。换言之，近代中国社会正由以血缘、亲缘、地缘建构的家庭和宗族社会走向以民主共和为核心要旨的"准公民社会"过渡。

近代之前，家庭和宗族一直是中国人传统养老模式的核心支柱与主要依靠，不论是政府还是宗族组织成立的传统慈善机构，实际上都是家庭和宗族养老的有益补充，这并非是一种制度化设置，亦非体制化责任，更多的是一种道德义务。近代之后特别是民国时期，尽管传统家庭养老的基本行为方式并未体现出明显变化，但家庭养老以"孝文化"为核心的思想基础在西方福利思想以及"民主"与"自由"观念的冲击之下备受抨击,家庭养老出现了"封建养老思想弱化"与"家庭养老行为强化"相互矛盾的局面。人们想要挣脱封建父权束缚、批判封建专制绝对性的同时,开始尝试用"非孝"来取代具有封建色彩的传统孝道,但是这种"非孝"思潮饱含"扬弃"精神,只是批判"愚孝""愚忠"等封建糟粕,对于"敬老孝亲"传统并无推翻之意。民主共和制领导人大力提倡"尽孝",并试图将"尽孝"提至"尽忠"高度,并且以此作为团结民众反抗外敌入侵的理论武器。清末民初的中国进入半封建半殖民地时期,战火纷飞引发时局动荡,由此产生了数量众多的鳏寡孤独及贫病者,逐渐演变成严重的社会问题。作为当时治国理政重要思想根基的"三民主义"试图建立"公养""公教"与"公恤"的保障制度来替代传统家庭宗族保障制度。尽管由家庭和宗族提供养老资源的传统已经延续了几千年,但民国时期政府与社会主体开始承担部分社会养老责任,并逐步由"道德义务"走向"制度义务"。同时,政府对原有教养机构进行改造,并制定《救济院规则》,要求各级地方政府对无所依靠的老幼病残等弱势群体设立涵盖养老、育孤、育婴、助残、施医等功能的"救济院"。这一时期的国家逐渐突破传统的"施舍恩赐"理念,开始强调国家的社会责任,理念也从单纯的"救养"向"救""养""教"三位一体转化,传统老年人实物和现金救济开始向现代老年人社会服务转型,官方和民间的养老服务机构开始引入现代科学管理理念和社会服务专业技术,慈善组织的管理运营日趋民主化与科学化。与此同时,在"西学东渐"思想的影响下,西方传教士开始打着慈善主义的大旗创办老年人救助、照护、医疗服务机构。虽然其目的在于传播宗教思想,但实际上对我国现代老年人社会服务的发展起到了推波助澜的作用。由此,近代中国形成了以家庭和宗族、政府、教会、慈善团体等为主体的非正式的多元混合递送体系。民间非政府的社会慈善组织旨在救助、帮扶老年人等社会弱势群体,这既是维护社会政治体制及社会秩序、协助国家渡过困境的有益之举,也是国家借助民间组织力量分担其社会服务职能进而通过"得民心"来提升其统治合理性与合法性的善举。概言之,近代中国养老观念和养老实践体现为两种根本性转变:一个是将社会养老资源的供给角色由家庭和宗族逐渐向社会转移;另一个是供给角色由"道德义务"向"制度义务"转变。需要指出的是,这种转变受限于时代背景与当时的社会生产力发展水平,既非覆盖全民的,也非制度化、常态化的。

第二节　计划经济时代"剩余型"城市社会养老服务

在帝国主义、封建主义和官僚资本主义"三座大山"压迫下,中国进入"内忧外患"的革命年代,社会资源极端匮乏、社会积累严重不足,加之领导者们无暇顾及百姓养老问题,人们只能依靠家庭养老。"积谷防饥,养子防老"的养老方式在当时被认为是值得赞颂和提倡的,因此,社会普遍缺乏建立社会养老保障制度的基本条件,老年群体的社会养老权利几乎无法得到制度性确认与保障。中华人民共和国成立之后,受制于相对落后的社会经济发展水平,当时社会福利主要服务对象局限于少数城市居民,主要服务内容有福利服务、保险、救助、津贴等。民政对象以外的城市老年人主要依靠单位和家庭提供照护服务资源,高度集权的"国家—单位制"保障体系使得"单位人"从生到死均有资格获得福利保险救助津贴、享受养老医疗工伤生育保险。虽然保障水平总体偏低,但是这一时期城市老年人的照护责任由家庭和单位全部承担。

(一)家庭养老核心地位

中华人民共和国成立之后,新生政权着力解决的是广大人民群众整体性基本生活保障问题,极为有限的社会养老服务资源仅仅能够勉强覆盖城市"三无"老人等极端困难群体,为其提供极为有限的、临时救助性的养老服务。对于大部分老年人来说,主要还是依靠家庭代际赡养来获取养老服务资源,包括物质资源、照护资源以及精神资源。20世纪50年代初期,我国相继颁布并实施的《婚姻法》与《宪法》均对"父母抚养教育未成年人和成年子女赡养扶助父母"的义务作了明文规定,并且对义务作了"双方均不得虐待或遗弃"的进一步说明。传统文化与现代法律互通的结果是强化了家庭作为提供养老服务核心主体的重要地位。从严格意义上来说,纯粹的家庭内部供养老年人从社会权利保障与养老资源提供维度看均不属于社会养老服务,家庭养老由于缺乏社会互助互济特征,因而无法实现不同经济状况家庭之间的社会资源再分配功能。因此,大多数经济状况拮据的家庭对老年人的物质赡养与经济支持能力可能很低下,成年子女无法为年迈父母提供充足的照护资源也是较为普遍的现象。

(二)"单位制"社会养老模式

中华人民共和国成立初期,只有通过迅速建立高度集权的政治经济体制来强化国家对于政治资源与社会资源的组织与动员能力,才有可能实现综合国力的迅速提升与国家的快速发展。这一时期,处于绝对主导地位的国家以"全能主义"姿态将社会主义新生中国塑造成了意识形态中心、政治中心与经济中心重合为一体的"整体性社会"。"全能主义国家"依靠国家机器来推动社会与政治高度一体化的社会生活正常运转,并且通过大规模政治运动人为地限制甚至抑制社会要素分化。"全能主义国家"近乎垄断了一切社会资源、政治权力与公共空间,形成了"强国家、弱社会"的非均衡性格局。国家对城市中存在的各种组织进行强势整合,强国家的行政管理系统几乎囊括了所有城市组织,其结果就是一极是高度集权的国家与政府,另一极是国家设置与控制之下的大量彼此分散、相对封闭的"单位"。

国家通过对"单位"的统一配置、直接监管与严密控制实现了对社会与政治的一体化整合,"单位"则成为国家与社会相互衔接的桥梁与纽带,由此便形成了以"国家—单位—个人"强制性依附关系为特征的纵向联结控制机制。"单位"既是国家实现社会整合的中介机构,又是国家管理社会和动员大众的微观组织基础,同时也是单位职工定向公共物品的特殊供给机制。最为重要的是,"单位"几乎包揽了城镇职工生产和生活的全部福利,"单位"因此被视为功能齐备的"小福利国家"。"单位养老模式"的形成与"单位制"的出现密切相关,单位是退休职工获取养老资源的重要场所,家庭养老在生活照顾和精神慰藉方面发挥着重要作用,弥补单位养老的不足。"单位制社区"不仅是老年人享受休闲文化娱乐活动的重要载体,同时也是老年群体满足发展性需求的重要社会支持网络。养老服务作为社会福利的一部分基本上由城市单位或者民政部门以"直属、直办、直管"的形式大包大揽,作为我国第一部全国性社会保障法规的《劳动保险条例》中明确规定了由"单位"来负责全体退休职工的包括收入补偿、医疗保健、文化娱乐等诸多方面的养老事宜,由此拉开了以法规形式保障劳动者养老权利的序幕,使劳动者的养老权利首次得到了制度性承认。计划经济时期,传统家庭养老之外的社会养老制度所体现出来的更多的还是通过"单位制"得以实现的国家责任,国家以一种"全能主义"姿态包揽着社会养老资源与制度的提供,但是这种状况自从改革开放以后逐渐得以改变。必须明确的是,处于起步阶段、有待于进一步健全的养老保障制度仅在城市范围内针对单位职工实施,除此之外的城市其他居民以及农村居民被排除在制度之外,因而在养老制度的权利保障功能上存在着较大的城乡差异与群体差异。诚然,伴随着中华人民共和国诞生的"单位制"养老保障制度在今天看来有着诸多局限和不足,制度覆盖面狭窄、保障水平低、分配不公平等现象比比皆是,但却为之后全国性社会保障制度的建立奠定了十分重要的基础,具有里程碑式的重要意义。总之,这一时期的养老责任主要还是由家庭承担,城市职工以及社会弱势老年人的养老权利

第三章 我国城市社会养老服务体系建设的历史叙事

得到了制度性的保障。到了"文革"时期,老年人福利事业更是陷入停滞状态。直到1978年中国共产党十一届三中全会召开,我国实行改革开放基本国策之后,老年人社会服务才开始实现全面进步。特别是20世纪90年代中后期随着《老年人权益保障法》的颁布与实施,老年群体开始作为一个独立的群体在法律的保护下,在社会福利分配时既享受到普通民众的普惠性社会保障权利,又享受到身为老年人的特惠保障权利,保障水平也在稳步提高。

(三) 公办机构提供"剩余型"养老服务

计划经济时期,我国养老服务的社会性体现在政府仅对符合条件的、家庭养老责任缺失的城市"三无"(无生活来源、无法定赡养人及无劳动能力)老年人在公办福利机构之内提供救助性质的临时性赡养与帮扶。这种帮扶与救助权利的获得是以丧失家庭照护功能为前提的,覆盖人群小,仅限于城市困难老年人并且保障水平很低,因而我们认为这种社会性的养老保障模式是"剩余性""残补性"的。因此,在中华人民共和国成立到改革开放之前的社会主义建设初期,我国社会养老服务处于"准制度化孕育"阶段。

中华人民共和国成立之初,公办养老机构作为社会养老服务资源供给主体之一,为无法依靠家庭和单位提供养老资源的老年人解决了养老问题,实现了社会养老服务机构从临时性、随机性到制度化、常态化的转型。由于国家掌握着社会养老服务资源的分配权和供给权,市场与社会的养老服务职能几乎无法发挥,市场主体缺位,以国家、单位以及非正式的传统家庭对老年群体提供的养老服务为主体,因此这一时期的社会养老服务机构几乎都是具有官方背景的公办养老服务机构。新生政权通过改造国民政府时期既有的"劳动习艺所""老年救济院"以及教会慈善救济机构,创办新兴救济福利事业单位,旨在解决社会上老无所养、流离失所、孤苦无依的社会弱势群体的救助与安置问题,因而当时的社会福利机构大多被称为"生产教养院"。经过社会主义改造,生产教养院的收容对象逐步明确为无依无靠、无法维持生活的老残孤幼人群,排除了有劳动能力的各类人员,机构名称逐步演变为"养老院""儿童福利院""精神病人疗养院"等,救助内容从改造、教育、救济转向以教育和救济为主。到1953年年末,我国920余个城市社会救济福利事业单位合计收容与赡养城市"三无"老年群体10余万人次。[①] 社会主义改造完成之后,国家专设残疾、老年以及儿童福利院,明确其性质是社会福利机构,社会福利与社会救济工作开始分流并且形成独立的系统。截至1956年年末,我国城市福利机构共收养

---

① 崔乃夫.当代中国的民政(上)[M].北京:当代中国出版社,1994.

安置孤寡老人5.3万余人次。① 1959年,内务部(民政部前身)确定了我国城市社会福利事业单位在养老服务提供方面"以养为主,辅之以思想教育、娱乐活动与适当劳动,使老人身心健康、幸福养老"的方针。

尽管说从中华人民共和国成立伊始到改革开放近三十年的时间里,计划经济体制之下国家包揽的社会养老服务只面向社会困难老人、只强调院内收养的机构供养模式存在明显弊端,物资资源短缺、机构数量不足、服务质量较差等问题比比皆是,甚至由单位提供的职工养老福利也具有明显的选择性与排他性,但是,我们必须正视社会养老服务作为一项正式的制度安排已经进入发展的轨道,社会弱势老人群体的养老问题获得了制度化的解决渠道,企事业单位退休老人的生老病死有了保障,在一定意义上缓解了家庭繁重的养老照护负担与经济压力,在当时百废待兴的新政权建立与稳定时期,这样的历史性进步是值得肯定的。

第三节 改革开放时期"政府主导型"城市社会养老服务

改革开放以来,我国社会养老服务体系开始从"社会福利国家化"走向"社会福利社会化"。在这个转变过程中,重新理顺国家、市场、社会连同家庭和个人之间的权责关系成为改革重点。"由谁在社会养老服务的何种领域承担何种责任",不仅涉及文化传统偏好抑或社会福利意识形态选择,而且与不同责任主体之间角色平衡、利益博弈的动态建构过程也密切相关。放眼世界,是"国家干预"还是"社会负责"总会成为国家社会养老服务政策选择时摇摆不定的分歧所在,并且与国家意识形态变化、经济发展阶段以及社会结构转型息息相关。从历史上看,任何国家的福利结构都是多元化的,主张个人应为自身福利负责减少国家干预自由放任主义也好,主张国家应为公民社会福利承担主要责任的凯恩斯国家干预主义也罢,只不过在不同国家、不同历史时期呈现出不同的组合方式而已。西方福利国家在经历了石油危机所引发的福利危机之后,不约而同地进行大规模福利革命,纷纷从"国家福利"转向"多元福利"。我们所称的"发展型社会政策理论"也包含了福利多元主义的深刻含义——福利承担主体的多样化。"福利多元主义"以福利提供主体之间的权利与责任划分为着眼点,鉴于"政府失灵""市场失灵"甚至"志愿失灵"有可能同时存在,因而由政府、企业以及社会志愿部门等多元主体共同承担福利责任可以尽可能规避失灵风险;而"国家收缩"即政府福利直接提供责任的减少并不必然促

---

① 崔乃夫.当代中国的民政(上)[M].北京:当代中国出版社,1994.

第三章 我国城市社会养老服务体系建设的历史叙事

使福利多元化自动完成。事实上,福利多元主义只是将国家角色置于一个复杂得多节点网络结构之中,福利国家的绝对福利责任并未减少,只不过是换一种承担责任的方式,具体表现为从"台前"走向"幕后",承担起更为重要的顶层设计、规划布局、资金筹集与有效监督职能。以"地方分权化"(decentralization)与"福利私有化"(privatization)为主要表现形式的"福利多元主义"在福利国家的福利改革过程中发挥了重要人指导作用,西方福利国家不再是社会福利独一无二的提供者,而是将福利的直接提供职能转移至市场组织与社会志愿部门,以期提升福利供给的质量与效率。国家、市场与社会的福利责任关系在改革以来的30余年来不断得以优化,同时也为福利国家稳定与可持续发展不断探索新道路。反观我国,计划经济时期建立起来的"单位制养老模式"随着改革开放进程的推进逐渐被打破,以"国家—单位—个人"强制性依附关系为特征的纵向联结控制机制逐渐瓦解,由此导致"单位"对于职工从生到死的庇护功能逐渐减弱,退休职工与下岗人员的养老服务需求无法由原单位满足,这意味着为其提供养老资源支持的责任被推向社会。与此同时,计划生育国策的强制性推行与实施从根本上削弱了传统家庭的养老能力,加之政府仅仅凭借自身力量无法应对汹涌而来的社会养老服务需求,在诸多因素的共同作用之下,我国开始着手进行社会福利改革。几乎在与西方福利国家"福利私有化"改革的同一时期,我国也开始了"社会福利社会化"的探索与实践。从某种程度上说,基于中西方社会发展的诸多差异,中国本土特色的"社会福利社会化"改革可以被视为对西方"福利私营化"改革的回应。

我国社会养老服务模式的演进过程反映了不同福利提供主体之间的互动关系:中华人民共和国成立以来的计划经济时期,国家以"全能主义"姿态垄断着养老资源供给,极为有限的资源仅能为数量极少的困难民政对象提供临时性、救济性、低水平的养老服务,其他城市老年人主要依靠单位和家庭提供照护服务资源。高度集权的"国家—单位制"保障体系使得"单位人"从生到死均有资格获得福利保险救助津贴,享受养老医疗工伤生育保险,老年人的社会保障水平总体偏低。改革开放至20世纪末的这段时期,国家的"全能主义"形象逐渐改变,社会与个人责任开始突显,随着社会主义市场经济的蓬勃发展,市场组织的力量日趋庞大;与此同时,民间社会组织开始产生与发展,市场经济与民间社会组织构成国家的"两翼",国家宏观管理与财政汲取能力显著提高。[①] 这一时期,家庭作为养老服务资源核心提供者的地位仍然未能动摇,在"社会福利国家化"逐步走向"社会福利社会化"的宏观背景之下,我国社会养老服务体系在探索中开始发展,计划经济时期救济性、残

---

① 王绍光,胡鞍钢.中国国家能力报告[M].沈阳:辽宁人民出版社,1993.

补式的社会养老服务格局被打破,机构养老服务无论是投资主体范围还是受益对象范围都得到显著扩大,社会养老服务开始朝着社会化方向迈进。

(一)"社会福利国家化"走向"社会福利社会化"

改革开放以来,社会主义市场经济与市场组织蓬勃发展,加之受到西方自由主义思潮的深刻影响,我国社会福利制度改革的市场化倾向十分明显,引入市场机制的同时收缩国家权力的垄断性运行方式是福利改革的可行之举。进入20世纪90年代,人口老龄化时代的到来、劳动力流动性的增强以及计划生育国策的强势推行所导致的家庭规模缩小大大削弱了传统家庭的老年人照护功能,诸多因素共同作用催生了老年人对社会养老服务需求的激增,政府在仅仅凭借自身力量应对汹涌而来的巨大养老服务需求时变得束手无策甚至无能为力,社会养老服务依靠国家供给的模式几乎无法实现。有鉴于此,我国民政部门针对既有社会养老服务事业资金来源渠道单一、服务受益群体狭窄、服务质量不到位、服务人员素质低下、管理方式粗放落后等突出弊端,审时度势地提出"社会福利社会化"思路,即"政府充分发挥主导作用,在必要的财政资金支持下,积极组织与动员社会力量与市场力量建设社会养老服务设施、开展社会养老服务以满足老年群体对社会养老服务的需求,要把服务对象从'民政对象'等困难老年人扩展至全体老年人"。进一步说,通过"责任主体多元化(国家、集体和个人多方负责制)、资金来源渠道多样化(财政兜底支撑,市场资本与社会资本大量介入)、服务受益对象全民化(面向全体老年人与有需要的人群)、服务质量标准化、服务方式丰富化、服务人员专业化(职业资格与技术等级认证等)、管理方式精准科学化"等具体路径全面推进社会养老服务的"社会福利社会化"进程,以期实现社会养老服务体系发展的"三大转变",即社会养老服务主体责任由"国家大包大揽"转变为"国家、社会、市场与个人合力分担",社会养老服务性质由"救济型养老服务"转变为"福利型养老服务",社会养老服务具体内容由"供养型养老服务"转变为"供养康复型养老服务"。《老龄工作七年发展纲要(1994—2000)》中明确规定:"多渠道筹集社会养老服务发展资金";2018年12月29日实施的《中华人民共和国老年人权益保障法》中进一步将该条款具体化:"各级人民政府和有关部门在财政、税费、土地、融资等方面采取措施,鼓励、扶持企业事业单位、社会组织或者个人兴办、运营养老、老年人日间照料、老年文化体育活动等设施。"在"社会福利社会化"的宏观思路引导下,市场力量与社会力量的介入为社会养老服务事业发展注入了全新活力。以社会养老服务机构为例,如表3-1所示,全国各类社会养老服务机构包括老人福利院、敬老院以及光荣院等的总量从1978年的8365个增至1999年的40030个,1993年数量最多,达到43375个;收养

第三章 我国城市社会养老服务体系建设的历史叙事

人数从1978年的14万人增加至1999年的77.6万人,服务对象由民政对象逐渐扩大至全体老年人。

表3-1 养老服务机构与收养人员统计表(1978—1999年)

年份(年)	服务机构(个)	收养人员(万人)	年份(年)	服务机构(个)	收养人员(万人)
1978	8365	14.0	1989	39472	53.0
1979	8801	16.3	1990	40340	56.1
1980	9460	16.7	1991	42013	60.8
1981	9813	17.0	1992	43063	65.6
1982	12046	19.7	1993	43375	68.0
1983	15582	23.0	1994	42911	69.2
1984	22566	31.0	1995	42735	70.1
1985	28852	37.5	1996	42518	72.3
1986	34750	43.9	1997	42027	73.7
1987	37109	48.2	1998	41755	74.7
1988	38767	51.1	1999	40030	77.6

资料来源:杨翠柳,郑春荣.国际社会保障动态:社会养老服务体系建设[M].上海:上海人民出版社,2014年版.

改革开放初期,我国社会福利制度改革遵循"效率优先,兼顾公平"的市场化逻辑,"以经济建设为中心"成为社会主义制度下发展自由市场经济的目标选择,"个人为自身福利负责"与"国家承担有限的社会福利责任"的观点不断被强化与扩大。在此背景下,"逐渐弱化并收缩国家的社会福利责任"成为我国社会福利制度改革的核心区域。在社会养老服务领域,国家的养老服务供给职能随着社会力量与市场力量的不断介入而弱化,社会养老服务领域的社会化、市场化改革就此拉开帷幕。然而,我们在"社会福利社会化"的具体实践过程中,由于对社会养老服务的"准公共物品"性质缺乏深入的分析与思考,未能妥善处理好社会养老服务公益性与社会性及市场性之间的关系。在市场主体与社会主体还未做好充分的准备承接政府让渡的部分社会养老服务供给职能、"国家—市场—社会"多元合作供给体系还未完全形成并成熟之时,就过早过快地弱化了国家的社会养老服务责任,将社会力量与市场力量"仓促"引入社会养老服务事业之中,这就导致部分社会养老服务供给的锐减甚至严重不足。事实上,在社会养老服务领域"弱化并收缩国家的社会福利责任"不应是存量上的绝对"减少",而应当是增量上的"收紧",即相对于不断增长的社会养老服务需求的"增量性质的弱化与收缩"。计划经济时期城市普遍实行的"单位制养老模式"随着市场化改革的深入而普遍被瓦解,原来由单位兜底的职工养老保障被推向社会即社区、民间社会服务机构。然而,社区福利体系未能做好承接协助国家向退休职工及社会弱势群体提供福利与服务的准备。于是,被推向社区的"单位人"普遍认为,简陋甚至缺失的社区服务设施与低水平的社区服务组织能力造成了他们被推入社区前后的生活状态的"断层",心理上产生了极大的落差。① 除了社区服务组织有待于进一步发展之外,我国民间社会组织与西方福利国家社会志愿组织相比亦存在不小的差距。西方社会志愿组织的福利提供传统由来已久,在参与社会发展的长期实践过程中已经积累了充分的服务管理经验与资源动员能力,经过不断磨合与调试,与福利国家之间通过"福利契约"已经形成了相对成熟与稳定的良性互动合作伙伴关系:福利国家从社会福利的直接提供者转变成为规划制定者、资金筹措者与规制监督者,志愿部门则更加关注福利提供的质量与效率。② 反观我国,计划经济时期,国家几乎垄断了全部社会资源,以城市"单位"与农村"人民公社"为"中介",进而实现了对个体社会生活全面而严格的控制,尤其是社会主义改造完成之后,国家通过"公有制单位"实现了对社会的彻底控制。国家与社会合为一体,在"整体性社会"之中,民间社会组织几乎得不到任何发展的资源与空间。随着改革开放进程的不断推进,"有国家而无社会"的"全能主义"国家形象有所改观,高度集权的国家逐渐放松了对社会的全方位管控,我国民间社会组织在政治经济体制改革与社会需求变迁的双重推力作用之下产生并迅速发展。《社团登记管理条例》《民办非企业单位登记暂行条例》以及《基金会管理条例》均规定对民间社会组织实行登记管理部门与业务主管部门的"双重管理"体制。我们看到,在"社会福利社会化"的大背景下,依然具有绝对主导权的国家更多的是将民间社会组织"吸纳"进国家体制之内,民间社会组织只能在国家的严格规定下发挥作用。③ 这一阶段,国家与社会的边界虽然逐渐明晰,但两者力量对比悬殊,是一种典型的"强国家、弱社会"格局。我国民间社会组织"发育不良"、独立性与自主性偏弱,有长期固化的政治体制因素,社会公众的接纳程度也成为影响其顺利发展的重要因素之一。相比而言,社会公众似乎更愿意信任与依赖政府,对民间社会服务组织则大多抱有怀疑甚至不信任的态度。有鉴于此,在各方条件有待成熟之时,政府过早过快甚至过度地"撤退",极有可能引发"社会服务断层"危机。因此,虽然国家从包括社会养老服务在内的社会服务直接生产领域"撤离",但必须承担更加重要

---

① 王思斌.断裂与弥合:社会转型与保障制度建设[J].中国行政管理,2003(9).
② 熊跃根.转型经济国家中"第三部门"的发展:对中国现实的解释[J].社会学研究,2001(1).
③ 岳经纶.依附、分立、嵌入:中国发展社会组织的三种逻辑[J].探索与争鸣,2014(10).

第三章　我国城市社会养老服务体系建设的历史叙事

的"掌舵"责任,除了提供资源支持、制定规制与监督规划执行情况之外,还需要通过不断弱化"全能"角色营造"社会福利社会化"发展环境,扶持民间社会组织独立成长并不断积累社会信任。因此,在社会养老服务领域"社会福利社会化"实践初期出现的主体角色定位不清、资源配置混乱等问题,呼唤着国家以发展的、积极的与负责任的态度承担社会福利责任。

(二)机构养老服务启动转型,社区养老服务开始发展

作为社会养老服务体系重要组成部分的机构养老服务,指的是向集中居住在机构中的老年群体提供适应其需求的专业化生活照护服务、医疗康复护理服务以及精神慰藉服务等。"机构养老"这一表述方式既涵盖了养老服务地点,又涵盖了养老服务方式。事实上,我国的社会养老服务机构由来已久,直到计划经济时代,都是作为救济性、慈善性部门而存在,定向收住老无所养、老无所依的困难老年人。改革开放后,在大力推行"社会福利社会化"理念下,社会养老服务机构为了更好地满足不断增长的社会养老服务需求,在所有制结构、服务对象、运行方式等方面发生了新的变化。就所有制结构而言,除了原来的公有制之外,增加了公有转制、集体投资与个人投资等多种形式。就服务对象而言,不再局限于"三无""五保"等民政对象类的社会困难老年人,而是扩大至全体老年人。就运行方式而言,体现出分层分类的社会化、体系化特征,一类是享受政府财政拨款的民政部门兴办的养老服务机构,优先向社会困难老年人提供无偿或低偿服务;另一类是在民政部门登记注册的非营利性的民办非企业养老机构,面向全体老年人提供不超过绝大多数老年人经济承受力范围的养老服务;还有一类是在工商行政管理部门登记注册的营利性民办养老机构,主要面向具有经济优势的老年人以市场价格提供较为优质的养老服务。

1979—1999年,通过推进"社会福利社会化"政策,积极创新社会福利的管理体制与运行机制,社会福利机构重新焕发出生机与活力,全面进入"社会化开放期"。与之相应的养老服务机构的发展轨迹不断走向开放,特别是民办养老机构数量激增,大多数公办养老服务机构开始全方位转型,"公办民营"("公建民营"或"政府委托经营")"民办公助""民办民营"以及"社企联办"等多种形式的养老服务机构模式纷纷亮相。这一时期政府对社会养老机构的态度实现了由计划经济时期的"全面管控"与"大包大揽"转向"社会化开放期"的"政策开放",这一重要的转变主要体现为"一个方针""一个推进""两个扩大"以及"两个规范"。其一是正式确立"以养为主"的指导方针。1979年11月,全国城市社会救济福利工作会议重申社会养老服务机构的工作方针是"以养为主""供养与康复并重",这意味着社会养老服务机构不仅要向居住在其中的老年群体提供生活照护类服务,还要为其提供康复保健类服务。这一时期,社会养老服务机构的发展走上了由"救济供养型"向"康复福利型"转变的道路。其二是切实推进"社会福利社会化"进程。对于改革开放时期的社会养老服务机构而言,就是要面向全社会,多渠道、多层次、多形式举办各种社会福利事业,由"国家包办"向"国家、集体、个人一起办"转变,由"单一的政府主体"向"多元化投资主体"转变;运营机制出现"公办民营""民办公助"等方式,大大提高了养老服务效率。其三是扩大养老服务主体至全社会,扩大养老服务对象至全体老年人。从1979年开始,我国养老机构开始了孤老职工的自费收养进程,这一进程在20世纪80年代中期得到加速,服务对象扩展至有需要的老年人,实现了"社会养老服务普惠化"。其四是规范养老服务管理机制和规范服务资源供给机制。20世纪90年代后,民政部等有关部委相继制定并发布《福利机构暂行办法》《机构运营规范》《养老护理员职业标准》等,从硬件、软件等方面对机构管理进行全方位的规范,服务项目由原来单一的基本生活保障发展为集居住、医疗服务、康复、娱乐于一体,提高了养老服务资源的整体质量。与计划经济时期公办养老服务机构完全行政化管理体制不同,"社会福利社会化"改革启动之后,社会养老服务机构开始了以"院长负责制""按劳取酬""奖勤罚懒""破除大锅饭思维"为主要形式的简政放权改革探索,养老服务机构的定位也由政府财政托底的供养救济事业单位转向"社会化服务部门"。然而遗憾的是,尽管社会养老服务机构发生了巨大的转变,但是这些转变依然未能撼动人们对养老服务机构的既有认知,即人们还是将其视为民政对象等社会弱势老人的临时性收养福利机构,依然倾向于或习惯于传统家庭养老模式。这一时期的政策理念大多停留在口号式、符号式的宏观指引方面,能够落地的具体操作步骤则少之又少。

20世纪80年代,经济体制改革连同国有企业改革使"单位"既有的社会保障功能被剥离,这就迫使一部分"单位人"变成了"社区人",大量退休职工、下岗失业人员以及流动人员进入社区,社区开始成为"社区人"的利益共同体。与国外社区(community)的概念不完全一致,我国社区一般是以城市街道居民委员会或社区居民委员会所管辖的行政区域为地理范围,社区不仅是重要的居民自治组织,而且带有浓郁的行政意味,可以被视为基层政府的"派出机构"。社区服务就是在这一时期顺应经济社会宏观形势发展起来,并且兼备基层群众自治与自我服务的功能。从这个意义上说,社区服务不仅是城市化与工业化的产物,同时也是改革开放与经济发展的产物。社区服务的推进与发展,能够充分缓解政府与企业为职工提供社会保障的巨大压力,尽量在以社区为主体的基层解决社会弱势群体的社会保障问题,对于社会问题与矛盾的有效化解、社会稳定的维护以及社区资源的动员与开发

第三章　我国城市社会养老服务体系建设的历史叙事

利用均是有益之举。社区服务追求社会公益目标,与此同时,社区服务在兼顾社会效益与经济投入的前提下,又能够将无偿、低偿与有偿的多样化服务形式相结合,一改传统福利事业的单纯消耗性质,以有偿服务与低偿服务来负担无偿服务,为社区服务的稳定提供创造可持续的资金来源,同时也为社区福利无偿服务提供物质基础。社区养老服务作为社区服务重要内容,基本宗旨是让老年人在家庭附近的社区之内享受各种照护服务,因而社区养老也被称为"就地安老"与"原址安老"。我国社区养老服务从 20 世纪 80 年代初期起步,经过十余年的发展已经初具规模,在一些大中型城市已基本形成以机构服务(社区日间照料中心)、定点服务与上门服务为主要形式,以日常生活照护、康复保健、精神慰藉、休闲娱乐、社会参与等为主要内容的社区养老服务网。这一时期,虽然社区养老服务尚处于发展的初期阶段,社区养老服务水平、服务设施、服务人员的素质以及服务管理、服务资金等诸多方面还存在进一步完善与优化的必要性与可能性,但就社区养老服务及时化解部分社区老年人生活之所急、分担家庭成员赡养负担与心理压力而言,社区养老服务确实发挥了重要的社会养老服务作用,成为社会养老服务体系发展的重要一环。随着 20 世纪末我国正式迎来老龄化社会,社区服务支持下的居家养老服务将会承载起更为重要的社会养老服务职能。

第四章　我国城市社会养老服务体系现实生态与发展困境

我国于1999年前后进入人口老龄化社会。多年来,政府积极回应社会关切,基本形成了覆盖城乡居民的社会养老保险体系与"居家、社区、机构"三位一体的社会养老服务体系,即经济保障与服务保障并行的中国特色老年福利"双保险"。2014年是我国全面深化改革的开局之年,与国际社会的积极老龄化政策相适应,我国现代社会养老服务体系也进入高速建设时期。

有鉴于此,我国政府对社会养老服务资源配置作出了两个方面的制度安排:一方面,优化养老服务机构以提供专业化的养老服务。20世纪90年代中后期,面对不断加深的老龄化、空巢化以及高龄化趋势,民政部门大力推进"社会福利社会化"进程,加快养老服务机构"社会化"进程,开展面向全社会老年人的自费寄养,将机构养老服务的覆盖面不断拓宽。据民政部门统计数据显示,截至2015年年末,我国各类社会养老服务机构和设施总量共计约11.6万个,比上年同期增加了23%,这些养老服务机构提供的床位总数共计约672.7万张,比上年同期增加了16%,共计收留抚养老年人318.4万人次。[①] 另一方面,开展社区居家养老服务,这是对传统家庭养老方式的创新,为新时代家庭养老注入新的内涵。"社区居家养老服务"在21世纪初作为新名词出现,标志着我国社区居家养老作为与机构养老并行的养老方式开始走上规范化发展轨道。在机构养老与社区居家养老之外,家庭养老作为孝道文化的传承,是一项非正式制度安排,家庭主要为老年人提供照护服务和精神慰藉。

---

① 2015年社会服务发展统计公报[EB/OL]. http://www.mca.gov.cn/article/zwgk/mzyw/201607/20160700001136.shtml,2016-12-30.

第四章　我国城市社会养老服务体系现实生态与发展困境

第一节　社区居家养老服务的现实生态与发展困境

（一）传统家庭养老依然发挥重要作用

家庭在解决"老有所养"问题方面发挥着关键性作用。长期以来，与我国社会老年照护服务相关的机构资源、人力资源较之日益增长的老年照护服务需求普遍呈现出相对匮乏状态，加之深受我国千百年来以"敬老孝亲"为核心的家庭养老观念的影响，照顾帮扶老年人的职责多由以配偶和子女为主的家庭成员承担。根据2014年"中国老年社会追踪调查"（china longitudinal aging social survey，CLASS）数据显示：[①]在我国庞大的老年群体中，7.66%的60岁以上老年人需要包括个人生活照顾与健康护理的照护服务，92.71%需要由家庭成员提供照护服务。高龄老年人的照护服务需求则更为迫切，80岁以上高龄老年人的照护服务需求比例（24.36%）远高于老年群体的平均需求水平（7.66%）。年龄增加所带来的身体机能衰减老化、丧偶率提高使得高龄丧偶老年人对子女照护的依赖程度大幅上升，子女作为高龄老年人首要照护服务资源提供者的占比比60—69岁的低龄老年人增加了两倍有余，由23.29%提高到了71.95%。我们常说，"陪伴是最长情的告白"，除了提供生活照护服务之外，家庭成员对于老年人而言最弥足珍贵的莫过于情感关怀与精神慰藉。笔者通过对南京市鼓楼区凤凰街道四个社区的调研得出的数据结果与"中国老年社会追踪调查"数据显示的情况基本吻合，老年人普遍倾向于在家养老。家庭养老方式以老年人与配偶或子女共同生活为主，并且这一倾向随着老年人年龄增加与健康状况恶化呈现出更加明显的递增趋势，特别是到了80岁以上的高龄化阶段，老年人依靠子女供养的意愿与实际比重都是很高的。就目前我国养老服务的实际情况而言，传统家庭养老在现代化过程中仍然发挥着不可替代的作用。相关研究表明，子女与配偶提供的服务对老年人社会养老服务需求存在一定程度上的显著替代作用，老年人对家庭养老和社会养老存在"啄序现象"（pecking order），即老年人在可能的情况下会优先选择家庭养老，在家庭养老无法得到满足时才会选择社会养老。代际关系和谐、与子女共同居住的老年人对社会养老需求更少。不仅如此，和谐的代际关系可以极大满足老年人精神层面的需求，大幅度提

[①] 杜鹏等.中国老年人的养老需求及家庭和社会养老资源现状——基于2014年中国老年社会追踪调查的分析[J]，人口研究，2016(11).

升老年人的幸福感与生活满意度。基于这个分析,独居空巢老人的经济状况通常弱于其他老年人,过多的养老服务开支必定会对其生活质量产生较大影响。

从资源交换的角度看,老年人拥有的且可用于交换的各种社会资源在其衰老的过程中不断减少,以至于待其退出生产领域之后其社会地位和权威迅速下降至最低点。这就使得老年人即使仍然能够享受良好的物质生活,在心理上也觉得自己处于社会生活的劣势地位,充满失落感与挫败感。除了享受家庭成员赡养之外,老年人更需要家人朝夕相伴以获得情感支撑,从而弥补心灵缺失与无助。20世纪70年代,OECD提出"就地安老"(aging in place)观念,广受支持和赞誉,尽管西方发达国家的社会养老设施非常先进,但欧美国家的老年人也只有在高龄、失能并且家庭成员无法提供照护的状态下才会选择入住养老机构。事实上,西方国家社会养老服务发展经历了一个从"机构化"到"去机构化"再到"居家养老"的过程,更多的老年人只要有可能,仍然最愿意在家庭中安度晚年。根据2014年"中国老年社会追踪调查"数据显示,[①]94.16%的老年人倾向于选择在自己家中或子女家中安度晚年,选择机构养老的老年人比例不足5%(3.73%),选择社区日托站或托老所养老的老年人仅占0.4%。

就代际关系而言,老年人在家中享受配偶、子女以及其他亲属为其提供的赡养服务的同时,家庭其他成员尤其是子女一代也会获得老年人的帮助。从这个意义上说,老年人不仅是单纯的被赡养者,同时也是家庭责任的分担者与家庭发展的贡献者。对于60—70岁身体健康状况良好的低龄老年人来说,他们是家庭其他成员的重要支持者,如他们会料理家务以及抚育家庭第三代。尤其是"二孩政策"全面放开之际,年轻家庭抚育幼子的责任与外出就业之间的矛盾日益尖锐,此时健康老年人对于家庭的支持力量就显得弥足珍贵了。除了贡献服务资源之外,在城镇家庭当中,一部分经济状况良好的老年人还时常将自己的退休金用于补贴全家生活支出。不仅如此,老年群体凭借其宝贵的人生阅历仍然能够对下一代起到指导与示范作用。更为重要的是,家风家规的代际传承离不开老年人的核心作用,这是实现代际文化交换与社会资本延续的重要组成部分。由此我们说,家庭养老不仅体现为物质上的赡养与帮扶作用,而且对代际互助、代际精神文明传承以及保持家庭稳定和谐与健康发展都十分必要。时代在变迁,但家庭养老不仅不会被取代,反而会得到更大的重视。

---

① 杜鹏等.中国老年人的养老需求及家庭和社会养老资源现状——基于2014年中国老年社会追踪调查的分析[J].人口研究,2016(11).

第四章 我国城市社会养老服务体系现实生态与发展困境

(二) 传统家庭养老遭遇困境

传统的家庭养老中,老年人主要依靠子女、配偶以及孙子女等家庭成员提供物质供养和养老服务资源。这种由家庭负责提供养老服务资源的传统模式是以自给自足的小农自然经济为经济基础,以血缘亲情为伦理基础,以敬老孝亲为文化基础。随着社会经济发展带来的家庭结构、居住结构、社会结构以及文化结构的变迁,家庭养老愈发难以满足老年人的照护需求,难以独立承担赡养老人的重任,传统家庭养老陷入进退两难的尴尬境地。

1. 家庭结构扁平化、规模小型化弱化家庭养老功能

在我国传统农业社会,深受"养儿防老"生育观念和"孝养父母"宗法孝道观念的影响,三代甚至更多代"合居、同灶、共财"成为主流家庭模式,这种多代合居的家庭模式极好地分担了照顾老人的人力、物力与财力压力,养老只是家庭事宜,并未成为社会问题。然而,随着我国在工业化与城镇化的合力推动下走上传统社会的现代化转型之路,家庭结构逐渐向核心家庭转变,呈现出"结构扁平化"与"规模小型化"特征。受计划生育政策的影响,1990 年,我国家庭平均规模为 3.96 人;2000 年,我国家庭平均规模下降至 3.44 人;2010 年,我国家庭平均规模仅为 3.10 人。20 年间,我国家庭规模缩小了 0.86 人。① 据 2014 年《中国家庭发展报告》调查数据显示,我国家庭平均规模已经降至 3.02 人,与之相伴随的是家庭结构不断扁平化。2000 年,我国家庭平均包容的代际数为 1.98 代,2010 年这一数据下降至 1.85 代,二代、三代及以上合居的家庭所占比重普遍呈现出明显的下降趋势。家庭结构扁平化意味着家庭户均代际数量明显减少,诚然,这可以被视为社会文明程度提高、家庭成员独立意识增强、住房条件改善以及时代进步的结果,但是家庭规模缩小与家庭结构扁平化对于不同年龄阶段的家庭成员所带来的影响是不同的。在人口老龄化的冲击之下,家庭不断"变小"意味着家庭不断"变老",养老风险对家庭的冲击力变得很大,传统社会多代合居的大家庭所具备的养老风险分摊能力与养老资源多渠道供给能力在现代社会的核心小家庭中难以继续存在,传统家庭养老面对当今养老责任与风险时举步维艰,这无疑对家庭以外的养老途径提出了新要求。

---

① 中国家庭规模小型化趋势明显,专家:宜及早全面放开二胎[EB/OL]. http://gb.cri.cn/42071/2015/05/13/8171s4961345.htm, 2017-03-28.

2. 空巢老人家庭的养老服务需求突出

据2014年"中国老年社会追踪调查"数据显示,①截至2014年8月,全国由老年夫妻家庭和老年人独居家庭构成的"空巢家庭"占比几乎达到五成(47.53%)。2014年的调查数据与2010年第六次全国人口普查时相比,我国老年人家庭空巢化的程度在不断加剧。可以预见的是,在经济社会发展成果不断惠及百姓、住房条件不断优化、生活居住观念不断更新,以及计划生育时代独生子女父母进入老年期等诸多因素的共同作用下,我国社会的老龄"空巢现象"将更加普遍,而随着人们预期寿命的延长,空巢期也将明显延长。毫不夸张地说,我国将会有越来越多的空巢家庭面临"银发照护危机"。随着工业化、城镇化、市场化及现代化进程加速,我国社会流动机会与流动速度均快速增加,因就业、求学等诸多原因,越来越多的子女不得不与父母分开居住,这就使得父母与子女共同居住的二代以及三代同居家庭不断减少。据2014年的调查数据显示,老年人的子女中在调查时已离开家半年以上的子女约占三成,约六成子女在省内居住,约四成子女在省外居住。代际居住分离使得老年人的家庭照护成为难题,空巢家庭中的老年人照护问题更为棘手,精神慰藉问题则更为突出,传统的家庭养老对空巢家庭的老年人而言无异于"画饼充饥"。

(三)"家庭养老"走向"居家养老"

1. 传统养老遭遇"多重失灵"

2013年,我国60岁以上老年人口数量突破2亿(2.02亿),人口老龄化水平接近15%(14.8%);2014年,60岁以上老年人口数量以及人口老龄化水平分别达到2.12亿人和15.5%;到了2015年,老年人口数量增至2.22亿人,社会人口老龄化水平超过16%。据统计,2020年,我国老年人口总量将增至2.55亿人左右,人口老龄化水平将达到17.8%;80岁以上高龄老年人将增加到2900万人左右,独居和空巢老年人将增加到1.18亿人左右,老年抚养比将提高到28%左右。② 与之相对应的是,2016年,我国人均GDP为8865.999美元,排名世界第69位,与美国、日本、德国、英国等发达国家人均GDP 3.7万美元的水平仍有很大差距。显而易见,就应对人口老龄化的经济基础而言,我国尚处于中等收入国家行列,无论是公共财

---

① 杜鹏等.中国老年人的养老需求及家庭和社会养老资源现状——基于2014年中国老年社会追踪调查的分析[J].人口研究,2016(11).
② 国务院关于印发"十三五"国家老龄事业发展和养老体系建设规划的通知[EB/OL]. http://guoqing.china.com.cn/shisanwu/2017-03/07/content_40420806.htm, 2017-03-31.

第四章 我国城市社会养老服务体系现实生态与发展困境

政负担能力还是个人及家庭收入水平，都未对来势汹涌的老龄化浪潮做好充分的迎接准备。

表 4-1   2006—2015 年我国老年人口数量及老龄化程度

年份		2006年	2007年	2008年	2009年	2010年	2011年	2012年	2013年	2014年	2015年
老年人口情况	总人数(万人)	14901	15340	15989	16714	17765	18499	19390	20243	21242	22200
	比重(%)	11.3	11.6	12.0	12.5	13.3	13.7	14.3	14.9	15.5	16.1
	增长率(%)		2.95	4.23	4.53	6.29	4.13	4.82	4.40	4.94	4.51

资料来源：2010年至2015年社会服务发展统计公报；2006年至2009年民政事业发展统计报告。

老年群体规模庞大、老龄化速度飞快以及"未富先老"与"未备先老"齐头并进，这些因素共同造成了我国的"银发照护危机"。就家庭而言，原有子女养老的模式在新时期会遭遇家庭规模小型化、家庭结构扁平化、子女难以在家庭照护与社会就业之间寻求平衡等重重困难。就政府公共部门而言，在短期内迅速集中物质资源、人力资源与制度资源构建起能够有效应对人口老龄化的服务体系实属不易，"未备先老"堵住了社会养老服务完全"福利化"的道路。就市场组织而言，尽管市场经济蓬勃发展，然而仅仅依靠市场主体以市场化的方式提供养老服务，对于"未富先老"的中国社会而言，或许为时尚早。有研究表明，一个月平均收费3000—4000元的中低档营利性民办养老服务机构，对于月均退休收入2000元左右的城镇退休职工而言显然是难以承受的。对于广大工薪阶层的退休职工而言，虽然有获得社会养老服务的需求，但是缺乏能够支付养老服务费用的能力，对于农村老年人，月均不足800元的养老金更是无法实现商业性养老服务的购买与享用。我们通常把"有需求意愿无支付能力"的需求称为"潜在需求"而非"有效需求"，但只有"有效需求"才能够通过价格机制与市场机制的传导刺激养老服务产业发展，徒有"潜在需求"没有实际意义。概言之，"未富先老"堵住了社会养老服务完全市场化的道路，通过个人或家庭收入来购买商业养老服务对于大多数中低收入水平的工薪阶层退休职工而言是缺乏现实可行性的。就非营利组织而言，我国非营利组织在2008年之后迅速成长，为社会慈善事业发展、社会治理改革与社会服务多元提供等诸多方面注入了新鲜血液。然而，由于非营利组织产生、成长与发展的时间有限，社会整体上尚未建构起完善的制度规范与良性的运作氛围助其进一步发展，加之其自身对公共部门的依赖性较强，独立集聚资源的能力尚且薄弱，这就导致其提供养老服务时难以有效发挥作用，使得"组织弱势性"堵住了养老服务非营利化道路。有鉴于家庭结构与功能现代转型堵住了养老服务完全家庭化之路，"未备先老"堵住了社会养老服务完全福利化之路，"未富先老"堵住了社会养老服务完全市场化之路，而社会组织弱势性又堵住了社会养老服务完全公益化与非营利化之路,因此,无论是家庭、政府、市场抑或社会,仅凭借一方之力都难以有效应对人口老龄化问题。

2. 社区居家养老服务:适合国情的明智选择

新时期,在家庭养老能力不断下降、机构养老资源总量不足、资源配置结构失衡以及多元主体权责错位的背景下,与现代社会服务紧密相结合的"社区居家养老"作为传统家庭养老的补充与机构养老的现代更新、家庭养老福利功能的强化之举而备受欢迎。社区居家养老并不局限于由家庭成员提供养老服务,政府、社会与市场力量也广泛介入其中。比如,一个老年人的日常起居照料由社区日间照料中心的护理人员上门服务,三餐由社区老年助餐点提供,康复保健服务由社区医疗服务中心(医联体成员)提供,心理疏导与陪同聊天由专业社工以及志愿者提供,夜间照料和精神慰藉由老年人家人完成,这一过程涉及多元服务主体的合作,实现了社区居家养老服务的"原址化"与"专业化"。社区居家养老服务生产、供给与递送全流程的顺利实施离不开社会多元主体的协同参与,其中,政府在规划制定、政策引导、平台搭建、资源保障以及监管评估等方面都应发挥公共权力优势;服务机构在专业化服务供给、专业人才培训、志愿者招募与配置方面可以发挥重要作用;社区在地缘方面优势巨大,在社区居家养老服务的资源有效整合、供求信息提供和评估服务监督等方面能够有所突破。

具体来说,其一,政府介入社区居家养老的主要入口包括制定宏观发展规划,引导社区居家养老服务体系发展;建设社区居家养老服务公共设施与信息服务平台,如建设或改造社区老年服务中心,为居家老人安装"安康通"等便于操作的电子紧急呼救系统,搭建服务供需双方信息交流与共享的数字化平台,用以确保具有服务需求的老年人能够获得相应服务等;制定并实施促进社区居家养老服务的支持性政策,包括支持需方政策如发放养老服务券等,以及支持供方政策如免费培训养老服务员、招募社区养老服务志愿者、为提供服务的企业或社会组织提供财政补贴或税费减免等优惠。其二,社区是养老服务资源最重要的整合者,发挥着社区多样化资源整合、服务组织管理、老年服务需求与服务资源供给之间的匹配、社区居家养老服务政策实施的重要功能。其三,市场组织是社区居家养老服务资源的重要提供者。在我国各地方的社区居家养老服务实践中,市场组织扮演着重要角色。建立并完善社会养老服务体系离不开强大的老龄产业作为支撑,如家政服务公司可以为老年人提供价格合理的上门助洁助浴等服务;专业护理机构可以定期派遣护理人员为老年人提供健康指导、保健服务以及助医服务;餐饮企业可以与社区合作为老年人提供方便可及的定时定点助餐服务;互联网与物联网企业可以在社区

第四章　我国城市社会养老服务体系现实生态与发展困境

的大力支持下创新发展老年电子商务服务,在社区居家养老服务网络平台的覆盖之下,为有需要的老年群体提供紧急救援、医药咨询、服务预约等服务。市场组织在社区居家养老服务领域发挥资源配置的基础性作用意味着要向社区老年人提供方便且价格合理的服务。其四,各类社会服务组织也是社区居家养老服务的积极参与者。随着国家治理体系与治理能力现代化,以前由政府部门直接承担的养老服务供给职能逐渐从政府职能清单中转移出来,其中一个重要的服务供给承接主体就是非营利组织。此外,饱含奉献精神的社区志愿者构成了我国社区居家养老服务提供的新兴力量。社会多元主体共同承担社区居家养老服务重任,以现代化社会服务方式为居家老年人提供了一张服务网。

(四) 社区居家养老服务现实生态、发展困境及其成因

日益庞大的老年人口数量对我国相对薄弱的社会养老服务体系不断提出新要求与新挑战,民政部门于 2001 年启动实施"社区老年福利服务星光计划",积极兴建社区老年服务站、社区老年活动中心、老年人日间服务中心等社区养老服务设施网络,依托社区为居住在家的老年人提供照料服务。自 2006 年起,民政部门提出通过广泛而深入地开展形式多样、层次有别的社区居家养老服务实现"全民养老服务社会化"目标,在此基础上着手搭建社区居家综合养老服务一体化、网络化的资源与信息共享平台,以期实现第一时间积极响应居家老年人的呼叫服务需求与应急救援服务需求。国务院于 2011 年重申社会养老服务体系与社会养老保险体系具有同等重要性,二者同为老龄保障体系的重要组成部分,并且进一步强调通过不断完善社区居家养老服务网来扩大社区居家养老服务的覆盖人群,提出将八成以上社会退休人员纳入社区居家养老服务范围。2017 年,江苏省计划每年新增新建 100 个社区居家养老服务中心,为社区居家老年人提供就近就便的照护服务。就目前而言,社区居家养老已然成为我国现阶段经济发展环境下积极应对人口老龄化问题的可行选择。一方面,让老年人在社区服务的有效支持下进行居家养老,可以使其生活在熟悉的常态化社区之中,以保证其熟悉的社会交往与支持网络不被割裂;另一方面,依托社区服务的居家养老服务能够很好地弥补传统家庭养老功能弱化之不足,更加优质与高效地配置养老服务的资源。经过多年发展,我国大多数城市已经初步形成了网络化的社区居家养老服务体系,以社区综合服务中心、居委会服务站、社区便民利民服务网点、社区志愿服务组织等为服务载体,涵盖日间照料托养、互助养老等服务大类,具体包括助餐、助浴、助洁、助急、助行、助医等服务,这在一定程度上解决了许多城市老年群体的照护与帮扶问题。

社区居家养老服务兼备传统家庭赡养与机构照料的双重优势,具有人性化、灵

活性、多样性、便利性与经济性特征。正因如此,我国明确将社区居家养老服务定位为"传统家庭赡养模式的补充与更新"。尽管如此,顺势而为的社区居家养老服务在具体实施过程中却也难免遇到问题与挑战,主要表现为服务资源提供总量严重不足、财政投入力度有待提高、社区老年服务设施使用效率低下、专业服务多样化程度难以满足需求、养老服务相关的社区功能管理体制尚未理顺等。我们可以将其概括为社会情境阻断困境、物力与财力资源困境、人力资源发展与利用困境、组织资源整合困境等多重困境。笔者针对南京市鼓楼区四个居住人口密集社区(西城岚湾社区、莫愁新寓社区、凤凰花园社区、白云园社区),随机选择200位60岁以上老年人进行养老服务情况相关的问卷调查,同时对四个社区的负责人以及相关工作人员进行关于社区居家养老服务方面的访谈。调研结果证实了这些困境的现实存在,并直接导致了社区居家养老服务的"弱可得性"、服务供给与老年人服务需求不匹配等不良后果。有鉴于此,笔者试图探究产生这些困境的原因,并且试图找寻解困之道。

1. 政策困境:居家养老政策遭遇社会情境阻断

"社会情境阻断困境"是指社区居家养老服务政策本身与政策实施所需的支持环境即"政策落地环境"之间匹配度低或不匹配的情形。社区大环境无法提供居家养老服务所需的全部资源,这当中有服务本身的原因,也有政策的原因,具体表现为:社区老年人知晓率低或者虽然对社区居家养老服务的推行表示支持,但对其实质和具体运作却是一知半解。社区居家养老服务政策设计初衷很好但颇具"曲高和寡"之嫌,政策"落地性"不足,与政府满腔热情地"大兴土木"形成鲜明对比,进而造成政策资源浪费。目前,虽然我国民政部门大力推行"社区建设"与"社区居家养老服务",学界也大力呼吁"社区居家养老"与传统"在家养老""家庭子女养老"之间的差异性,然而老百姓似乎对于"社区居家养老"这一"新品种"兴趣不浓。在实地调研中我们发现,社区居家养老服务政策呈现出"支持率高,知晓率低"的矛盾现象,即老年群体普遍对社区居家养老服务政策的支持程度很高,但是对其具体运作细节了解程度偏低。从表4-2反映的情况看,有近八成(78.50%)的老年人选择支持社区居家养老这种方式,但同时仅有不足一成(7.50%)的老年人认为自己对社区居家养老服务很了解,不足四成(38.50%)的老年人对社区居家养老服务的情况一般了解,一半以上(54.00%)的老年人对社区居家养老服务了解很少甚至是"不晓得"。由此可见,一方面,政策宣传、普及与政策实际执行之间存在"断层",还有继续完善的可能和空间;另一方面,社区居家养老服务和既有养老资源供给方式之间的差异性未被老年人充分理解与感知,同时也未被相关人员通过实际行动诠释到位。

第四章 我国城市社会养老服务体系现实生态与发展困境

表4-2 2016年南京市鼓楼区凤凰街道四个社区养老资源供给方式认知情况

		凤凰花园社区 人数(人)	凤凰花园社区 占比(%)	莫愁新寓社区 人数(人)	莫愁新寓社区 占比(%)	西城岚湾社区 人数(人)	西城岚湾社区 占比(%)	白云园社区 人数(人)	白云园社区 占比(%)	总和 人数(人)	总和 占比(%)
现有养老资源供给方式认知情况	家庭(子女)养老	43	86.00	39	78.00	27	54.00	39	78.00	148	74.00
	社区居家养老	27	54.00	7	14.00	17	34.00	10	20.00	61	30.50
	老年公寓(民营机构)	20	40.00	5	10.00	9	18.00	11	22.00	45	22.50
	福利院、敬老院(公办机构)	14	28.00	3	6.00	9	18.00	18	36.00	44	22.00
	其他	0	0.00	3	6.00	1	2.00	0	0.00	4	2.00
养老资源供给意愿方式选择意愿(最希望的养老资源供给方式)	家庭(子女)养老	43	86.00	32	64.00	30	60.00	38	76.00	143	71.50
	社区居家养老	7	14.00	9	18.00	12	24.00	7	14.00	35	17.50
	老年公寓(民营机构)	0	0.00	5	10.00	4	8.00	5	10.00	14	7.00
	福利院、敬老院(公办机构)	0	0.00	1	2.00	3	6.00	0	0.00	4	2.00
	其他	0	0.00	3	6.00	1	2.00	0	0.00	4	2.00
对社区居家养老的认知程度	很了解	2	4.00	6	12.00	6	12.00	1	2.00	15	7.50
	一般了解	36	72.00	15	30.00	11	22.00	15	30.00	77	38.50
	了解很少	12	24.00	29	58.00	33	66.00	34	68.00	108	54.00
对社区居家养老资源供给的支持程度	支持	46	92.00	43	86.00	35	70.00	33	66.00	157	78.50
	不支持	0	0.00	1	2.00	0	0.00	0	0.00	1	0.50
	模棱两可	4	8.00	6	12.00	15	30.00	17	34.00	42	21.00
对社区居家养老资源供给方式的满意程度	满意	28	56.00	16	32.00	18	36.00	2	4.00	64	32.00
	一般	21	42.00	27	54.00	13	26.00	45	90.00	106	53.00
	不满意	0	0.00	0	0.00	0	0.00	0	0.00	0	0.00
	没有享受过	1	2.00	7	14.00	19	38.00	3	6.00	30	15.00

资料来源：作者根据调研数据自制。

一些社区老年人将"社区居家养老服务"与政府对"五类民政对象"的兜底救助性社区福利服务等同起来，误解了社区养老服务的推行初衷。以鼓楼区为例，半数以上的老年群体退休后仍然生活在原有"单位制"氛围之中，他们的养老问题一直由政府（社区）、家庭、单位等多方主体共同参与完成。事实上，与西方"社区"概念不同，计划经济时代以来，我国城市形成了"单位制"这一高度组织化的社会体制，"单位"几乎包揽了职工全部的社会事务，这就在无形之中弱化了"社区"在"居民互助、社会参与、共同体确认"方面的凝聚力，进而使得"社区"逐步成为个人生活的"空壳"。随着改革开放进程的深入，"单位制"逐渐消解，市场交换原则遍及社会各个角落，我国由政府大包大揽的"总体性时代"复归为"个体化时代"。但我国的"社区"依然被认为是政府部门的基层行政派出机构和政府社会服务职能的延伸，其所具有的行政色彩重于服务色彩。而所谓"社区居家养老服务"这一"新品种"充其量只是"单位老人"对原有"单位体制"眷恋的一种转移，这便是造成我国城市社区居家养老服务的"弱可感知性""弱可接近性""弱可获得性"的重要原因。一方面，政府"走基层""建社区""多层联动、多元互动"，一派热火朝天的场景；另一方面，社区居民作为社区重要的共建者与共享者，本应积极回应并投身其中，但事实却是，如果用"木然伫立"形容社区居民未免夸张的话，却也是冷眼旁观者居多。社区建设主体的权责错位，重视行政目标的实现而忽视便民服务的提供，使得颇具形式化色彩的"社区建设"在主体与对象之间的不平衡互动关系之中异化为"社区之外"的行为。不仅如此，我们在调研中还发现，原属于社区共同体联结纽带的社区信任感、社区责任感、社区参与感、价值认同感与情感归属感等，在城市社区中随着人们生活方式以及社会交往方式的改变已经逐渐消失殆尽了，而这些弥足珍贵的、非经济指标所能衡量的情感力量正是社区居家养老服务健康发展的重要社会情境。

除了社区建设行政化倾向严重所导致的社区居民参与意识淡薄、互动意愿低下之外，社区居家养老服务基层制度安排缺位亦是造成"社会情境阻断困境"的重要原因。"制度"（institutions）指的是一整套结构化的规则体系，这个规则体系旨在通过减少政策执行过程中可能存在或可能发生的不确定性，试图降低社会政策的执行成本，提高社会政策的执行效果与效率。从这个意义上说，制度作为指导政策运行的规则体系，既是对社会层面与个人层面社会行为与相关决策的约束与规制，同时也对政策执行结果进行理性预期。就目前我国社区居家养老服务政策的制定与实施现状而言，似乎很难称之为学理层面的"制度体系"。尽管国务院以及民政部等相关部委早已在社会养老服务体系规划等多个政府文件中将"社区"视为居家养老服务资源供给与整合的重要载体，并多次提出大力发展社区居家养老服务、兴建社区居家养老服务设施与搭建社区居家养老服务数字化信息平台等，但

第四章 我国城市社会养老服务体系现实生态与发展困境

"规划性质"的政策目标起到的只是方向性指引的宏观作用,社区居家养老服务政策落地、政策效果惠及居家老年人等操作性事宜具体还是要由各级地方政府下辖各街道与各社区负责。另外,目前我国社区居家养老服务政策的具体实施层面并无统一的法律规范体系对政策实施过程与效果予以规范、监督与规制,各地区对于社区居家养老服务具有操作性质的政策安排与制度设计并不多见,"通知""意见"等政策性文件,以及"部门规章""单项法规"频频代替社会养老服务制度的法律体系发挥作用,但指导性有余而实践性不足,原则性有余而执行力不足,远未形成社会养老服务法律保障体系。这样就极易造成由于政策位阶较低、规范性不足使得政策执行"走样",成为制约社区居家养老服务发展的瓶颈。加之"通知""意见""部门规章"与"单项法规"等大多"政出多门",一些地方性政策往往着眼于本地特征,而缺乏全局观念与前瞻性,因而也就必然缺乏逻辑连续性以及与之配套的衔接机制,造成社会养老政策落实不到位和根本无法落实的现象比比皆是。这些也是造成社区居家养老服务政策"社会情境阻断"的根本原因之一。

2. 资源困境:物质资源缺乏与资源整合乏力

社区居家养老服务在运行过程中普遍面临着财政资源投入不足、资金使用效率偏低的现象。我国目前社区服务资金来源主要由财政资金、社会捐助资金、社区服务费以及福利彩票公益金(包括民政部本级彩票公益金和地方彩票公益金)四个部分组成,其中财政资金投入所占比重很大,这是由社区居家养老服务的公益性、福利性、民生紧密相关性所决定的。

以南京市为例,《中共南京市委、南京市人民政府关于加快全市老龄事业发展的意见》《南京市社区居家养老服务实施办法》《南京市居家养老服务补贴办法》《南京市政府关于加快发展养老服务业的实施意见》等一系列政策意见对诸多社区居家养老服务项目的政府财政补贴职能作了较为详细的说明:

一是各级财政对社区居家养老服务中心给予建设补贴与财政补贴,对闲置资源进行整合与再利用,实现了城市社区居家养老服务中心的全覆盖。2013年开始,江苏省财政对居家养老服务中心补助资金1.2亿元,主要是对新建和达标的社区居家养老服务中心进行建设补贴与运营补贴。同一时期,南京市采用多种方式整合利用社区闲置资源,如将基础条件较好的空置厂房、闲置幼儿园与中小学校舍、歇业宾馆等改建为社区居家养老服务中心或托老所;通过发放床位建设与运营补贴、"以奖代补"①、政府购买等多样化方式积极鼓励社会力量(包括社会中介组织等)与市场力量(家政服务企业等)以建立社区老年饭桌、配置养老无障碍服务车等具体形式投身于社区居家养老服务事业,这让老年人不脱离熟悉的家庭与社区的同时,能够获得专业化、人性化的社区便捷服务。

二是针对困难的"五类民政对象"②老年人提供"需方补贴",由各级政府直接供养或购买服务。对于"五类民政对象"的信息呼叫终端初装费和月租费由政府全额补助(安装费20元/部,固定终端月租费20元/月,移动终端月租费30元/月);居家照护经费分别按照300元/月、400元/月标准执行,通过助老服务券(卡)的形式按月结算。

三是自2013年起,江苏省财政资金投入社会养老服务中心信息系统建设经费0.2亿元,主要用于建设涵盖全省老年人基础信息、各市县社区居家养老中心基础信息、各地养老服务机构基础信息以及提供居家养老支持服务的机构信息等在内的社会养老服务信息系统。

四是江苏省和市级财政保障开展社区居家养老服务所需的培训、评估、管理等工作经费。2013年,江苏省财政投入养老护理员培训经费0.1亿元。针对初级培训,省级财政对苏北、苏中、苏南分别补助1200元/人、1100元/人、1000元/人,不足部分由省辖市和县级财政全额承担。针对中级和高级培训,由省级统一组织实施,培训经费由省财政全额负担。尽管看似政府财政已经投入了大量资金支持社区居家养老服务事业,然而,与规模庞大、增速飞快的社区居家老年人数量以及井喷式的养老服务需求相比,政府财政资金的投入还是远远不够的。在现实发展过程中,社区居家养老服务的发展严重依赖于各级政府财政资源,尽管各级政府都在强调"大力发展老龄事业",但是对于社区居家养老服务事业的财政投入存在随机性与临时性,长久来看并不具有可持续性与稳定性。不仅如此,通过分析我们发现,以南京市为例,国家和地方的财政资源大多投向养老机构和养老服务设施建设,财政资金的使用方面更加显示出福利性、救助性与兜底性,更倾向于建立面向困难老年人的照护服务补贴。比如,南京市就建立了针对"五类民政对象"等特殊困难老年人的"居家养老服务补贴制度",而普通老年人只能享受有偿或低偿的社

---

① "以奖代补"即南京市各区根据居家养老服务中心、老年人助餐点、老年灶等服务效果,每年按具体运营情况给予补贴,补贴标准和办法由各区自行确定,经费由各区承担;由专业组织运营的3A级以上居家养老服务中心,南京市根据其服务规模、社会影响和老人满意度进行年终考核,择优给予奖励,经费由南京市财政和福彩公益金各承担50%。

② "五类民政对象"特指"三无"及"五保"老年人、低保及低保边缘老年人、经济困难的失智失能与半失能老年人、70周岁以上"计划生育特别扶持"老年人以及百岁以上老年人。

第四章 我国城市社会养老服务体系现实生态与发展困境

区居家养老服务。财政资源在不同老年人之间存在非均衡性分配现象，这在无形之中削弱了制度的公平性特征。不仅如此，财政资源分布不均导致社区养老服务设施分布不均衡的现象也比较突出。一些经济相对发达、社区养老服务资金投入充足的地区，新建社区养老服务设施大多集中且完备，而经济相对欠发达、社区养老服务资金投入不足的地区，老旧社区的养老服务设施不仅数量少、质量差，而且存在陈旧设施年久失修的现象。至于社会捐助资金和社会福利彩票公益金，就目前而言，还缺乏必要的制度安排，其来源稳定性也很难得到保障，这部分资金对于社区居家养老服务财政资源的贡献也很有限。有鉴于社区居家养老服务的社会福利性与公益性，社区服务定价大都需要遵循"低价""微利"原则，因此社区服务费收入积累也相对微薄。在社区居家养老服务财政资源投入不足的同时，还存在使用效率不高的现象。比如，投资于社区服务设施建设的民间资本大多无力兴办规模大、档次高的养老服务设施，只能"见缝插针""小打小闹"，这就难免出现低水平重复建设现象，甚至存在社区管理者挪用社区服务设施资金等不法行为。未来，政府财政资金投入应当成为社区居家养老服务的主要来源，还需要建立健全相关法规制度，规范社会捐助、彩票公益金等社会资本的稳定投入，多管齐下，在拓宽社区服务资金来源渠道的同时切实提升资金的使用效率。

社区居家养老服务资源在运行过程中还面临着物力资源投入不足以及投入资源之间缺乏整合与协调的困境。一方面，财力资源投入不足直接造成物力资源短缺，一些社区无法支持社区养老服务设施建设，社区医疗服务机构或多或少也存在着设备老旧等问题。笔者发现，除了服务设施等物力资源供给不足之外，社区居家养老服务运行过程中由于缺乏与社区卫生部门的密切配合，造成物质资源的协调与整合出现问题，进而导致居家老年人的健康照护、康复保健需求无法得到满足。如表4-3所示，受访老年人中近七成有"助医取药服务需求"，而这一健康服务需求的满足程度却是所有需求中最低的。为老年人提供健康照护服务是社区居家养老服务中的重要内容之一，老年人的健康照护服务需求不仅包括康复训练、慢性病随诊、病情控制等，还包括失能老人的日常护理以及病情变化时的陪医与转诊服务，所有这些非专业治疗性质的健康照护服务都是社区居家养老不可或缺的重点项目；而且老年人健康照护服务需要依靠社区卫生部门的大力支持，包括直接的医护专业人员支持以及对助老服务人员进行技能培训等间接支持，这样才有可能实现服务的精准递送。然而遗憾的是，医疗卫生资源归口卫生部门主管，基层社区管理部门与基层民政部门往往很难动员与调遣医疗资源来为老年人提供无偿或低偿的健康照护服务；而且从基层工作层面看，卫生部门由于医疗卫生资源相对短缺及相关人力资源不足，很难配合民政部门工作。我们发现，社区医院几乎无法抽调专业人员为居家老年人提供医疗服务,只是随机性地开展社区老年人免费体检或者义诊活动,这样就导致出现卫生医疗资源与社区居家养老服务物力资源体系之间"断层"与"脱节"的"资源孤岛现象"以及社区居家养老服务体系各主体之间的合作困境。

表 4-3 2016 年南京市鼓楼区凤凰街道四个社区服务资源供需对比情况

		人数(人)	占比(%)			人数(人)	占比(%)			人数(人)	占比(%)
日常养老服务项目需求	助医取药服务	134	67.00	社区提供的日间服务资源	日间照料服务(助浴、助医、助急)	81	40.50	日常养老服务供需匹配情况		−53	−26.50
										10	5.00
	家政助洁服务	86	43.00							−4	−2.00
	助餐服务	68	34.00							−60	−30.00
	家庭修理服务	60	30.00		助洁服务	96	48.00			17	8.50
	健身服务	50	25.00		助餐服务	64	32.00			12	6.00
	娱乐休闲服务	32	16.00		健身保健	67	33.50			−29	−14.50
	代理购物服务	29	14.50		休闲娱乐	44	22.00			−21	−10.50
	保健康复服务	21	10.50		其他	32	16.00			29	14.50
	其他	3	1.50		知识讲座	67	33.50			67	33.50

另一方面,现行社区管理的"多头混治"模式直接激化了社区居家养老服务物质资源紧缺与部分资源闲置之间的矛盾。目前,社区养老服务分别扎口于民政、筑建、卫生、教育以及问题等多个部门,在"多头混治"的社区管理体制之下,以社区养老服务设施为例,"多头混治"必然偏向"谁投资、谁拥有、谁得益"的行为模式,而在"部门本位主义"的影响下,社区居家养老服务所包含的生活照料、家政服务、康复保健、医疗卫生、学习娱乐等资源缺乏有机整合和统一管理,很难达到边际效益最大化。作为社区居家养老服务重要阵地的"社区"一级,受制于特殊的"行政执行能力有余"而"行政权力不足"的尴尬局面,导致社区所能拥有并进行有效整合的物质资源不足,面临物质资源整合困境。驻区的机关事业单位和国有企业虽享有丰厚的物质资源与组织资源却不受任何社区管辖,驻区的小微民营企业受制于资源限制基本无力也无暇与社区展开服务合作;计划经济时期颁布实施的《街道办事处工作条例》、改革开放初期颁布实施的《城市居委会组织法》以及社会主义市场经济确立时期颁布实施的《物业管理条例》三部法律法规虽然并行有效,但立法背景、理念、宗旨却各不相同,难以协同发挥作用;社区居家养老服务资源整合必须涉及的部门具有不同利益逻辑,难免因权责交叉引发矛盾冲突:履行政府行政职能的街道办和社区居委会以"行政强制逻辑"为主导,逐利的业主委员会和物业管理公司以

第四章　我国城市社会养老服务体系现实生态与发展困境

"市场逐利逻辑"为主导,在强大的"行政强制逻辑"和"市场逐利逻辑"面前,真正应当代表"权利自治逻辑"的社区居委会很难获取与整合资源。我国《居民委员会组织法》规定:"社区居委会是居民实现自我管理、教育与服务的群众性自治组织",理应奉行居民民主自治的社区居委会应当在实践中尽职做好包括居家养老服务在内的社区服务工作,但事实却是社区居委会已然成为政府部门的基层派出机构,"行政强制逻辑"下各种繁杂琐碎的政务工作将社区居委会的人力、物力、财力完全占据,甚至无暇顾及基层服务工作。在此背景下,社区居家养老服务要么体现出"政绩导向""形式主义"的"行政特色",要么借"养老服务之名"来获得优惠政策和"圈地福利"以满足资本逐利的胃口。

正因为如此,政绩导向的评估体系引导政府更有意愿将大量资金投入便于观测与考核的硬件设施建设之中,这就很容易造成在老年人急需的物质资源紧缺的同时,大量兴建的设施资源却闲置甚至浪费。比如,老年人很少用到甚至不知如何操作的大量按摩椅、按摩床、室内健身器材等设施设备在社区养老中心鲜有人问津,而老年群体真正需要的慢性病康复护理、陪医取药、代理购物、个性化生活照顾、社会支持、精神慰藉等实质性照护服务安排却少之又少。我们的调查也反映了同样的现象,如表4-4所示,老年人对社区已有的居家养老服务满意程度并不高,反映问题较多的点集中在"安康通"呼叫器、老年食堂、社区居家养老服务中心等服务项目的运行和管理上。不少老年人及其家属认为政府牵头的居家养老服务很多项目"重形式而轻实质""重建设而轻管理""重设施建设而轻服务提供"。一些社区老年活动中心的面积虽然勉强达到"社区40%以上办公服务用房用于养老服务"的政策规定,但是受限于鼓楼区稀缺的土地资源,有的位于三楼以上,有的位于地下室,因为没有电梯,老年人鲜有光顾。虽然其中康复设施还算齐全,但使用效率很低,这就是"服务设施的非可及性"与"服务设施的展示化",这些设施是否符合社区居家老年人的实际需要,则很少被考虑。与大规模的"硬件"(设施)投入相比,社区居家养老服务在"软件"(服务)方面投入明显不足:用于购买服务项目的资金相对于建设补贴和运营补贴来说是微不足道的,对社区组织开展的养老福利服务也缺乏经费方面持续且有效的支持。社区居家养老服务大多是低偿甚至是无偿的,各级财政拨款占了很大比重,而各级财政的财力也是参差不齐的,因而社区居家养老服务的提供能力就显得很薄弱,加之缺乏足够的人力服务资源,也就不难理解造成社区居家养老服务"重设施而轻服务"的现象了。还有一些地区的"老年人星光之家"已经"名存实亡",无法发挥为老服务的功能。一些"老年人星光之家"和家庭综合服务中心甚至变成家政介绍所、棋牌室、儿童托管所等营利机构,供老年人散步的社区林荫道有的甚至成为社区创收的收费停车场所。

表 4-4　2016年南京市鼓楼区凤凰街道四个社区养老资源供给方式认知情况

		凤凰花园社区		莫愁新寓社区		西城岚湾社区		白云园社区		总和	
		人数（人）	占比（%）	人数（人）	占比（%）	人数（人）	占比（%）	人数（人）	占比（%）	人数（人）	占比（%）
对社区居家养老资源供给方式的支持程度	支持	46	92.00	43	86.00	35	70.00	33	66.00	157	78.50
	不支持	0	0.00	1	2.00	0	0.00	0	0.00	1	0.50
	模棱两可	4	8.00	6	12.00	15	30.00	17	34.00	42	21.00
对社区居家养老资源供给方式的满意程度	满意	28	56.00	16	32.00	18	36.00	2	4.00	64	32.00
	一般	21	42.00	27	54.00	13	26.00	45	90.00	106	53.00
	不满意	0	0.00	0	0.00	0	0.00	0	0.00	0	0.00
	没有享受过	1	2.00	7	14.00	19	38.00	3	6.00	30	15.00

总体来看，在南京市政府与鼓楼区政府的强力推动下，调研社区所提供的以"五助服务"即"助洁、助餐、助浴、助医、助急"为主的居家养老服务资源基本能够满足受访老年人的养老服务需求，但是在资源供给方式、服务效果反馈与评估等环节还存在一些问题，服务资源存在供给"缺位"的现象。表 4-5 显示，受访社区所提供的养老服务资源主要分为两大类：日间服务和精神文化生活服务。具体而言，社区提供的日间服务资源从高到低依次是"助洁服务"（48.00%）、"日间照料服务（助浴、助医、助急）"（40.50%）、"助餐服务"（32.00%）、"健身保健"（33.50%）、"知识讲座"（33.50%）、"休闲娱乐"（22.00%）；社区提供的精神文化服务从高到低依次是"老年交流促进服务"（77.50%）、"老年兴趣培训服务"（43.00%）、"法律心理咨询服务"（24.50%）、"陪伴聊天服务"（11.50%）。表 4-6 显示，在受访老年人所需要的养老服务项目当中，日常养老服务项目需求从高到低依次为"助医取药服务"（67.00%）、"家政助洁服务"（43.00%）、"助餐服务"（34.00%）、"家庭修理服务"（30.00%）、"健身服务"（25.00%）、"娱乐休闲服务"（16.00%）、"代理购物服务"（14.50%）、"保健康复服务"（10.50%）；社区养老精神文化服务需求从高到低依次是"老年交流促进服务"（68.50%）、"老年兴趣培训服务"（29.50%）、"法律心理咨询服务"（24.00%）、"陪伴聊天服务"（22.00%）。将社区居家养老服务资源的供给与需求对比来看，如表 4-7 所示，被调查的四个社区提供了老年人所需的基本服务项目，如"家政助洁服务""助餐服务""健身服务""娱乐休闲服务"几项供需匹配较为良好，在精神文化服务方面，"老年交流促进服务""老年兴趣培训服务""法律心

第四章 我国城市社会养老服务体系现实生态与发展困境

理咨询服务"等均为社区老年人的生活增添了不少活力,也受到老人的普遍欢迎,匹配程度良好。需要指出的是,受访老年人普遍反映的"助医取药服务"需求、"家庭修理服务"需求以及"代理购物服务"需求未被满足,而这几项需求恰是老年人需求程度相对较高的服务。在精神文化需求方面,老年人的"陪伴聊天需求"满足程度相对于其他精神文化需求是偏低的,老年人随着衰老程度加深,加之子女不能常常陪伴在身边,心灵孤独感是递增的,这就迫切需要陪伴服务来消除老人内心的孤独感以及对死亡的恐惧感。概言之,社区居家养老服务内容形式化与空泛化的问题同时存在,社区中的多数老年人并未得到他们最需要的实实在在的服务。

表4-5 2016年南京市鼓楼区凤凰街道四个社区服务资源提供项目

		凤凰花园社区		莫愁新寓社区		西城岚湾社区		白云园社区		总和	
		人数(人)	占比(%)	人数(人)	占比(%)	人数(人)	占比(%)	人数(人)	占比(%)	人数(人)	占比(%)
社区提供的日间服务资源	助洁服务	50	100.00	7	14.00	29	58.00	10	20.00	96	48.00
	日间照料服务(助浴、助医、助急)	36	72.00	7	14.00	22	44.00	16	32.00	81	40.50
	助餐服务	27	54.00	16	32.00	15	30.00	6	12.00	64	32.00
	健身保健	23	46.00	8	16.00	22	44.00	14	28.00	67	33.50
	知识讲座	22	44.00	17	34.00	26	52.00	2	4.00	67	33.50
	休闲娱乐	8	16.00	20	40.00	8	16.00	8	16.00	44	22.00
	其他	1	2.00	6	12.00	0	0.00	25	50.00	32	16.00
社区提供的精神文化服务	老年交流促进服务	45	90.00	35	70.00	40	80.00	35	70.00	155	77.50
	老年兴趣培训服务	39	78.00	9	18.00	19	38.00	19	38.00	86	43.00
	法律心理咨询服务	12	24.00	12	24.00	6	12.00	19	38.00	49	24.50
	陪伴聊天服务	5	10.00	5	10.00	7	14.00	6	12.00	23	11.50
	其他	0	0.00	0	0.00	1	2.00	0	0.00	1	0.50

表 4-6　2016 年南京市鼓楼区凤凰街道四个社区老年人服务资源需求

		凤凰花园社区		莫愁新寓社区		西城岚湾社区		白云园社区		总和	
		人数（人）	占比（%）	人数（人）	占比（%）	人数（人）	占比（%）	人数（人）	占比（%）	人数（人）	占比（%）
日常养老服务项目需求	助医取药服务	40	80.00	25	50.00	29	58.00	40	80.00	134	67.00
	家政助洁服务	46	92.00	14	28.00	22	44.00	4	8.00	86	43.00
	助餐服务	33	66.00	7	14.00	16	32.00	12	24.00	68	34.00
	家庭修理服务	29	58.00	9	18.00	12	24.00	10	20.00	60	30.00
	健身服务	11	22.00	11	22.00	13	26.00	15	30.00	50	25.00
日常养老服务项目需求	娱乐休闲服务	1	2.00	12	24.00	9	18.00	10	20.00	32	16.00
	代理购物服务	7	14.00	9	18.00	13	26.00	—	—	29	14.50
	保健康复服务	4	8.00	6	12.00	7	14.00	4	8.00	21	10.50
	其他	0	0.00	1	2.00	0	0.00	2	4.00	3	1.50
社区养老精神文化服务需求	老年交流促进服务	41	82.00	32	64.00	36	72.00	28	56.00	137	68.50
	老年兴趣培训服务	30	60.00	11	22.00	15	30.00	3	6.00	59	29.50
	法律心理咨询服务	11	22.00	7	14.00	24	48.00	6	12.00	48	24.00
	陪伴聊天服务	11	22.00	4	8.00	20	40.00	9	18.00	44	22.00
	其他	0	0.00	3	6.00	0	0.00	8	16.00	11	5.50

表 4-7　2016 年南京市鼓楼区凤凰街道四个社区服务资源供需对比情况

		人数（人）	占比（%）			人数（人）	占比（%）		人数（人）	占比（%）
日常养老服务项目需求	助医取药服务	134	67.00	社区提供的日间服务资源	日间照料服务（助浴、助医、助急）	81	40.50	日常养老服务供需匹配情况	−53	−26.50
									10	5.00
	家政助洁服务	86	43.00						−4	−2.00
	助餐服务	68	34.00						−60	−30.00
	家庭修理服务	60	30.00		助洁服务	96	48.00		17	8.50
	健身服务	50	25.00		助餐服务	64	32.00		12	6.00
	娱乐休闲服务	32	16.00		健身保健	67	33.50		−29	−14.50
	代理购物服务	29	14.50		休闲娱乐	44	22.00		−21	−10.50
	保健康复服务	21	10.50		其他	32	16.00		29	14.50
	其他	3	1.50		知识讲座	67	33.50		67	33.50

第四章 我国城市社会养老服务体系现实生态与发展困境

(续表)

		人数(人)	占比(%)			人数(人)	占比(%)		人数(人)	占比(%)
社区养老精神文化服务需求	老年交流促进服务	137	68.50	社区提供的精神文化服务	老年交流促进服务	155	77.50	精神文化服务供需匹配情况	18	9.00
	老年兴趣培训服务	59	29.50		老年兴趣培训服务	86	43.00		27	13.50
	法律心理咨询服务	48	24.00		法律心理咨询服务	49	24.50		1	0.50
	陪伴聊天服务	44	22.00		陪伴聊天服务	23	11.50		−21	−10.50
	其他	11	5.50		其他	1	0.50		−10	−5.00

3. 人才困境:总量短缺与专业素质低下并存

社区居家养老服务的专业人才队伍建设存在总量不足、专业素质偏低、接受专业培训偏少、稳定性差、志愿服务者缺乏等问题。我国社会养老服务人才队伍不足30万人,其中只有24840人获得了"国家养老护理员职业资格",①几乎很少有老年护理专业以及社会工作专业的高校毕业生愿意从事社区居家养老服务行业。2012年,全国社区养老服务机构的从业人员仅为1000余人,其中社会工作师2人,助理社会工作师4人,几乎处于空白状态;不提供住宿的社区养老服务机构拥有员工1.1万余人,其中专业社会工作师也仅为99人,助理社会工作师90人。② 由此可见,专业从事养老社会服务的人力资源严重不足。近年来,老年照护服务行业频频出现的"护工荒"现象,使得老年照护服务人员更加稀缺。早些年的"护工荒"带有季节性特点,主要发生在春节、"五一"和国庆等节假日期间,随着节假日的结束会迅速得到缓解,然而近年出现的"护工荒"已经蔓延至全年,尽管护理人员工资待遇持续上涨,但"护工荒"现象依旧很难缓解。

调研发现,一些社区的居家养老服务中心还未配备公益性岗位管理人员和养老服务专职人员,受访老年人普遍希望社区工作人员的服务能力有所提升,包括"辅助康复保健能力"(77.50%)、"心理疏导能力"(50.50%)与"家务能力"(49.00%),如表4-8所示。现在很多老年人对于照护服务的要求已经从"温饱型

---

① 车辉.中国养老服务队伍素质不高专业人才亟待职业化[N]. http://www.chinanews.com/sh/2011/01-04/2763364.shtml,2017-06-01.
② 杨翠迎等. 国际社会保障动态:社会养老服务体系建设[M].上海:上海人民出版社,2014.

表 4-8 2016年南京市鼓楼区凤凰街道四个社区服务资源供给情况评价

		凤凰花园社区		莫愁新寓社区		西城岚湾社区		白云园社区		总和	
		人数(人)	占比(%)	人数(人)	占比(%)	人数(人)	占比(%)	人数(人)	占比(%)	人数(人)	占比(%)
对养老服务人员的能力需求	家务能力	48	96.00	14	28.00	22	44.00	14	28.00	98	49.00
	理财能力	19	38.00	3	6.00	11	22.00	11	22.00	44	22.00
	辅助康复保健能力	46	92.00	40	80.00	36	72.00	33	66.00	155	77.50
	心理疏导能力	30	60.00	17	34.00	36	72.00	18	36.00	101	50.50
	其他	0	0.00	1	2.00	0	0.00	12	24.00	13	6.50
服务有待完善之处	完善服务设施	41	82.00	33	66.00	33	66.00	27	54.00	134	67.00
	提高人员素质	45	90.00	27	54.00	29	58.00	12	24.00	113	56.50
	完善服务项目	49	98.00	10	20.00	39	78.00	30	60.00	128	64.00
	其他	0	0.00	1	2.00	0	0.00	7	14.00	8	4.00

生活照顾服务"转变为"质量型全方位照护服务",这无疑对照护人员的专业素质提出了更高的要求。专业化照护服务的特点在于可以实现规模经济效应,由少数专业人士照顾大量的老年人,从而节约社会资源,提高养老服务效率,促进社会分工,释放社会劳动力,特别是在老年人健康状况较差时,专业护理人员的照护服务显得尤其重要。然而,就目前而言,无论是社区护理人员的数量还是质量都难以满足我国现阶段井喷式的社区居家养老服务需求。调研发现,为老年人提供社区日常照护的工作人员大多为40—50岁本地下岗失业女性或农村进城务工人员,他们提供的服务多以"保姆式照顾服务"为主,普遍缺乏老年人日常生活基本护理、康复保健、精神慰藉等老年服务技能和经验。很多人都是边学边干,一些没有任何护理经验的流动性就业人员反而成为老年照护服务者的主流群体,但他们确实缺乏提供高质量照护服务的能力。加之社区居家养老服务工作普遍呈现出工作时间长、服务任务重、承担责任重、工作强度大、待遇水平低、工作满意度与社会认可度低等诸多特点。护理人员的辛苦付出与微薄收入难以匹配,因而他们的工作主动性与积极性很难被激发,这就导致服务人员的流动性大、稳定性差,一旦找到收入相对高的谋生手段便会立刻放弃养老服务行业,更遑论提供高质量、专业性的养老服务了。

第四章　我国城市社会养老服务体系现实生态与发展困境

为了提高我国养老服务从业人员素质,人力资源与社会保障部于2002年颁布了《养老护理员国家职业标准》,各级人力资源与社会保障部门也在街道、社区一级定期或不定期开展养老护理员免费培训课程。然而迄今为止,持证上岗的社区养老服务护理员数量很少,他们因难以获得与其资质相匹配的待遇水平、难以保证畅通的职业晋升渠道与发展空间,严重缺乏职业归属感,不愿进入社区从事养老服务工作,这在加剧社区养老服务人力资源短缺的同时,亦造成了专业人才的流失与浪费。概言之,我国目前社区老年照护人员普遍存在中老年女性为主、学历层次偏低、就业稳定性差、专业素质缺乏、极少或从未接受过专业培训等问题,以上诸多因素严重阻碍了社区养老人力资源的高效开发与利用,也严重制约着社区养老服务事业的健康稳定发展。

4. 管理困境:组织定位不清与职能混乱

社区居家养老服务的组织资源过度行政化导致组织资源定位不清与职能混乱,进而导致社区居家养老服务发展缓慢、民间社会服务组织发育不良。"只掌舵不划桨"的现代社会治理新理念引导地方政府改变"既掌舵又划桨"的传统社会管理旧思路。在社区居家养老服务领域,就是要求政府将养老服务的具体生产职能与递送职能让渡给社会主体与市场主体来完成,政府自身从具体事务中脱身出来,转而发挥更为重要的宏观调控与监督规制职能。从这个意义上说,社区居家养老服务的提供主体应当是独立于公共行政权力的民间社会组织与市场组织。然而,目前的事实是,各级政府与街道一级全权掌控着社区居家养老服务的财力资源调节、分配以及服务运作全过程,市场组织与社会组织的职能未能得到有效发挥,这里有传统观念束缚与制度变革滞后性的原因,也有政府、市场、社会多元主体之间关系未理顺的原因。一个常见的现象便是,以服务收费和社会捐助为主要资金来源的民营社区日间照料中心常常遭遇资金短缺等资源困境,以财政支持为主要资金来源的公办社区照护服务中心常常独享优惠政策而容易获得与积累优质资源,以至于造成公办社区机构与民办社区机构发展极为不均衡:民办社区机构服务虽好且受众广泛,但缺乏资源、生存艰难;公办机构资源虽广,但服务供给难以满足社区老年群体需求。一方面,作为服务规制者与监管者的政府,尽管仍然掌控着财政资源、政策资源等提供服务所需的优质资源,然而具体社区居家养老服务的生产与递送职能却不由政府直接承担;另一方面,市场组织和民间社会组织虽然擅长了解社区老年人的服务需求并且能够提供专业服务,但是由于缺乏资源,加之市场组织的逐利性以及社会组织的非独立性与软弱性,使得社区居家养老服务的社会化进程缺乏充分发展的土壤。有鉴于此，社区居家养老服务的多元主体常常陷入组织定位与职能混乱困境：真正的社区居家养老服务主体到底是谁？政府还是企业，抑或社会组织？服务主体定位不清直接导致权责混乱不明，这是目前社区居家养老服务发展缓慢的根本原因之一。

如前所述，在社区居家养老服务领域，公共部门的核心职能应当突出表现为制定社区居家养老服务总体规划、筹措社区居家养老服务基础设施建设以及相关配套设施建设所需资金、规范社会组织与市场组织介入社区居家养老服务的生态环境、服务质量监督与服务绩效评估等诸多方面，旨在充分利用社区的平台优势，积极调动非公共部门以及社区居民等社区共建共享主体的主动性、积极性与创造性，推动形成围绕社区居家养老服务的互利共赢发展局面。目前情况并不乐观，既有实践表明，在社区居家养老服务领域，以政府为代表的公共部门普遍存在着"越位""缺位"与"错位"现象，具体表现为重视财政支持有余而重视社会组织培育与市场组织规制不足，重视服务供给有余而重视宏观政策规划、微观法律法规制定与监督实施不足，重视服务设施建设等硬件建设与技术支持有余而重视服务质量、绩效评估不足，重视对经济条件困难与健康状况困难的"双困难"老年群体服务补贴有余而重视服务精准递送、服务供给与老年群体需求的匹配程度不足。

资本的逐利性动机使得市场主体进入社区居家养老服务领域时往往会引发公众的"公益性担忧"。在理想状态下，我们倡导在社区居家养老服务体系之中，形成政府主导、社会参与的市场化、社会化、专业化的多元合作模式，市场主体以其灵活的价格调节机制敏锐捕捉居家老年人的服务需求，进而使得服务资源迅速得到优化配置，提高资源配置与使用效率。比如，民办社区服务机构通过享受建设与运营补贴、服务对象补贴等形式实现了社区居家养老服务的"民办公助"；市场力量受政府委托以商业化手段和现代管理方式来运营公办社区老年服务中心，以实现社区居家养老服务的"公建民营"；餐饮企业、家政服务公司等通过与政府签订购买契约的形式向社区老年人提供有偿或低偿的助餐、助洁、助浴等服务项目。必须清楚的是，社区居家养老服务具有一定的社会公益性与福利性，属于"准公共物品"，市场组织需要在政府的合理规制下为社区居家老人提供服务，政府应当对提供服务的种类、质量与价格按照受众不同，分层分类作出明确规定。对于具有特殊困难的民政对象老年人，政府应给予服务补贴，可以通过向困难老人发放社区服务券等形式使其享受免费的诸如社区助餐、助浴、助洁、助医等市场化服务，这类市场化服务具有明显的福利性和公益性，即为"纯公共物品"；对于社区中低收入的工薪阶层普通

第四章 我国城市社会养老服务体系现实生态与发展困境

老年人,政府应当对市场组织提供服务的价格通过"补供方"的形式进行适度干预,力求社区大多数老年人能够以低于市场价格的低偿形式享受社区养老便利服务,这类市场化服务属于具有便民利民性与部分公益性的"准公共物品";对于高收入且对服务质量有较高需求的老年人,为其提供的高端个性化居家养老服务可以由市场部门按照市场价格收费,这类市场化服务具有完全的商业化性质,属于"私人物品"。可在实践当中,进驻社区的一些市场组织一边享受着政府的政策优惠,一边向全体社区居家老年人以市场价格提供服务,导致市场组织在引发公益性争议的同时被社区居民和管理者驱逐出社区。在缺乏政府有效规制与监管的前提下,市场资本逐利动机越强,投入居家养老服务程度越深,其所能体现的公益性就越低。

尽管时代不断变迁,家庭在养老中的核心地位却是无法改变与不可替代的,然而在调研中我们发现,现代家庭,尤其是以子女为主的老年照护者,其实际承担的养老责任是趋于下降的。调研数据显示,如表4-9、4-10、4-11所示,受访老年人当中,有近九成(88.50%)的老年人认为自己目前生活能完全自理;一半左右(50.50%)的老年人不与子女同住;近九成(86.50%)的老年人有养老金收入,且超过六成(62.50%)的老年人家庭人均收入超过1500元。就生活自理情况而言,在受访的南京市鼓楼区凤凰街道四个社区的老年人当中,三成左右(32.2%)的老年人认为他们可以在熟悉的环境中社会交往网络不被切断的前提下享受照护服务,因而对社区居家养老服务持满意态度,社区服务支持下的居家养老是他们更愿意选择的养老模式。不仅如此,我们还发现在居家养老服务推行较好的成熟社区,家庭成员特别是子女一代对老年人的探访频率以及照护时间呈现出明显的下降趋势。一些不负责任的子女甚至认为社区居家养老可以完全替代家庭养老,索性就把照顾家中老年人的责任全部推向社区,对老年人履行赡养义务的主要方式就是通过电话问候或是委托家政服务员照顾。这显然有悖于社区居家养老服务"家庭赡养为主体、社区照料为保障、政府托底为基础与社会介入为支撑"的初衷。① 显而易见的是,社区居家养老服务的良性运行首先需要家庭发挥主体性作用,其次才是家庭功能与社区等服务主体职能的有效整合,而非纯粹的替代关系或"此消彼长"的博弈。

---

① 江苏重点推进五大养老服务项目[J].政策瞭望,2013(7).

表 4-9 2016 年南京市鼓楼区凤凰街道四个社区养老供给选择与子女情况

			家庭(子女)养老	社区居家养老	老年公寓(民营机构)	福利院敬老院(公办机构)	其他
老年人拥有的子女数量	0(6人)	人数(人)	5	0	1	0	0
		占比(%)	83.33	0.00	16.67	0.00	0.00
	1(70人)	人数(人)	43	15	6	2	4
		占比(%)	61.43	21.43	8.57	2.86	5.71
	≥2(124人)	人数(人)	96	20	7	2	0
		占比(%)	77.42	16.13	5.65	1.61	0.00
老年人是否与子女同住	是(99人)	人数(人)	70	13	9	3	4
		占比(%)	70.71	13.13	9.09	3.03	4.04
	否(101)	人数(人)	74	22	5	1	0
		占比(%)	73.27	21.78	4.95	0.99	0.00

资料来源：作者根据调研数据自制。

社会组织以其服务性、灵活性以及志愿性见长，因而能够弥补其他主体在社区居家养老服务提供方面的不足。然而，我国社会组织的独立性普遍偏弱，这就意味着社会组织可持续地获取其发展所需资源的能力极为有限，社会组织的生存与发展必须以与政府交换和共享资源为基本前提。我们知道，我国社会组织通常以政府购买服务的形式介入社区居家养老服务，介入过程的基本特征是政府部门与社会组织互换资源，政府以财政资源换取社会组织的专业服务资源，进而实现合作中的风险共担与利益共享。事实上，在政府购买社会组织提供的居家养老服务过程中双方"互通有无"式的资源互换实则是"非均衡性过度依赖关系"，在这个关系中，政府部门占据绝对支配地位，而社会组织的弱势性导致其在注册登记、资金筹集、契约购买、服务提供等诸多发展环节都要依靠政府的扶持和培育，契约一方对另一方的过度依赖极易导致社会组织独立发展性严重缺失。一方面，社会组织会"心甘情愿"接受政府干预和控制并以此获取自身发展所需的资源支持以及政策性优惠条件，若摆脱了政府控制甚至无法生存；另一方面，"全能政府"的路径依赖使得政府在诸多领域对社会组织实行全面控制，政府强势垄断着社会组织发展与提供服务所需的各种资源，这就注定了社会组织只能依附政府。

"非均衡性过度依赖关系"导致社会组织本应成为服务提供者的自主性与灵活性严重缺乏，与政府平等协商、谈判与合作的能力几乎丧失，逐渐沦为政府的行政职能延伸机构。这就使得社会组织在参与社区居家养老服务供给过程中由于定位不清而遭遇重重困境，主要表现为对政策法规、政府财政资金以及政府组织体系的过度依赖。其一，社会组织因缺少高位阶、完整、统一的立法支撑而导致其对政策

第四章 我国城市社会养老服务体系现实生态与发展困境

表4-10 2016年南京鼓楼区凤凰街道四个社区老年家庭收入与养老供给选择

		养老资源供给方式选择意愿(最希望的养老资源供给方式)					每月能够承受的养老服务支出			
		家庭(子女)养老	社区居家养老	老年公寓(民营机构)	福利院敬老院(公办机构)	其他	300—550	550—799	801—999	≥1000
经济来源	养老金(173人) 人数(人)	120	34	14	4	1	36	28	49	60
	占比(%)	69.36	19.65	8.09	2.31	0.58	20.81	16.18	28.32	34.68
	子女供养(18人) 人数(人)	16	2	0	0	0	14	1	3	0
	占比(%)	88.89	11.11	0.00	0.00	0.00	77.78	5.56	16.67	0.00
	政府补助(6人) 人数(人)	5	0	1	0	0	4	0	1	1
	占比(%)	83.33	0.00	16.67	0.00	0.00	66.67	0.00	16.67	16.67
	商业保险(12人) 人数(人)	11	1	0	0	0	1	4	1	6
	占比(%)	91.67	8.33	0.00	0.00	0.00	8.33	33.33	8.33	50.00
	其他(6人) 人数(人)	3	0	0	0	3	2	0	1	3
	占比(%)	50.00	0.00	0.00	0.00	50.00	33.33	0.00	16.67	50.00
家庭每月人均收入(元/月·人)	<536(8人) 人数(人)	8	0	0	0	0	5	0	3	0
	占比(%)	100.00	0.00	0.00	0.00	0.00	62.50	0.00	37.50	0.00
	537—800(8人) 人数(人)	8	0	0	0	0	7	0	1	0
	占比(%)	100.00	0.00	0.00	0.00	0.00	87.50	0.00	12.50	0.00
	801—1500(59人) 人数(人)	41	10	4	0	4	14	12	16	17
	占比(%)	69.49	16.95	6.78	0.00	6.78	23.73	20.34	27.12	28.81
	≥1500(125人) 人数(人)	86	25	10	4	0	23	20	34	48
	占比(%)	68.80	20.00	8.00	3.20	0.00	18.40	16.00	27.20	38.40

资料来源：作者根据调研数据自制。

表 4-11 2016年南京市鼓楼区凤凰街道四个社区老年人自身特征与养老资源供给认知与评价

		养老资源供给方式选择意愿（最希望的养老资源供给方式）					对社区居家养老满意程度			
		家庭（子女）养老	社区居家养老	老年公寓（民营机构）	福利院敬老院（公办机构）	其他	满意	一般	不满意	没有享受过
性别	男（共90人）人数（人）	64	14	5	3	4	34	45	0	11
	占比（%）	71.11	15.56	5.56	3.33	4.44	37.78	50.00	0.00	12.22
	女（共110人）人数（人）	80	21	9	1	0	31	61	0	19
	占比（%）	72.73	19.09	8.18	0.91	0.00	28.18	55.45	0.00	17.27
年龄	60—69（共114人）人数（人）	75	20	11	4	4	35	55	0	24
	占比（%）	65.79	17.54	9.65	3.51	3.51	30.70	48.25	0.00	21.05
	70—79（共52人）人数（人）	41	8	3	0	0	17	31	0	4
	占比（%）	78.85	15.38	5.77	0.00	0.00	32.69	59.62	0.00	7.69
	>80（共34人）人数（人）	28	7	0	0	0	13	19	0	2
	占比（%）	82.35	20.59	0.00	0.00	0.00	38.24	55.88	0.00	5.88
生活自理情况	完全自理（177人）人数（人）	126	30	13	4	4	57	93	0	27
	占比（%）	71.19	16.95	7.34	2.26	2.26	32.20	52.54	0.00	15.25
	部分自理（22人）人数（人）	18	3	1	0	0	7	12	0	3
	占比（%）	81.82	13.64	4.55	0.00	0.00	31.82	54.55	0.00	13.64
	完全失能（1人）人数（人）	1	0	0	0	0	0	0	0	1
	占比（%）	100.00	0.00	0.00	0.00	0.00	0.00	0.00	0.00	100.00

第四章 我国城市社会养老服务体系现实生态与发展困境

（续表）

退休以前从事职业			养老资源供给方式选择意愿（最希望的养老资源供给方式）					对社区居家养老满意程度			
			家庭（子女）养老	社区居家养老	老年公寓（民营机构）	福利院敬老院（公办机构）	其他	满意	一般	不满意	没有享受过
城镇企业职工	人数(人)		22	5	2	0	1	21	7	0	2
	占比(%)		73.33	16.67	6.67	0.00	3.33	70.00	23.33	0.00	6.67
机关事业单位	人数(人)		99	25	12	4	0	40	77	0	23
	占比(%)		70.71	17.86	8.57	2.86	0.00	28.57	55.00	0.00	16.43
个体经营户(3人)	人数(人)		0	0	0	0	3	0	3	0	0
	占比(%)		0.00	0.00	0.00	0.00	100.00	0.00	100.00	0.00	0.00
务农(8人)	人数(人)		8	0	0	0	0	0	8	0	0
	占比(%)		100.00	0.00	0.00	0.00	0.00	0.00	100.00	0.00	0.00
家务(5人)	人数(人)		5	0	0	0	0	0	0	0	5
	占比(%)		100.00	0.00	0.00	0.00	0.00	0.00	0.00	0.00	100.00
其他(14人)	人数(人)		10	4	0	0	0	4	10	0	0
	占比(%)		71.43	28.57	0.00	0.00	0.00	28.57	71.43	0.00	0.00

资料来源：作者根据调研数据自制。

法规的过度依赖。社会组织参与居家养老服务很大程度上受到来自政府福利政策法规的制约,迄今为止,我国尚无正式的法律条款来规定社会组织参与社会服务提供事宜,现有管理制度大多是国务院或民政部门颁布的权威性与约束力均显不足的规范性文件。不仅如此,实行多年的社会组织"双重管理"①体制人为抬高了社会组织参与社会服务的准入门槛,过高的准入门槛使得社会组织难以发挥本应具有的积极性。其二,社会组织的多元化筹资机制尚未建立,社会组织筹资渠道单一,过分依赖政府提供的财政拨款和补贴,不仅如此,对政府组织体系的依附性更强。通俗地说,一部分具有"官方背景"的社会组织走的是"体制内依附性生成"道路,以"社会组织之名"行"政府权力扩展之实",这种社会组织往往是由作为服务购买者的地方政府及主管部门发起或者倡导成立的,通过政府"内部化购买服务"策略,能够轻而易举获得政府财政资源与政策优惠支持,相比依托民间力量、需要自筹发展资源的"草根社会组织",它们能够得到更为广阔的发展空间。基于"非均衡性过度依赖关系"的"内部化购买服务"策略使政府购买社会组织服务成为行政"资源下放"与"任务指派"的形式主义导向的变相形式,这在无形之中削弱社会组织自治性和自主性的同时,严重制约了社会组织服务作用的发挥。

第二节 机构养老服务的现实生态与发展困境

机构养老服务作为社会化养老服务的重要资源之一,是在集中化的服务场所中由专业护理人员向居住其中的老年人提供包括日常照护服务、康复保健服务以及休闲娱乐与心理慰藉服务等综合性服务,在满足老年群体不同层次的个性化需求的同时,体现了养老服务的社会化与专业化特征。社会养老服务机构诞生于我国古代社会,直到中华人民共和国成立之后的计划经济时代,我国的社会养老服务机构主要针对生活困难的贫病孤寡老年人提供临时性、救助性的福利服务。改革

---

① 我国社会组织实行的是"双重管理"审批登记制度,即成立社会组织需要先后经过业务主管单位和登记管理机关批准。我国《社团登记条例》《民办非企业单位登记管理暂行条例》以及《基金会管理条例》对社会组织的业务主管单位和登记管理机关有明确的界定,分别由不同层级(包括县级、省级和国务院)的民政部门作为登记管理机关,同时由对应的政府其他有关部门作为业务主管单位。"双重管理"体制使一些试图参与居家养老服务的社会组织面临无法获得正式身份认可的窘境,只能以草根团队和挂靠机构的形式存在。只有少量社会组织在做了大量有益服务,获得较高社会声誉,并引起业务主管部门或民政部门注意和认可后,才获得合法地位。2013年12月底,民政部完成了《社会团体登记管理条例》《基金会管理条例》和《民办非企业单位登记管理暂行条例》的修订,规定取消业务主管单位,主要涉及行业协会商会类、科技类、公益慈善类和城乡社区服务类四大主要领域,改革的效果还有待于实践考证。

第四章 我国城市社会养老服务体系现实生态与发展困境

开放以来,特别是在我国正式进入老龄化社会之后,在"社会福利社会化"理念指导下,我国计划经济时期"政府包揽式"提供社会福利的制度模式逐渐转向政府与社会合作供给社会福利,此时的社会养老服务机构发生了巨变,在满足社会老年人养老服务需求层面发挥了重要作用:就所有制结构而言,社会养老服务机构在先前单一公有制的基础上,增添了"个人所有""集体所有""私人承包制"等混合所有制形态;就服务对象收养而言,社会养老服务机构从面向社会贫病孤寡困难老年人转为面向全体社会老年人进行收养;就机构运行方式而言,社会养老服务机构在"国家化"与"福利化"的基础上逐渐体现出"社会化"特质,公共财政缩减了对公办养老服务机构的投入,社会资本在公共财政的支持下大举进入民办养老服务机构。

(一)机构养老资源不断丰富的现实与政策背景

自20世纪末期我国进入人口老龄化社会以来,城市社会机构养老服务资源不断丰富,"机构养老"日益成为老年人养老的重要备选方案之一。如表4-12所示,2000年,全国共有36758个社会养老服务机构提供养老服务床位88.4万张,入住机构的老年人数量为66.8万人,机构使用效率高达75.6%。到了2003年,全国33356个社会养老服务机构能够提供的养老服务床位突破100万张,入住机构的老年人数量达到74.2万人,机构使用效率高达74.1%以上。2008年,全国35632个社会养老服务机构能够提供的养老服务床位突破200万张,入住机构的老年人数量近190万,每千名老人拥有的床位数近15张。到了2012年,全国44304个养老服务机构能够提供的床位数突破400万张,接受机构养老服务的老年人数量近300万,每千名老人拥有的床位数超过21张。截至2015年年末,全国116000个养老服务机构能够提供的照护床位数达到672.7万张,每千名老人拥有的床位数首次突破30张。以江苏省为例,截至2015年年底,江苏公办养老机构达到245家,所有省辖市、县(县级市)都建成了1所以上政府主办的示范性养老机构,共有各类民办养老机构858家,公办和民办养老机构合计床位数达到58万张,保持了年均10%以上的增速,江苏省每千名老人拥有各类养老床位数达35.2张,超过了全国平均水平的30.3张。

城市社会机构养老服务资源不断丰富,催生这一现象有人口快速老化、失能失智老年人数量迅速增加等人口学方面的原因,也有诸如家庭规模小型化、子女流动频繁化使得传统家庭养老功能弱化、老年家庭独居化等城市社会学方面的因素。对于很多城市家庭来说,问题的关键不是家庭是否愿意赡养老人,而是家庭的客观赡养能力如何。有研究显示,九成"4—2—1"结构的中国家庭面临"上有老、下有小"的照护需求困境,这一困境引发了对社会化养老服务资源需求的日益增长。在

表 4-12　2000—2015 年全国城市社会养老服务机构基本情况

年份	老年人口情况			机构		床位			入住老人		使用情况			
	总人数（万人）	比重（%）	增长（%）	机构数量（个）	增长幅度（%）	床位数量（万张）	床位总数占老年人口数百分比（%）	增长幅度（%）	入住人数（万人）	增长幅度（%）	每千名老人拥有床位数（张）	每千名老人拥有床位增长幅度（%）	入住率（%）	空置率（%）
2000	12998	10.46		36758		88.37			66.84				75.64	24.36
2001				35314	−3.93	71.25		−19.38	68.93	3.13			96.75	3.25
2002				34855	−1.30	95.94		34.67	71.04	3.07			74.05	25.95
2003				33356	−4.30	100.21		4.45	74.15	4.38			74.00	26.00
2004				34995	4.91	115.45		15.20	87.40	17.86			75.71	24.29
2005	14408	11.02				131.40	0.91	13.82	99.10	13.39	9.12		75.42	24.58
2006	14901	11.30	3.42	38097		153.50	1.03	16.82	123.00	24.12	10.30	12.95	80.13	19.87
2007	15340	11.60	2.95	39747	4.33	212.80	1.39	38.63	171.90	39.76	13.87	34.66	80.78	19.22
2008	15989	12.00	4.23	35632	−10.35	234.50	1.47	10.20	189.60	10.30	14.67	5.72	80.85	19.15
2009	16714	12.50	4.53	38060	6.81	266.20	1.59	13.52	210.90	11.23	15.93	8.59	79.23	20.77
2010	17765	13.30	6.29	39904	4.84	314.90	1.77	18.29	242.60	15.03	17.73	11.30	77.04	22.96
2011	18499	13.70	4.13	40868	2.42	353.20	1.91	12.16	260.30	7.30	19.09	7.71	73.70	26.30
2012	19390	14.30	4.82	44304	8.41	416.50	2.15	17.92	293.60	12.79	21.48	12.50	70.49	29.51
2013	20243	14.90	4.40	42475	−4.13	493.70	2.44	18.54	307.40	4.70	24.39	13.54	62.26	37.74
2014	21242	15.50	4.94	94110	121.57	577.80	2.72	17.03	318.40	3.58	27.20	11.53	55.11	44.89
2015	22200	16.10	4.51	116000	23.26	672.70	3.03	16.42	349.80	9.86	30.30	11.40	52.00	48.00

第四章 我国城市社会养老服务体系现实生态与发展困境

"社会福利社会化"理念以及国家相关政策支持下,伴随着社会资本大举进入养老服务"蓝海",民办机构的比例逐年上升,公办机构也在不断优化升级,多种所有制结构的社会养老服务机构蓬勃发展,不断激活与丰富着我国养老服务产业的发展。城市社会机构养老服务资源不断丰富,越来越多的老年人选择机构养老这一方式,这并非偶然,而是有其深刻的社会现实背景与政策背景。

1. 老龄化、高龄化与失能化催生机构照护需求

人口老龄化、高龄化与随之相伴相生的失智化、失能化,使老年机构专业生活照护与康复护理服务的需求急剧增加。我国2000年前后,老龄化率就逼近10%,到2015年年底,人口老龄化率上升至16.1%,65岁及以上人口14386万人,占总人口的10.5%,①预计到2030年,我国老年人口占总人口的比重将突破25%,2050年老龄化率将达到35%左右并一直保持到21世纪末。② 西方发达工业化国家如英国、法国和美国,其社会人口老龄化率从10%提高到30%,即人口老龄化率提高20个百分点需要耗时一个世纪左右甚至更长,而我国人口老龄化率提升20个百分点预计仅用40年左右的时间,刷新了世界的老龄化速率。不仅如此,我国老龄化还是伴随着高龄化、失智化、失能化等多重困境的特殊老龄化。《中国家庭发展报告2016》指出,"针对老年人的家庭照料资源也较短缺。八成以上完全自理老人的生活照料首选依靠自己。不完全自理老年人仅有54.4%有其他成员家庭照料。子女是完全失能老人最主要的照料者,近20%的完全失能老人缺乏他人照料。随着低龄健康老年人逐渐步入高龄阶段,这一困境将更加突出。"③"照护贫困"意味着失智、失能等生活无法自理的老年人若无法得到家庭照护,又无法使用社会养老服务,即便拥有高于贫困线的养老金收入、吃住无忧,但在照护服务获取方面却处于极端弱势,成为照护服务上的"贫困"者。④ 在一个迅速老化的社会中,半失能老年人即"需要提供介助服务的老年人"(the device-aided elderly,依赖扶手、拐杖、助行器、轮椅以及升降设施等完成日常生活行动的老年人)、失能或失智老年人即"需要提供介护服务的老年人"(the nursing-care elderly,完全依赖他人提供日常生活照护与康复服务,包括患有脑萎缩及老年痴呆的老年人)所占比重不断增加,这意

---

① 2015年社会服务发展统计公报[EB/OL]. http://www.mca.gov.cn/article/zwgk/mzyw/201607/20160700001136.shtml,2017-03-25.
② 全国养老机构改革3000亿资产民资接盘遇阻[EB/OL]. http://money.163.com/14/0222/01/9LLBUOT300253B0H.html,2017-03-25.
③ 《中国家庭发展报告2016》:近九成家庭有照料需求[EB/OL]. http://mt.sohu.com/20170217/n480994455.shtml,2017-03-25.
④ 杨团. 以家庭为本、社区服务为基础的长期照护政策[J]. 探索学习与实践,2014(6).

味着提供老年人专业照护服务的机构的潜在需求者在迅速增加。

2. 家庭微小化、成员流动频繁化弱化家庭赡养功能

城市家庭规模微小化、家庭成员流动频繁化明显弱化了传统家庭赡养功能。计划生育国策在我国城市范围内的强有力推行使得我国家庭规模缩小趋势明显，我国家庭规模从建国初期的户均人数 5.3 人降至 1990 年的 3.96 人，到了 2010 年，我国家庭户均人数已缩减至 3.10 人，2012 年降至 3.02 人，2016 年我国家庭平均规模已小于 3 人，家庭传统照护功能随着家庭规模的骤减被严重弱化了，近九成家庭的老年人照护需求难以得到有效满足。① 棘手的是，与户均规模缩小相应的是全国超过 8800 万户的家庭均有一位以上的 65 岁以上老年人，占全国家庭户的比重超过 20%，"近四成家庭有双重照料需求，面临'上有老、下有小'的照料困境"。② 加之社会竞争日益激烈、社会就业稳定性日益减弱、家庭成员流动性频繁成为新常态、子女与父母异地分居日益普遍，使得子女们在客观上缺乏赡养老年人的时间与精力，由此涌现出大量的城市空巢老年家庭。这一现象将赡养老人的家庭责任逐渐外化为家庭与社会的共同责任，家庭赡养功能的逐渐弱化与老年人随着年龄增加对照护资源的需求激增之间的矛盾日益突出，通过社区居家养老和社会养老服务机构养老成为缓解与应对人口老龄化压力的必然选择，而机构养老服务对于需要专业化照护的独居空巢老年人来说，似乎是更优选择。

3. 机构服务品质提升吸引老年群体目光

社会养老服务机构无论是所能提供的养护床位数量还是专业化照护服务质量，近年来均有实质性的提高，加之老年人对生活照护服务以及康复保健服务需求质量的不断提高和老年群体与时俱进的养老观念，都使得机构养老服务对老年群体的吸引力日益扩大。与老年群体从"基本生存导向"的服务需求到"生活质量导向"的服务需求相匹配，养老服务机构的硬件保障设施、专业服务人员以及个性化和人性化服务质量也在不断优化升级。一些社会养老服务机构已经由"单纯供养型"转向集生活供养、保健康复、休闲娱乐、老年教育、老年发展等多位一体的现代服务型与发展型的"专业化养老综合体"。

4. 扶持政策助推社会养老服务机构发展

如果说井喷式的养老服务需求为社会养老机构的大量繁殖提供了巨大拉力，

---

① 我国或将成为家庭平均规模较小国家[EB/OL]. http://news.163.com/14/0515/07/9S94S2Q600014AED.html, 2017-03-25.
② 《中国家庭发展报告 2016》：近九成家庭有照料需求[EB/OL]. http://mt.sohu.com/20170217/n480994455.shtml, 2017-03-25.

第四章 我国城市社会养老服务体系现实生态与发展困境

那么21世纪以来我国政府出台的支持、鼓励社会养老机构深度发展的政策则为社会养老服务机构大量繁殖再添了一股强劲推力。进入21世纪以来,与"社会化开放期"政府对于社会养老服务机构的"放开"政策有所不同,新时期关于社会养老服务机构的宏观政策除了"放开"之外,更加强调将机构发展引导至规范化轨道,大量出台具有激励、规制、监管与评估作用的扶持政策。由此我们说,在一系列扶持与规制政策的促进下,我国社会养老服务机构的发展正式进入"制度化与标准化规范建设期"。具体来说,如下表所示,政府制定与实施的扶持政策可以分为支持性政策、鼓励性政策以及竞争性政策三大类。

表 4-13 我国政府针对社会养老服务机构的扶持政策分类

政策类型	政策内涵	政策措施
支持性政策	政府通过注入资本金、财政贴息、发行债券、债转股等形式支持社会养老服务行业与相关企业发展	资金补助;信贷利息优惠等
鼓励性政策	政府通过减免税收的办法鼓励行业发展	税费优惠;水、电、通信费优惠等
竞争性政策	政府提供公平的严格的技术质量标准、规范的反垄断法规以及高效的市场信息服务政策	颁布行业实施细则等

资料来源:范西莹.政策性支持对于我国民办养老机构发展的推助作用分析[J].甘肃理论刊,2013(11)。

其一是政府针对民办非营利性社会养老服务机构的支持性政策,旨在增强社会养老服务业发展强劲动力的同时,促进机构养老服务业结构调整与服务质量优化升级。政府通过启动资金注入、床位新建与改扩建资助、机构运营补贴等货币政策工具支持社会养老服务事业发展,支持性政策的具体实现形式有各类一次性或分期资金补贴、信贷利率优惠等。以南京市为例,南京市民政局在2006年颁布实施的《南京市老年人社会福利机构新增床位资助暂行办法》和《南京市老年人社会福利机构运营补贴暂行办法》的基础上,分别于2012年和2014年两次上调公共财政对于非营利性民办社会养老服务机构的床位补贴与运营补贴标准,调整之后的财政资金补贴类型细化为"新建与改扩建床位资助""护理补贴"与"床位维护资助"三大类,并且规定"新建与改扩建床位资助"与"护理补贴"必须用于设施与设备的购置、维护与运行以及有益于改善入住老年人生活质量的项目;"床位维护资助"对于租房开办的社会养老服务机构必须用于机构房租和设施维修改造,对于自有房产开办的社会养老服务机构必须用于机构设施维修改造。"新建与改扩建床位资助"标准为南京市玄武、鼓楼、秦淮、建业、雨花台、栖霞六城区的新建床位6000

元/张，江宁、浦口、六合、溧水和高淳五郊区4000元/张，改扩建床位按照新建标准减半资助，市级财政与区级财政各承担一半，资助金分两年支付，第一年支付资助金的50%，正常运营满一年且年检合格之后支付第二年资助金。"护理补贴"是2014年南京市将原有"运营补贴"改革而成，对于收住南京户籍非政府供养老年人的民办非营利性养老服务机构，护理补贴标准为：介助类（半失能）老年人每人每月120元，介护类（完全失能）老年人每人每月150元，能够自理的老年人不再享受补贴。"床位维护资助"针对已经享受新增床位资助且连续享受5年以上（不含5年）、入住率80%以上（不含80%）的民办非营利养老机构给予一次性补贴，六城区1200元/张，五郊区800元/张。

其二是政府针对民办非营利性社会养老服务机构的鼓励性政策，旨在促进社会养老服务业的发展更加具有活力与可持续性。政府通过税收规费优惠，运营过程中的水、电、气、通信费等优惠以及降低准入限制等措施鼓励民营社会养老服务机构的发展。2000年出台并实施的《加快实现"社会福利社会化"意见》规定"对社会力量投资创办社会福利机构，各级政府及有关部门应给予政策上的扶持和优惠。对社会福利机构的用电按当地最优惠价格收费，用水按居民生活用水价格收费；对社会福利机构使用电话等电信业务要给予优惠和优先照顾。"2000年，财政部、国家税务总局制定并实施的《对老年服务机构税收政策的通知》规定："对政府部门和企事业单位、社会团体以及个人等社会力量投资兴办的福利性、非营利性的老年服务机构，暂免征收企业所得税，以及老年服务机构自用房产、土地、车船的房产税、城镇土地使用税、车船使用税。"2012年《民政部鼓励民间资本进入养老服务领域实施意见》中明确指出："鼓励民间资本举办养老机构或服务设施，民间资本举办的养老机构或服务设施，可以按照举办目的，区分营利和非营利性质，自主选择民办非企业单位和企业两种法人登记类型"。这意味着我国政府开始对社会民营资本举办的非营利性社会养老机构实质性地放松举办门槛。与此同时，进一步扩大民办社会养老服务机构的投资主体范围，由境内资本扩展至境外资本，我国给予符合条件的、在境内投资兴建养老服务机构的境外投资者与境内机构同等的税收规费优惠政策。

其三是政府针对民办非营利性社会养老服务机构的竞争性政策，旨在通过制定并实施严格的机构建设技术质量标准以及养老服务从业者的职业化标准等政策，促进形成社会养老服务业的公平竞争环境、营造标准化与规范化的社会养老服务机构建设与发展氛围。自20世纪末期以来，民政部先后颁布并实施了《社会福

第四章 我国城市社会养老服务体系现实生态与发展困境

利机构管理暂行办法》《社会养老福利机构基本规范》《社会养老福利机构建筑设计规范》《推进管理标准化建设方案》《加强养老服务标准化工作指导意见》以及《养老护理员国家职业标准》等,对非营利性社会养老服务机构的制度化审批注册登记过程、规范化科学管理流程、标准化建设设计要求、专业化与职业化养老服务从业者职业标准等事宜作了明确而细致的规定。这一时期,政府一系列促进社会养老服务行业规范性发展与标准化建设的竞争性政策大量实施,切实促进了社会养老服务机构在制度化、标准化、规范化、专业化与职业化的轨道上良性发展。

(二) 社会养老服务机构的属性、分类与运作模式

1. 养老服务机构属性:适度福利性、准市场性、非营利性

无论是公办还是民办社会养老服务机构,就养老服务机构的根本属性而言,应当兼备"适度福利性"与"准市场性"。此外,社会养老服务机构还具有"非营利性",但是不排斥通过市场化机制获取利润,只是不以利润最大化为建设运营目标。换言之,社会养老服务机构应当具备适度福利性、准市场性、非营利性。

其一,社会养老服务机构应当保持适度福利性,旨在保证有意愿入住机构接受养老服务的绝大多数老年人有能力支付入住费用。除了少量营利取向的商业化、市场化老年公寓用以满足很少一部分高收入精英老年群体高规格养老服务需求之外,绝大多数的社会养老服务机构的目标群体是以养老金为主要经济来源的中低收入老年人,甚至还包括残病孤寡并且急需专业化照护的生活困难老年人。社会养老服务的适度福利性,首先是"福利性",即政府需要向残病孤寡并且急需专业化照护的生活困难老年人(城市"三无"老人、低保户老人以及高龄独居失能老人等)提供救助性、兜底性的免费照护服务,这是政府必须承担的社会保障职责,具有强烈的纯公共物品性质,因而具有彻底的社会福利性;其次是"适度",随着老年群体服务需求不断膨胀,单纯福利性、兜底式社会养老服务机构难以适应多样性、复杂性的养老服务需求,并且纯福利性的免费服务递送机制也会引发诸如公共财政危机等弊端。这意味着政府有责任为社会资本参与社会养老服务提供优良的政策支持环境与必要的资金和物质援助,社会资本举办的社会养老服务机构在享受政府扶持的基础上,按照"适当定价"原则,向广大中低收入老年人提供有偿、低偿的照护服务。

其二,社会养老服务机构应当保持准市场性。准市场首先要具备与垄断性相分离的、以竞争性和独立性为核心的市场性特性。与此同时,市场性又是"准"的,

定位于社会养老服务领域。在服务的供给层面,服务供给者以社会公益目标而非利益最大化为目标取向;在服务需求层面,服务需求者大多不以货币形式体现其购买力水平。对于社会养老服务机构而言,市场化是为了整合社会养老服务资源而采取的手段,是为了更好地发挥其公益性功能,"公益性"是"源","市场化"是"流",可谓之"准市场化"。准市场化需要政府给予资金投入与政策规范以协同发挥市场力量和社会力量的综合作用,充分调动社会资源在养老服务供给中的积极性与灵活性。其中,政府的主要职能是制定政策、监督管理和引导扶持,包括需求和服务评估,即根据科学的评估标准,筛选出需要政府"兜底"的老年群体,通过直接提供服务或者购买服务的方式满足其养老需求;而对于不符合政府"兜底"的对象,要引导、鼓励并且支持其从社会养老服务准市场中购买相应的养老服务,把养老服务提供职能让渡给企业和社会组织,同时通过相关的扶持措施,积极培育和扶持民间社会资本,以满足更多老年人的普遍性和个体性的养老服务需求。

其三,社会养老服务机构应当保持"非营利性",但是不排斥通过市场化机制获取利润。必须明确的是,社会养老服务机构的非营利性质不等于其不能盈利,这类组织追求社会公益目标最大化,不以营利为目的,其盈利部分不用于股东分红,而是形成社会性资产,以便用于机构服务资源的扩大再生产。由此我们说,社会养老服务机构不仅不拒绝与排斥市场化盈利,与之相反,社会养老服务机构可以通过多变的市场化工具、灵活的企业化管理技巧在获取利润的同时,改善与优化收住老年人生活环境与服务质量。"社会企业"(social business, social enterprise)是目前国际社会流行的创新型非营利社会组织模式,融合了商业企业(PMB)与非营利组织(NPO)的共同特征,兼顾了NPO非营利性质的社会公益目标取向以及PMB市场化运作机制,通过面向社会大众低偿提供社会服务产品的方式获取收入、抵偿成本、维持发展,这种"非营利组织的社会企业化"意味着兼顾社会利益和经济利益的双重底线。现在,欧美发达国家有相当一部分非营利组织走向社会企业化。英国桑德兰居家护理社(SHCA)就是一家为老年人提供社会照护服务的社会企业。SHCA作为桑德兰市最大的养老照护服务提供者,定向为老年群体和残疾群体提供生活照料、康复保健类的服务。SHCA的雇员拥有机构所有权,服务收费抵偿服务成本的盈余都留在机构内部供机构进一步发展。我国也确实存在经营较好的社会企业性质的养老服务机构,如成立于1995年的天津鹤童老年福利协会,其下属8家连锁的养老服务机构,并且将同一市域的养老服务机构配餐中心合并,成立了餐饮配送公司;开办了面向社会的天津市鹤童老人护理职业培训学校;与此同时,还建立了老年康复护理医院,旨在形成"医养结合型"的养老服务综合性机构。通过引入一系列市场化手段与现代工商管理技术,天津鹤童获得经济收益以维持机构

第四章 我国城市社会养老服务体系现实生态与发展困境

可持续运转的同时取得了良好的社会养老福利效果。

2. 养老服务机构分类：公办机构、民非机构、民营企业

就目前而言，我国的社会养老服务机构可以划分为三种类型：公办养老服务机构（以公办公营和公办民营模式为主）、民办非营利性养老服务机构（以民办公助模式为主）以及民办营利性养老服务机构，承担公益性、福利性或准福利性的社会养老服务机构主要是公办养老服务机构和民办非营利性养老服务机构这两类。无论是公办还是民办养老服务机构，就养老服务机构的根本属性而言，应当兼备"适度福利性""准市场性"。此外，养老服务机构还应当具有"非营利性"，但是不排斥通过市场化机制获取利润，只是不以利润最大化为建设运营目标。第一类是以福利性与公益性为设立宗旨的公办养老服务机构必须优先收养生活困难的病残孤寡老年人，以城市"三无"老年人、低保户老年人、优抚对象老年人、需要特殊扶助放的困难老年人为先，向其提供无偿供养服务；在机构仍有余力的情况下，可以为社会其他老年人提供低偿的老年照护服务；在政府编制之内的公办养老服务机构，其建设与运营应享受政府财政全额拨款。公办机构收养社会老年人的服务收费所得应用来补充机构发展经费与改善机构环境。第二类是以社会性与公益性为设立宗旨的民办非营利性质的养老服务机构，是民政部门批准登记注册的民办非企业类型，其服务对象是全体社会老年人。此类养老服务机构需要确定合理的服务收费标准，定价原则不应超过老年群体的平均经济承受能力与支付水平，服务收费所得须按照相关规定再投资于机构建设之中，不得用于分红，凡是依照《社会福利机构管理暂行办法》举办的民办非企业性质的养老服务机构，均可以享受国家税收规费优惠政策以及床位建设（包括新增床位维护资助政策）与运营补贴等资金支持方案。第三类是以市场化与商业化为设立宗旨的民办营利性质的社会养老服务机构，是工商行政管理部门批准登记注册的民办企业类型，服务对象是全体社会老年人。此类机构依照民营企业方式进行运营管理。对于从事养老服务的民营企业，我国政府亦出台了一系列税收优惠与金融支持类的扶持政策，具体包括对符合条件的微利、小型民营养老服务企业，按照相关规定给予增值税、营业税以及所得税方面的优惠；鼓励银行等金融机构向小微养老服务企业发放贷款；支持处于成熟期、经营较为稳定的养老服务企业在主板市场上市，支持符合条件的已上市养老服务企业通过发行股份等再融资方式进行并购和重组等。

3. 养老机构运营模式：公办公营、公办民营、民办公助、民办民营

一般而言，依据政府介入的程度不同，社会养老服务机构的运营模式可以分为公办公营、公办民营、民办公助以及民办民营四种模式，如下图所示：

图 4-1 社会养老服务机构属性及运营模式划分示意图

以南京市为例,目前南京市的社会养老服务机构有三种运营机制,分别是政府建设,政府或国有机构负责运营的"公办公营"模式;政府建设,委托民间团体或者社会非营利组织经营的"公办民营"模式;民间非营利机构建设或租赁,民间机构经营的"民办公助"模式。

其一,公共属性最强的"公办公营"模式定位为"福利性与非营利性""保基本与兜底线""公共财政出资兴建""民政部门负责""政府经营或委托经营"。隶属于南京市民政局的点将台社会福利院(南京市老年公寓、南京市民政老年康复医院)是南京市最早开办的"公办公营"社会养老服务机构,属于全额拨款的事业单位,主要任务是承担政府认定的"三无"老年人、残疾老年人的供养以及特殊困难、需要特殊照护老年人的寄养工作,发挥着公办养老服务机构示范、引领、培训与兜底作用,70%左右的床位收住民政对象老年人,30%左右的床位分配给社会寄养老年人。

其二,准公共属性的"公办民营"与"民办公助"两类养老服务机构是对公办机构的有益补充。"公办民营"模式的实质就在于实现社会养老服务机构的所有权与经营权分离,在降低运营成本的同时,切实提高服务质量与管理效率。在具体操作过程中,政府将其投资建设的包括民政部门直属福利机构在内的养老服务机构通过承包、租赁、托管、合营等方式,交由社会主体进行运营管理,通过最大限度发挥社会力量在服务与管理方面的专业性与灵活性优势,改善公办机构既有体制僵化、服务质量低下以及管理低效等突出问题,进而切实优化机构服务效能。据不完全统计,到2015年上半年,全国通过"直接委托"或"择优竞标"方式来实行"公办民营"的养老服务机构超过120家,约有七成左右的此类机构成立于2010年之后。实行"公办民营"模式改革后的社会养老服务机构在床位利用率、入住者满意度、服务质量与管理效率方面均有明显改观。如表4-14所示,以南京市为例,2010年到2015这五年的时间里,公办民营养老机构的数量虽然稳定在30家,但是其所能够提供的床位数量以及床位数量占全市养老服务总床位数的比重大大增加,床位数

第四章　我国城市社会养老服务体系现实生态与发展困境

表 4-14　2010 年和 2015 年南京市社会养老服务机构建设类型一览表

类型		机构数（个） 2010 年	机构数（个） 2015 年	占全市比重（%） 2010 年	占全市比重（%） 2015 年	床位数（张） 2010 年	床位数（张） 2015 年	占全市比重（%） 2010 年	占全市比重（%） 2015 年
公办公营	市、区养老福利院	77	10	29.84	3.88	12682	13626	11.20	12.81
	农村养老院	67	43	25.97	20.57	9612	8524	35.07	21.40
公办民营	区、街养老敬老院（承包）	30	30	11.63	14.35	1761	4116	5.67	10.33
	农村敬老院（承包）	4	9	1.55	1.31	208	2778	0.76	6.98
民办民营	社会兴办养老服务机构	151	136	58.53	65.07	12965	19307	47.30	48.48

资料来源：杨扬团.公办民营与民办公助：加速老年人服务机构建设的政策分析[J]. 人文杂志.2011(6)；南京市 2016 年重点养老机构名册[EB/OL]. http://mzj.nanjing.gov.cn/mzj/33719/ylfw/bszn_63466/201611/t20161108_4248545.shtml.

由 2010 年的 1761 张,占比 6.43%,增加到 2015 年的 6894 张,占比 17.31%,五年间床位总数增长了三倍多,床位数量占全市养老服务总床位数的比重增长了两倍多。"民办公助"的具体实践形式主要是企业或者民非组织自行购买或租赁土地自主建设、自我经营非营利性质的社会养老服务机构,政府将其视为"社会福利机构"而对其采取或是"补砖头"或是"补人头"形式的政策优惠与资金支持。

成立于 2013 年 10 月的南京市慈恩老年人服务中心属于"公办民营"类型的社会养老服务机构,是点将台社会福利院与基督教女青年会(民办非企业性质的非营利性社会服务组织)的养老合作项目,由社会福利院原下属的老年公寓改造而成,基督教女青年会负责中心的运营和管理,社会福利院为中心正常运转提供必要的康复医院、食堂等设施保障。慈恩老年人服务中心面向社会全体老年人,以向自理、半自理老年人提供灵活性与人性化服务为主,卧床不起的老年人除外。慈恩老年人服务中心为周边社区的孤寡、独居、困难和有特殊需求的老年人提供温馨方便的生活照护、康复护理、保健娱乐、精神慰藉等全方位社区居家养老服务;与此同时,服务中心依托协和老年大学与国内兄弟老年大学密切联系,为老年群体提供学习与社会参与平台。

对于非营利性"社会福利机构"属性的民办养老服务机构,政府会按照"民办公助"模式给予床位补贴与运营补贴等资金支持。成立于 2012 年 4 月的易发红日养老院是经南京市鼓楼区民政局批准登记注册的民办非企业机构,其投资方为易发集团,是一所集生活照护、康复护理、娱乐休闲为一体的综合性社会养老服务机构,也是目前华东地区单体机构规模最大的养老机构之一。2013 年,易发集团设立南京易发护理院与易发红日养老院配套使用,易发红日养老院因此升级为"医养结合型"社会养老服务机构。易发红日养老院面向全社会,主要收住自理老年人、医院治疗后需要康复护理的老年人以及失能老年人三类。易发红日养老院目前享受到的政府资金支持政策包括市级与区级两级财政共同发放的一次性床位资助补贴与每年发放的护理补贴(运营补贴)两个大类。

其三,社会属性的"民办民营"养老服务机构是面向社会所有老年人,由私人部门投资兴办,为老年人提供生活照护、社会支持与精神关爱服务,并且带有明显公益性质的社会组织。政府将"民办民营"类社会养老服务机构视同"民办公助"模式而给予政策扶持与资金支持,但是"民办民营"社会养老服务机构主要依靠服务收费和社会捐助来维持运行,而非仅仅依靠政府资助。在"社会福利社会化"理念不断践行与深化的背景之下,庞大的"银发商机"刺激社会资本大举进军我国社会养老服务领域,民办社会养老服务机构数量迅速增加。

第四章 我国城市社会养老服务体系现实生态与发展困境

(三) 养老服务机构不容乐观的现实生态——以南京市为例

1. "一床难求"与"多床空置"并存

就目前发展现状而言,我国社会养老服务机构普遍面临着社会化程度不足、服务供给与服务需求匹配度严重偏低等问题。与公办社会养老服务机构"一床难求"形成鲜明对照的是民办社会养老服务机构"多床空置",社会养老机构服务资源配置结构不合理与老年人照护服务需求特别是康复护理需求无法得到有效满足之间的矛盾日益尖锐。

社会养老服务实际消费者与潜在消费者一般都倾向于认为,以福利性、公益性著称的公办养老服务机构管理经营相对规范、收费标准相对亲民、机构信誉与服务质量相对可靠,然而事实却是,公办养老服务机构有限的床位优先满足残病孤寡困难老年人,包括"三无"、民政优抚对象等老年群体的照护服务需求,只有在公办机构"有余力且有余床"的情况下,才适当扩大服务范围至低收入老年人、经济困难的失能半失能老年人、高龄独居老年人。住进公办养老服务机构的老年人流动性一般不会很大,这就造成排队等床位的现象比比皆是。以南京市民政局下属的点将台社会福利院为例,作为较大规模的典型公办养老服务机构,70%的床位留给五保老年人、"三无"老人以及特困老年人,只剩余30%的床位留给社会老年人,1300多张床位的使用率几乎常年维持在95%以上,机构的床位流动性极低,老年人甚至需要等待数年才能够入住。还有一些地方政府斥巨资新建公立养老服务机构并将其视为"民生政绩工程"加以宣传推广,这不仅有悖于公办机构"福利性与救助性兜底"的定位,而且极易造成社会服务资源配置低效与公共财政负担过重,导致机构建设乱象频发。

比起公办社会养老服务机构的公益性与福利性,大众对于享受政府补贴的"民办公助类"非营利性社会养老服务机构的普遍印象仍然是"床位充足、价格高"。以易发红日养老院为例,作为华东地区单体店规模最大的民营高端养护、休闲一体化社会养老服务机构,目前的床位使用率为60%左右,入住对象多为离退休教师、医生、公务员以及事业单位退休人员,没有普通企业退休职工。南京市玄武区鸿福老年公寓是一家由闲置军营改建而成的中档民营老年社会福利机构,目前床位使用率近100%,入住对象有30%左右是离退休干部,其他主要是教师、医生等家庭经济调教较好的独居老年人,基本没有企业退休职工。企业退休职工月均2200元的退休金不足以支付老年公寓每月最低2000元以上的入住费用,因而提供优质养老服务、硬件设施良好的社会养老服务机构因其相对高昂的入住费用将大多数中低收入的老年人排除在外。另外,还有一些民营社会养老服务机构因经费短缺使得硬件配套设施与服务质量均无法满足老年人的社会养老服务需求,老年人入住意愿非常低。面向中低收入者、兼顾社会公益性与机构经济效益、具有社会企业性质的以"公办民营"模式运营的非营利社会养老机构,尽管发展势头很猛,但就目前而言,无论是数量还是质量均尚未发挥出"中流砥柱"的机构养老服务优势。

总体而言,我国社会养老服务机构的发展现状不容乐观,老年人在养老服务机构选择上面临诸多障碍,概括起来便是公办养老院床位紧张"进不去",民办老年公寓或收费太高"住不起",或服务与环境太差"不想住",或符合条件的机构"寻不到"。归根到底,诸多障碍植根于对现存养老机构属性划分不明确,进而导致相关主体责任定位混乱之下的资源配置严重扭曲。政府部门在社会养老服务这一"准公共物品"的供给市场中"错位""缺位"与"越位"同时存在,甚至将社会养老服务供给视为"政绩工具"与"政治资本",并且与市场组织、社会组织形成不平等竞争关系,进而造成社会资源配置低效与扭曲。

以南京市为例,通过对六个主城区(不含农村敬老院)29家公办养老服务机构(由市、区或街道主办,包含公办民营)以及136家民办养老服务机构(个人、合伙人、公司、慈善机构或者其他非政府组织所拥有)进行实地走访、深度访谈与电话访谈,①以及对公办机构与民办机构的服务对象基本特征、床位使用率情况、服务质量满意度、机构经营状况等方面进行比较研究,旨在摸清南京市社会养老服务机构的发展现状,发现现存问题,进而剖析产生这些问题的原因。

此次调查表明,其一,就整体入住率而言,南京市的公办养老服务机构整体入住率(90%以上)普遍高于民办机构(50%以上)。其二,就收住对象而言,公办机构主要收住残病孤寡困难的"三无"、民政优抚对象等老年人,民办养老服务机构的收住对象主要是中高收入的自理以及半自理老年人,以退休干部、退休教师、退休医生等中高退休收入的精英老年群人居多,企业退休职工较少。其三,就机构护理员情况而言,养老护理员与入住老年人的比例基本维持在1∶6—1∶10,护理员的工资待遇依据提供照护服务的强度与照护老年人数的不同,月均收入在2000—3000元不等。其四,就机构所能提供的专业医疗康复服务而言,南京市于2012年前后就开始推行社会养老服务体系与基层医疗卫生服务体系的衔接与整合,除了一些养老服务机构内部能够提供专业性康复护理服务之外,少数养老服务机构与专业医疗机构合作进行配套服务,这在为入住养老服务机构的老年人提供基本卫生诊疗与护理服务的同时,也降低了机构的管理风险。其五,就机构收费状况而言,南

---

① 一些养老服务机构出于对入住老人的隐私保护和其他原因,拒绝同意老人参与问卷调查,于是本次调研采取的是实地访谈和电话访谈相结合的形式。

第四章 我国城市社会养老服务体系现实生态与发展困境

京市社会养老服务机构的收费依据入住老年人所需护理等级的不同而不同。民办机构的床位费、护理费、伙食费等综合服务费均高于公办机构,公办民营类养老服务机构的收费居中,公办机构与民办机构收费的最大差别在于床位费与护理费,除了极个别自理老年人不收护理费的公办机构床位费较高之外,民办机构的平均床位费普遍高于公办机构。其六,就运营成本与运营状况而言,公办机构与民办机构运营成本最大的差别在于土地和房屋使用成本。公办机构和公办民营机构由政府提供用地用房,很少存在土地与房屋使用成本的烦恼;民办机构如若自建房屋,那么房屋使用承办压力相对较小,如若租赁场地运营机构,尽管有政府补助,依然会觉得成本压力巨大。民营机构的经营状况不容乐观,在政府建设补贴和运营补贴(护理补贴)的扶持之下,仍然处于盈亏平衡边缘,生存状况较为艰难。

表4-15 南京市不同类型社会养老服务机构发展现状比较

		公办机构	公办民营机构	民办公助机构
服务对象		"三无"老人等民政对象、部分特殊寄养(包括失能失智)老年人	大多收住自理与半自理老年人	大多收住自理与半自理老年人,(个别内设医疗机构的养老院收住少量失能老年人)
服务类型		普通护理服务、介助服务、介护服务、特殊护理服务	普通护理服务、少量介助服务	普通护理服务、介助服务、少量介护服务与特殊护理服务
入住老年人平均年龄		80	82	83.5
床位使用率		高	高	高低分布不均衡,与机构收费情况、地理位置、设施状况、服务质量相关
床位费(元/人·月)		1080—3000	1500—2100	1350—2400
护理费(元/人·月)	自理	0—180	0—2400	180—2400
	介助	420	900	480—1650
	介护	1080	1350—3600	720—3600
伙食费(元/人·月)		300—600	300—600	450—1200
综合服务费(元/人·月)		240—300	240—300	0—1200
收费水平		中低	中	低、中、高(与机构具体情况相关)

(续表)

	公办机构	公办民营机构	民办公助机构
专业医疗资源	良好,大多自设护理院	良好,依托公办机构实现资源共享	总体一般,少数高端民营机构自设护理院,多数民营机构与基层卫生网点合作
土地与建设成本	无,由公共财政兜底	较低	高,企业内部消化成本或租房
辅助设施	良好	良好,依托公办机构实现资源共享	良莠不齐
总体运营情况	良好,财政全额拨款	良好	部分收支勉强持平,部分亏损,极少数盈利

有鉴于此,对于作为社会养老服务政策制定者的民政管理部门来说,社会养老服务机构发展的重要问题便是如何在准确定位的基础上协同发挥公办机构与民办机构的各自优势,在平衡有限社会资源配置的前提下,保障公平竞争与协调发展。通过调研,我们发现目前南京市公办和民办养老服务机构的发展存在以下两个特点:

(1) 价格差异体现出公办与民办养老服务机构之间存在不公平竞争

公办和民办养老服务机构之间的不公平竞争,集中体现在价格差异上。由于公共财政托底公办养老服务机构的建设与运营,因此公办养老服务机构的服务标准并不能够体现其运营成本,较之民办养老服务机构,公办养老服务机构所提供的社会养老服务整体价格偏低。通过对比床位费、护理费与伙食费等综合服务费,可以明确看到公办养老服务机构最大的吸引力是价格优势,公办养老服务机构最便宜的床位费甚至只需要14元/天(如点将台社会福利院)。作为公办养老服务机构,场地建设以及人员成本等开支均由公共财政支付,这笔巨大的花销并不需要通过收取入住老年人的综合服务费来收回建设与运营成本。民办养老服务机构在运行成本方面,建设或者租房成本较高,考虑到房间类型、配套设施和周围环境差异,床位费跨度较大,在20—40元/天至68—74元/天不等。从社会养老服务机构的收入与支出结构来看,机构前期主要投资于基础设施建设,后期则主要投资于服务人员开支、设施维修及翻新,收入则主要依靠入住老年人缴纳的床位费、不同护理等级的服务费、伙食费等综合服务费。收支相抵后,据调查,没有财政资金"兜底"的民办养老服务机构若是经营不善或入住率不足七成就会亏本,而民办养老服务机构往往很难突破这一指标。显而易见,尽管公办养老服务机构与民办养老服

第四章　我国城市社会养老服务体系现实生态与发展困境

机构同处于社会养老服务市场中,但是其颇具行政色彩的价格形成机制并未市场化,这就使得民办养老服务机构在与公办养老服务机构的价格竞争中不得不"败下阵来"。事实上,有鉴于公办养老服务机构定价的"比照效应",一些民办养老服务机构迫于生存压力不得不再三压低价格,进行恶性价格竞争,结果就是一些民办养老服务机构提供"价低质次"的养老服务,大大削减了对服务对象的吸引力,导致民办养老服务机构濒临倒闭边缘。当然,我们也不能一概而论地说所有民办养老服务机构所提供的服务都是"低价低质"的,目前确实存在少量"质优价高"的高端民办养老服务机构。调研发现,截至2016年年末,南京市仅有10家超过400张床位的民办高端养老服务机构,它们之所以运营良好,有投入较大、资产较多的因素。另外,高端民办养老服务机构都是集餐饮公司、培训学校、老年医院、房地产等于一体的复合型机构,如挂着"医养结合"招牌的养老服务机构,实质上是将医疗作为主要营利手段,还有一些打着"养老地产"的招牌,做起房地产生意。这些似乎都扭曲了养老服务机构的正常发展路径。

(2) 民办机构"对象选择性"边缘化"夹心层群体"

民办养老服务机构为了规避风险,使得存在"经济困境"与"照护困境"的老年人成为无处安养的"夹心层"。尽管南京市明确在保障"三无"、残病孤寡、生活困难的民政对象基础上适当扩大公办养老服务机构的覆盖范围,但床位容量不可能完全容纳低收入老年人、经济困难的失能与半失能老年人、高龄独居困难等非民政对象老年人。这部分老年人的规模远远大于民政对象老年人的规模,并且其数量还在逐年增加。在家庭规模微小化、子女就业流动频繁化、老年人照护服务需求专业化等诸多因素的影响下,越来越多的老年人难以在家中享受社区居家养老服务,民办养老服务机构似乎是此类老年群体的理想选择。然而事实情况却是,民办机构在专业护理资源有限的情况下,主要选择自理或者半自理老年人入住,主动避免接受低收入、失能、失智等风险较高的老年人入住,而这部分老年人由于经济条件限制,又无法入住提供专业化康复照护服务的机构,从而在公办养老机构、民办养老机构以及社区居家养老服务之间,形成了社会养老服务的"边缘群体"或者说是"夹心层"群体。这个群体主要包括两类人群:一类是不符合社区居家养老服务需求评估的低收入人群,社区居家养老服务无法满足其对专业化康复护理服务的需求,他们又由于家庭经济条件限制而无法入住民办养老服务机构,从而在经济层面形成"夹心层";另一类是不符合公办机构收住条件的中高收入病残或者智障痴呆老年人,即使他们有适当的经济能力入住民办养老机构或护理院,但是由于多数民办养老机构不收不能自理的老年人,所以这部分有一定支付能力但身体有困难的老年人成为另类"夹心层",即成为"照护贫困者"。

2. 护工短缺且流动性大,照护效果难以保障

护工短缺且流动性大,照护效果难以保障是在调研过程中公办与民办养老服务机构反映出的共同问题。公办养老服务机构存在大规模护理员体制外用工问题,民办养老服务机构普遍存在护理员缺口大、外地人员居多、流动性大、年龄偏大、专业素养差等突出问题。护工工作压力大、工资水平低,且护理对象年龄大、风险偏高,导致多数护理人员不愿意长期从事护理工作。尽管大中专院校近年来在不断培养专业护理人才与社会工作专业人才,但是养老服务机构普遍反映这部分人员在经历初期培训和实习期之后大多转行,勉强留下的也都转到管理岗。在实际工作中,一线护理人员严重缺失,护理员与被照顾老年人的比约为1:10。与此同时,相关就业促进政策也没有覆盖到护理人员,护理人才市场还有待政府加大培育力度。建立稳定的护理人员培训制度,促进养老服务业人才市场发展,是各地社会养老服务业发展的当务之急。

(四)机构养老服务发展困境及其成因

从南京市社会养老服务机构的发展情况可以窥探我国社会养老服务机构的整体现状,导致养老服务机构存在以上诸多发展瓶颈的根本原因是社会养老服务机构存在功能定位问题。随着我国社会人口老龄化程度的不断加深与"社会福利社会化"实践的不断深化,社会养老服务机构的服务对象开始逐渐扩大到收住全体社会老年人;与此同时,民间社会资本开始大举进入社会养老服务领域,政府部门、社会力量与市场组织开始协同发挥作用,共同应对人口老龄化催生的巨大社会服务需求。2015年年末,我国各类社会养老服务机构的总数约为11.6万个,其中包括登记注册为民办非企业单位的1.2万个。[①]如前文所述,我国社会养老服务机构以不同投资主体与责任主体为分类标准,分为公办和民办两个大类。民办养老服务机构依据机构营利与否以及登记注册管理不同,又分为非营利性质的民办非企业和营利性质的民办企业;依照机构运行模式不同,又细分为公办公营、公办民营以及民办公助、民办民营四个模式。上述划分标准以及按此分类制定并实施的支持政策与管理政策虽取得了一定成效,但也正因为上述看似清晰实则定位模糊、权责

---

① 2015年社会服务发展统计公报[EB/OL]. http://www.mca.gov.cn/article/sj/tjgb/201607/20160700001136.shtml, 2017-03-26.

第四章 我国城市社会养老服务体系现实生态与发展困境

混乱的划分标准导致目前我国城市社会养老服务机构"一床难求"与"多床空置""进不去"与"住不起"诸多怪象并存的扭曲发展态势。

1. 管理困境：管理碎片化导致机构运行效率低下与发展形态混乱

就目前社会养老服务机构的发展而言，"多头混治"的管理体制与碎片化的管理机制导致养老服务机构运行效率低下与发展形态混乱。政府直接举办、直接管理的"公办公营"城市社会养老服务机构在政府人事编制部门登记，其属性为民政部门下属的事业单位，归口民政部门管理。

除了公办公营机构之外，在社会资本创办的养老服务机构中，约三成的在民政部门登记注册的非营利性社会养老服务机构按照"民办公助"模式运营；约三成的营利性养老服务机构在工商部门登记注册为"民办企业"，但是由于其主营业务涉及养老服务这一社会公益性项目，因而工商与民政部门往往为了规避责任而各退一步、推诿责任，这就使得"民办企业"经常处于"无部门监管"的状态，关于其高收费、乱收费现象的报道屡见报端；其余的养老服务机构并未在任何部门进行注册登记，大多开设在老旧小区之内，以民用房作为服务场所，为周边需要照护的老年人提供服务，因低廉的收费吸引了不少低收入需要照护服务的独居老年人。由此不难发现，因管理多头化、碎片化导致机构运行效率低下的同时，机构发展形态混乱。究其原因，一方面，确实存在一些民办社会养老服务机构迫于资金限制与运行成本压力，索性"因陋就简"，硬件服务设施建制、设施环境改造、服务人员配备等多方面均难以符合国家养老机构管理运营相关标准，因而相关部门无法予以登记。另一方面，确实存在一些社会投资者打着"非营利性民非企业"之名，欲行"盈利"之实，尽管政府针对民非机构给予建设与运营补贴，然而这些补贴对于机构庞大的运营成本来说无异于杯水车薪，吸引力并不大。加之依据我国《民办非企业单位登记管理暂行条例》相关规定，民非性质的养老服务机构如若今后不再开办，民非企业创办者的出资连同机构盈利部分均视为"社会资产"交由民政部门处置给同类机构。有鉴于此，一些投资者权衡之后抱着"开一天机构赚一天钱""避免投资与盈利成为社会捐助"的侥幸心理放弃登记，放弃监管，而这些"无名无分"的民办机构游离于民政监管之外，致使老年人照护服务质量难以保证的同时也扰乱了社会养老服务事业的发展秩序。此外，还有一小部分民营机构专门收住出院后需要康复护理的老年人，他们有意绕开"民非"与"民企"之争，索性在卫生部门申请登记注册为"民办非营利性医院"，归口卫生部门直接管理，享受卫生部门给予民营非营利性医疗服务机构的优惠政策，以高于普通社会养老服务机构的价格获取利润以抵偿运营成本。看似分类清晰的社会养老服务机构，实则定位混乱，民政、工商以及卫生部门"多头混治"的管理体制必然导致管理效率低下,已经对社会养老服务机构的健康有序发展造成了极大的负面影响。

2. 资源困境:养老服务供需矛盾突出,多样需求无法得到满足

社会养老机构服务内容同质化、模式雷同化、养老机构片面追求床位数量而忽视服务资源结构配置、重视潜在需求而忽视有效需求,加之护理人员专业水平低下,最终导致养老服务需求难以满足与机构服务资源大量闲置之间的矛盾尖锐化。

其一,重视机构"同质化"建设而忽视服务精准递送。现有社会养老服务机构,无论公办还是民办,均未能按照老年人身体状况差异以及服务需求差异,进行精细化分类。尽管目前养老服务机构大都按照自理、介助、介护(1、2、3级)以及特殊护理进行分类收费,但是受护理者专业水平以及养老院总体服务规划限制,就入住老年人实际获得的服务而言,并未实现精准分类与精准护理。公办养老服务机构以行政区域为单位,即"市市区区有福利院",如南京市点将台社会福利院、南京市鼓楼区社会福利院、南京市雨花台区社会福利院;"乡乡镇镇有敬老院",如南京市栖霞区八卦洲街道敬老院、南京市江宁区东山街道敬老院;"民政对象进福利院""五保对象进敬老院"。这种"口号式发展模式"所导致的结果就是几乎所有福利院、敬老院内容同质化与服务模式雷同化。每个养老服务机构无论专业人员是否配备齐全、设施条件是否达标,均无差别地收住身体健康状况参差不齐的老年人,民办养老服务机构也遵循此类服务模式。这种服务模式的雷同导致养老服务机构的资源供给与老年人的实际需求难以匹配。事实上,社会养老服务机构的对象定位本应是生活不能自理、长期需要他人提供生活照料、康复护理的失智失能与半失能老年人。换言之,真正需要享受机构养老服务的老年人大多需要专业化、个性化的长期照料服务,而非标准化的"集中营式"服务供给。然而,我国绝大多数的社会养老服务机构恰恰以提供日常生活"保姆式照料服务"为主,受到专业照护人力资源专业性缺乏、机构设施设备简陋、服务评估与信息发布严重滞后等诸多因素限制,导致现有机构提供护理康复服务或者临终照护服务的能力严重不足。专业化的社会养老服务机构离不开专业化的人才队伍支撑,这支人才队伍应当包括全科医生、专业护理员、社会工作者、营养师、康复训练员等。尽管一些档次较高的社会养老服务机构在人员招聘时明确提出了诸如护理类大专文凭及以上,医师类大专文凭以上以及经过专业护工培训等要求,但现实情况却是养老服务机构现有的服务人员大多是年龄偏大、受教育程度较低、专业水平不高的下岗职工、退休人员以及外来务工人员。我们的调研也反映出同样的问题,与社区居家养老服务人员的总体情况类似,主要体现为本地员工较少,大多以外地员工为主,本地下岗人员担任护工的

第四章　我国城市社会养老服务体系现实生态与发展困境

比例不大；文化程度低，初中及小学文凭者居多；护理员的服务水平及专业素质大多偏低，他们当中的大多数从未接受过专业培训；从事老年护理行业的中年农村女性居多，平均年龄53岁。专业护理人员之所以严重缺乏，有劳动报酬低、工作强度大、承担风险高等因素，同时也有社会地位低下以及晋升通道狭窄、职业发展前途暗淡等因素。

其二，重视机构建设而忽视使用效率。服务模式雷同、护理人员专业水平低下，加之养老机构片面追求床位数量而忽视服务资源结构配置，最终导致养老服务需求难以满足与机构服务资源大量闲置之间的矛盾尖锐化。在民办机构床位空置率近年来已逼近五成的背景下，《社会养老服务体系建设规划（2011—2015年）》提出，到2015年，每千名老年人拥有30张养老床位数；《关于加快发展养老服务业的若干意见》也提出，到2020年，每千名老年人拥有40张养老床位数，动辄成百上千张床位的养老机构建设工程在全国各地开展得如火如荼，殊不知，唯床位数马首是瞻的结果就是大量养老服务需求无法满足的同时，养老机构空置率连年上升。从2009年开始，我国养老服务机构的利用率平均值跌破80%，之后随着机构养老床位数的逐年上升、每千名老人拥有的床位数逐年上升，机构的空置率也逐年上升。到了2012年，近三成的养老服务机构床位空置。到了2014年，近一半的机构床位空置，民营机构的床位空置数量甚至超过五成。我国养老机构过度追求床位数量，而对功能结构、档次结构、分布结构和区域结构合理性关注度严重不足：中心城区养老床位紧缺与郊区养老床位空置的现象并存，介助、介护以及特殊护理型养老床位严重供不应求与日常生活照料型养老床位收住不足的现象并存。目前，我国有利润盈余的养老机构比例不足两成，三成多的养老机构亏损，不足一半的养老机构基本持平，养老机构的档次分布呈两头大、中间小的"哑铃形"，服务水平低下的民办养老机构和高档、收费高昂的民办养老机构数量较多，符合大多数老年人的中档养老机构所占份额还比较低，过分追求豪华、未进行分类管理、处于地缘劣势以及政府补贴不够是目前养老机构亏损和空置率高的原因。养老机构的优化改革不在于机构规模扩张与床位数激增，而在于对机构进行结构性调整，提倡"机构—社区—居家一体化"。养老机构应向小型化、连锁化发展，由"哑铃型"向"橄榄型"转变，一方面激发公办养老机构活力，明确"托底"的职能定位；另一方面政府营造公平和谐的政策环境与竞争环境，鼓励民间资本广泛参与。有鉴于此，我国最新出台的《"十三五"国家老龄事业发展和养老体系建设规划》将床位数目标改为"护理型床位占当地养老床位总数的比例不低于30%"的结构性优化目标，至于政策效果如何、能否改变目前"重总量轻结构"的困境，还有待于进一步考证。

其三，重视老年群体潜在需求而忽视老年群体有效需求。老年人支付得起的养老服务需求才是"有效需求",而老年人虽有服务需要但无力支付,只能是"潜在需求"。我国老年人大部分属于中低收入群体,对社会养老服务的有效需求严重不足,老年群体的服务购买能力整体偏低。我国有8000多万企业退休职工,他们的养老金经过"十一连涨",到2015年人均每月为2200多元,且不说每月服务费万元以上甚至还需要缴纳高额押金的高端养老社区,即使是收费在2000—4000元的中档养老机构,对于大部分老年人而言也是一笔沉重的支付负担。一些民办养老服务机构追求奢华,脱离了当下大部分老年人的消费能力,未对目标服务对象进行精准定位,加之大多养老机构位置偏远,脱离老人熟悉的生活社交圈,对老年人的吸引力则更弱。

3. 政策困境:"政策歧视"导致公办机构与民办机构发展不平衡

机构扶持政策奉行"双重标准",政府支持政策"重公办轻民办",致使民办与公办养老机构在资源获取、价格制定以及服务对象选择方面均存在不同程度的不公平竞争,发展极不平衡。与民办养老机构相比,公办养老机构在税费减免、土地、房屋、设施、人员、资金等多方面享受着体制内的各种福利和优惠政策。同属于民办机构的非营利性民办非企业养老机构与营利性民办企业养老机构的优惠政策也有所不同,前者享受政府税收规费优惠政策以及省市区三级财政提供的少量的床位补贴与运营补贴(护理补贴),还包括土地租金优惠政策等;后者享受政府按照相关规定给予的增值税、营业税以及所得税方面的优惠以及金融政策方面的优惠等。

就具体的资金补贴而言,公办养老服务机构享受省市区三级财政支持(大多为财政全额拨款的事业单位)与福利彩票公益金的资助;民办公助模式的民非组织享受省市区三级财政给予的一次性床位建设补贴以及按年发放的运营补贴(南京市2014年起改为发放"护理补贴");民营企业性质的养老服务机构在按规定纳税之后,可以享受分红等所有者权益。就具体用地优惠政策而言,公办养老机构通过"行政划拨"方式实现土地使用成本和场地改建成本由公共财政全额兜底;民办养老机构则无法或较少通过"行政划拨"途径获得土地使用权利,而是采用招标、拍卖、挂牌和协议方式即"招拍挂"途径获得经营性土地的使用权利,与此同时还需要办理一系列相关的复杂审批手续。不仅如此,依据我国《民非组织管理条例》相关规定,民非性质的养老服务机构如若今后不再开办,民非企业创办者的出资连同机构盈利部分均视为"社会资产"交由民政部门处置给同类机构。这一颇具"惩罚"性质的约束在无形之中对民非性质养老机构的发展形成了巨大制约。

概言之,政府优惠政策的"双重标准"对公办机构形成巨大的政策优势,对民办机构形成了巨大的政策歧视,极易造成二者的不均衡发展态势以及管理"真空地

第四章 我国城市社会养老服务体系现实生态与发展困境

带",进而损害入住机构的老年群体切身利益。事实上,财政补贴对象和补贴标准不应该因提供服务主体的属性和类别不同有所区别,而应当以提供服务的具体内容和服务对象的具体情况为参考标准,财政补贴应当"一视同仁"而非"双重标准"。说到底,这是"补供方"与"补需方"两种不同补贴方式带来的不公平。我国现行的"供方补贴"是一种间接补贴,其最终补助对象并非"一目了然",且具有不公平性。比如,提供给养老机构的运营补贴(或按照服务等级划分的护理补贴),看似补给了养老服务机构,其实是补给了入住该养老服务机构的老年人,但哪些老年人能够入住该养老机构、每人间接享受了多少财政补贴,并非"一目了然";同时,无法入住养老机构的老年人就享受不到这项财政的间接补贴,导致形成一定程度上的"补贴歧视"。而"需方补贴"容易锁定最终补贴对象,政策的针对性强,把补给养老机构的财政资金改为直接补助给符合条件的老年人,使得财政资金的最终受益者显性化,政策的指向性强,而且政策指向的受益群体是否合适,也容易辨认。此外,"需方补贴"给予老年人更多的自主选择权,老年人可以"用脚投票",进而促进养老机构、养老服务提供商之间的公平竞争。遗憾的是,我国目前仍采取"供方补贴",并且针对公办机构的"供方补贴"居多,这实际上加剧了公办与民办养老机构之间的不公平竞争。以江苏省为例,目前江苏省财政对公办和民办养老机构实行差别化补助,就养老机构的床位建设补助而言,省级财政对符合条件的公办养老机构的补助标准为1.5万元/床,而对民办养老机构的最高补贴标准(苏北地区)仅为0.5万元/床,两者相差整整三倍。扶持政策的实施更加剧了公办和民办养老机构的不均衡发展。

第五章 国外城市社会养老服务启示与借鉴

20世纪80年代以来,为了应对人口老龄化、家庭与社会结构变化等新风险的冲击,发达国家在社会服务领域开启了自福利国家建立以来最大规模的供给侧改革,"社会服务化"日益成为工业化国家发展的新常态。与日益严重的人口老龄化趋势相伴随,家庭女性成员社会就业率大规模提高,加之家庭结构小型化、少子化、空巢化等因素,老年人无法得到充分的家庭照护成为"新社会风险"。"老年照护服务需求"与"照护责任分担"被提到极其重要的位置,"谁来照顾银发一族"成为尖锐的社会问题。比起现金补偿,社会养老服务需求成为更加棘手的社会诉求,社会养老服务的重要性愈发突显,因而社会福利供给重心开始或主动或被动地向服务给付倾斜。社会养老服务作为最主要的社会服务项目,成为社会服务重点改革领域。在西方福利国家转型过程中,不同体制福利国家依然保留其主要特征。

社会民主主义体制的主要特点是高度去商品化与普遍性方案的混合,所有社会阶层都被纳入普遍的保险体系之中,福利根据设定的收入累进。作为社会民主主义体制典型代表的瑞典特别强调政府在福利供给中的地位,在转型中以不断扩展社会服务供给为主要特征。瑞典的社会养老服务资金的99.27%来自政府财政拨款,同属于社会民主主义体制的挪威和丹麦社会养老服务资金的90%以上亦来自政府财政拨款,这类国家通常拥有广泛而坚实的税基,政府财政资金由中央政府税收和地方政府税收共同承担。在普惠制的福利体制之下,政府基于社会老年群体的养老服务需求提供服务。

以日本为典型代表的东亚福利体制是保守的家长制度和自由主义的混合体,市场仍处于主导地位,国家在其中扮演有限的角色,属于剩余型的社会福利模式。日本自20世纪70年代初进入老龄化社会以来,经过40多年的发展,已成为世界上老龄化最为严重的国家。根据日本总务省的推算数据显示,2014年65岁及以上老年人口已超过3300万,占总人口的25.9%。日本老年人的社会福利时代始于1963年《老年福利法》的颁布与实施,经过40多年的发展,旨在兼顾社会养老服务资金筹集与服务提供难题的"日本介护保险制度"于2000年问世,比"养老年金制度"主要以收入补偿形式保障老年人基本生活的价值取向更进一步。"介护保险制度"旨在通过提供生活照料服务与健康照护服务以保障与提升老年人生活质量。这一制度的颁布与实施意味着日本社会养老服务政策取向已经从"选择型"逐步走向"普惠型";与之相匹配的,日本老年社会照护服务的供给与递送也已经由"行政措施式"逐步走向"契约合同式"。随着日本对社会服务的重视,老年群体的社会服务也初具"发展性"与"投资性"等特点,这对同属"儒家文化圈"的中国具有一定借鉴意义。

英国作为最早建立现代社会保障制度的国家之一,拥有世界上最为完善的社会服务体系,属于典型的自由主义体制国家,与此同时又具有集体主义特征,这意味着国家既保留了基于公民社会权利的普惠制福利模式,又允许社会与市场主体向公民提供其所需的更高层次福利。近年来,随着发展型社会政策在福利国家兴起,其核心理念也开始嵌入各国社会政策的制定之中。1990年和1991年,英国政府分别颁布《国民医疗服务与社区照护法》和《社区照护白皮书》,全面改革医疗服务和个人社会服务制度,在社会养老服务筹资中增加了个人付费的比例和数额,地方政府开始承担起社会养老服务的主要管理与筹资责任,并且在资金运行上将社会养老服务体系进一步细分为服务筹资者和服务提供者;政府部门转变为筹资角色,通过"准市场化"运作机制的引入,主要负责出资购买服务,而社会养老服务具体生产与递送职能则由政府让渡给依托于社区的民间社会非营利志愿部门与市场组织。布莱尔政府受"积极福利"倡导者吉登斯的影响,逐步走上了超越左与右的"第三条道路",并在社会养老服务供给中大力推崇"人力资本投资"理念,成为各国参考的典范。

第一节 瑞典:公民权利主导下的社会养老服务体系

瑞典是世界上人口自然增长率最低、平均寿命最长,同时也是老龄化程度最高的国家之一。瑞典因其完善的公共财政全面负责的社会福利体系而成为社会民主主义福利体制当之无愧的典范。瑞典老年群体的经济收入主要由国家养老金和多种社会经济福利所组成的老年收入保障体系提供,与此同时,老年群体不同层次的照护服务需求则主要依靠完备的社会养老服务体系得以满足。除此之外,积极的社会就业服务体系也支持了追求独立的瑞典老年人再就业需求。据统计,瑞典65岁以上老年人中有近10%仍然在工作。

(一)基于公民身份的普惠型社会权利

从社会权利视角进入"瑞典模式"时不难发现,"瑞典模式"将包括老年人、残疾人等所有社会弱势群体在内的全体社会成员看作完全平等的权利主体,人人均享有平等的社会权利,无须通过任何"污名化"调查实现社会福利分享,所以"瑞典模式"具有明显的"普惠性"特征。无论是以养老保险、医疗保险、工伤保险、失业保险为主要内容的社会保险体系,以老年托养服务、儿童看护服务、家庭支持服务、社区支持服务、医疗康复服务、社会就业服务等为主要内容的社会服务体系,还是包括面向社会弱势群体提供诸如老年人津贴、低收入单亲困难家庭津贴、残疾人津贴等在内的社会福利津贴体系,均以公民权利为基础面向全体社会成员提供社会福利,通过无差别福利的供给使得社会权利得到确认与保障。瑞典各级政府特别是地方政府的主要职能之一就是为全体社会成员提供种类繁多的社会福利与社会服务,除了养老、失业保险等社会保险体系当中存在一定的个人缴费部分以外,其余社会福利及社会服务费用均由公共财政负责。作为瑞典政府最宏大的支出项目之一,每年瑞典的社会福利及社会服务支出几乎占据其GDP总量的1/3以上(约36%),地方财政的支出比例往往高于中央财政。以瑞典首都斯德哥尔摩市为例,地方财政预算的2/3主要用于社会服务事业、全民教育以及全民免费医疗。与维持高福利支出的财政体制相适应,瑞典实行的是高税收制度,仅个人所得税一项就平均高达个人收入的四成左右(约38%)。每一个瑞典公民基于其平等的公民身份而均等享受基本无差别的社会服务与福利保障,公民身份与性别、就业、社会地位、经济待遇以及对国家贡献均不相关。比如,每个瑞典公民均可享受瑞典政府部门提供的近乎免费的社会医疗服务;瑞典政府每个月会补贴未成年人约1000瑞典克朗的糖果费,并且保证每个未成年人享有从幼儿园阶段到高中阶段的免费教育权利。

(二)基于平等权利的养老服务资源供给

与一些国家单纯的现金补贴方式不同,瑞典将老年人社会福利供给资源的形式定位为现金补助与服务提供相结合。鉴于瑞典基于公民平等权利的普惠型社会福利制度的实施,老年人生活水平和质量与普通人基本齐平,老年群体对社会服务的需求超过了生活补贴的现金供给需求,所以瑞典政府将老年人全方位的社会服务供给摆在了凸出位置。瑞典社会养老服务政策的价值取向是全体老年人能够在不断提升生活质量、不断满足其需求的社会照护服务与社会医疗保健服务的支持下,安全、独立、积极地生活,在最大可能的限度之内实现"就地安老"目标,尤其关

第五章 国外城市社会养老服务启示与借鉴

注老年群体中的残病、孤寡等弱势者。瑞典现代社会养老服务体系以"广覆盖""高质量""满足多层次需求"著称于世,也因此被誉为"服务提供型福利国家"。社会养老服务作为社会服务体系的重要组成部分,由政府负责承担赡养老年人的主要责任,目前主要由24个省政府负责老年人社会医疗保健服务体系的管理与运行,280多个市政府负责组织与派遣训练有素的专业人员提供多样化社会养老服务。目前,瑞典存在"机构养老"和"居家养老"两种养老方式,其中"机构养老"依据收住对象身体健康状况的不同分为"养老院养老"和"老人公寓养老"两个类型。养老院主要针对失能半失能以及失智等基本丧失或完全丧失自理能力、无法自主生活的孤寡残病老年人,为其提供专业化的生活照料服务、医疗康复服务以及临终关怀服务。由地方政府筹资兴建的符合老年人居住特点的老人公寓,主要针对身体状况良好的、基本生活能够自理的老年人,由专职人员提供24小时不间断的照护服务。老人公寓内设有餐厅、超市、保健室等便民服务设施。居住在家的瑞典老年人同样可以获得多样化的社会服务支持,这就使得能够最大程度为老年人提供精神慰藉的居家养老模式成为九成以上老年群体的共同选择。瑞典所有的自治市都能够为居住在家自理困难、高龄独居老年人提供24小时不间断的助餐、助洁、助浴、助行以及康复护理服务。进入21世纪之后,"福利与发展"成为瑞典社会服务体系的核心,福利的"发展性"成为关注焦点。瑞典老年人社会服务供给以"社会投资""人力资本再投资"理念为导向,立足于老年群体自身特点,促进全体社会成员实现包容性权利拓展,为老年群体"老有所乐、老有所为"目标的实现提供了更为"精准"的服务。

瑞典在社会养老服务机构的建设过程中兼顾并试图实现"居住环境适老化""设施配置完备化""机构管理科学化""服务提供人性化""服务人员专业化""机构资源整合化"等诸多目标。由瑞典地方政府负责建造的社会养老机构均衡分布于每个城市的市区与郊区,养老院与老年公寓通常与附近的居民生活社区融为一体,这在为居住其中的老年人提供便利的交通环境与生活环境的同时,最高程度上减少了老年人的精神疏离感与社会排斥感。养老院内的生活照料与康复保健设施均非常完备,中央空调、适老化改造的洗浴设施、行动辅助设施、无障碍休闲娱乐设施等一应俱全,基本能够满足入住老年人多层次、个性化的生活照顾与护理服务需求。与此同时,每个房间还配备方便老年人使用的一键式紧急呼叫终端。瑞典的养老院在机构管理方面充分体现出规范化特征。养老院通常外聘管理经验丰富的职业经理人作为机构负责人,机构护理人员均由专业护理人员和具备相应资质的社会工作者来担任,专业护理员和专业社会工作者分工明确、配合默契,前者主要负责入住老年人的健康康复护理服务,后者主要承担入住老年人的日常照顾工作。

不仅如此,专业照护者对入住的老年人按照身体健康状况与服务需求的不同进行分类照护,这在提升服务对象满意度的同时也提升了机构的服务效率。瑞典的养老院在服务资源共享、增强服务资源利用效率方面同样堪称楷模。瑞典的社会养老服务机构通常作为社区养老服务"中枢",充分利用其资源优势以"辐射"周边社区的居家老年人,周边社区的居家老年人不仅被允许进入养老院餐厅就餐、在活动室参加娱乐休闲活动,而且还能够在家中享受到机构提供的紧急呼叫援助服务、送餐到家服务以及生活照护服务。

20世纪70年代末,石油危机引发的经济衰退和日益严峻的人口老龄化趋势给公共财政买单的瑞典社会养老服务体系带来了巨大的支付压力与信任危机。机构老年照料从"是否经济"与"是否人道"两方面均遭到质疑。与此同时,机构照料服务的质量同样值得担忧。于是,瑞典地方政府转而开始向居家老年人提供各种生活照料服务以及康复护理服务,"就地安老"成为瑞典社会养老服务体系发展新趋向。自20世纪90年代起,瑞典社会养老服务体系改革形成了"去机构化"(de-institutionalisation)与"非正式化"(informalisation)两大特征。"去机构化"意味着大幅度削减市立养老院的数量与规模,完全失能失智、生活完全不能自理的病残老年人需要接受更加专业化、更加高等级的机构护理服务,特殊老年人的专业化高级护理服务开始得到重视和推广,养老院的定位更加清晰与明确,这就给照料服务质量的改善、机构工作环境和门诊服务带来了较大的压力。由于居家养老政策的推广,最终,家庭成员不得不承担起更大的照料责任。"非正式化"意味着瑞典家庭成员在完善的社会服务体系支持之下赡养老人的责任被突出强调,中央政府和地方政府通过制定政策、提供补贴的形式充分支持和鼓励家庭成员照料,地方政府通过费用减免以及发放补贴的形式对老年人的普通住房进行无障碍适老化改造,并且由市政当局以按小时低偿收费形式向老年人家庭提供包括家政清洁、膳食提供等生活照顾类服务。市政当局还向提供老年人照料服务的家庭成员发放家庭护理津贴,照料者还能够获得一定时长的带薪休假。除此之外,社会医疗保健系统和从事长期照护服务的养老服务机构也通过为居家老年人提供免费或低费的上门诊疗服务的形式支持居家养老。在瑞典,只有当老年人因各种原因确实完全无法继续在家中居住时,才会移居至老人公寓或养老院接受机构照护服务。

(三)政府主导的服务供给主体多元合作

社会民主主义福利体制下的瑞典,强调政府主导型社会养老服务供给模式,基于平等公民资格的普惠型社会养老服务为有效应对社会人口老龄化做出了重要贡献。然而,20世纪70年代末的石油危机之后,受财政危机和政治党派分歧影响,

第五章　国外城市社会养老服务启示与借鉴

由政府全权进行社会养老服务生产与递送的福利角色模式开始动摇。瑞典保守党提出通过"私有化"和引入竞争机制来实现降低社会养老服务提供成本的同时提高服务质量与供给效率,这一做法遭到社会民主党的极力抵制。随着社会福利改革进程的不断推进,20世纪90年代,瑞典政府开始大幅度削减社会福利开支,各级政府的社会服务预算不断减少,居民向市政当局申请居家养老服务难度逐渐增加,服务时间逐渐缩短。

于1982年颁布实施的《社会服务法》(Social Services Act)明确规定各级政府在社会养老服务的提供中担负不同的责任:中央政府主要负责制定政策与推进立法,省级政府主要负责老年人医疗与护理保健服务的管理与提供,市级政府则根据当地税收情况具体负责机构养老服务与居家养老服务的组织、提供与综合管理等事宜。各级财政负担社会养老服务支出的绝大部分(95%左右);地方财政承担大约85%的社会养老服务支出,中央财政承担10%左右,其余部分由公民个人支付。[1] 20世纪90年代,深受人口老龄化影响的瑞典,在新公共管理思潮与经济衰退引发的财政支付危机诸多因素影响下,启动了社会服务领域的"私有化"与"市场化"改革。以1992年颁布实施的《瑞典新地方政府法案》(Local Government Act)为开端,瑞典地方政府在将老年群体服务需求评估从服务提供中分离出来的前提下,允许将部分社会养老服务的供给责任让渡给营利性市场组织与非营利性社会志愿部门。2004年颁布实施的《公共采购法》(Public Procurement Act)明确规定,地方政府允许营利性市场组织与非营利性社会志愿部门通过竞争招标的方式成为政府购买社会养老服务的承接主体,主要负责提供机构养老服务与居家养老服务。首先由地方政府作为采购主体确认老年群体的社会养老服务需求,计算采购规模与预算,制定采购规则,制作招标文件并且发布采购通知,之后通过招标形式遴选服务供应商,在评估投标情况之后开标并公示中标的服务供应商,最终地方政府与社会养老服务供应者签署最长时限为4年的采购合同。[2] 招标可以采取规定服务质量基础上的"价格招标"形式,也可以采取规定服务价格基础上的"质量招标"形式,还可以是"质量与价格双重标准招标"形式,其中"价格招标"形式最为常用。大公司往往容易获得规模经济效应,因而更易于从价格竞争中获胜,甚至容易造成价格垄断。在所有私营养老机构中,近一半由Attendo和Carema两家规模最大、实

---

[1] Socialstyrelsen. Care of Older People in Sweden 2008[EB/OL]. http://www.socialstyrelsen.se/Lists/Artikelkatalog/Attachments/17857/2009.12.6.pdf,2019-03-12.
[2] 驻瑞典经商参处. 瑞典政府采购体制基本情况[EB/OL]. http://www.mofcom.gov.cn/article/i/dxfw/jlyd/201410/20141000772716.shtml,2017-03-28.

力最为雄厚的私募股权融资公司所有。① 为了防止社会服务市场价格垄断现象，2009年，瑞典出台并实施《公共部门选择制度法》(The Act on System of Choice in the Public Sector)，规定地方政府引入"消费者选择模型"，这意味着老年服务需求者可以从诸多政府认可的服务供应者中自主选择居家养老服务的供应者。与地方政府提供的社会养老服务相比，民营企业或是社会志愿部门提供的服务灵活性与个性化程度更高，因而更能与老年人服务需求相匹配。地方政府通过减税的方式支持老年人购买非政府组织提供的服务。迄今为止，近九成(87%)的瑞典社会养老服务由营利性市场组织提供，仅有一成(10%)的社会养老服务由非营利性社会志愿部门体所提供。显而易见的是，营利性市场组织在瑞典社会养老服务领域已经占明显的主导地位，只是在居家养老和机构养老的服务资源提供类型方面比例分布略有不同。②

第二节 日本：国家制度保障下的社会养老服务体系

日本的社会福利分配制度与瑞典等社会民主主义国家不同，它不具有基于平等公民权利的普惠主义以税赋为基础的福利，也并非如英美等自由主义国家交由市场全权分配，而是在社会保险的基础上进行带有普惠性质的选择性分配。日本自20世纪70年代初进入人口老龄化社会，据日本总务省估计，2014年日本65岁及以上老年人口已超过3300万，占总人口的25.9%。③ 日本进入人口老龄化社会后，在家庭规模不断缩小和女性就业程度不断提高的共同作用下，传统日本家庭养老功能日益弱化。与此同时，伴随着老年人口数量猛增，尤其是失能老年人的护理需求激增，老年照护服务供给与需求之间的矛盾日益由传统家庭问题外化为严峻的社会问题，传统社会养老服务模式已无法与当今老龄社会服务需求相匹配。经过多年探索与发展，进入深度人口老龄化的日本逐步形成了颇具日本特色且较为完善的社会养老服务体系，基本实现了以立法为保障的社会养老服务权利体系、以

---

① Gabrielle Meagher, Marta Szebehely. Marketization in Nordic Eldercare: A Research Report on Legislation Oversight, Extent and Consequences[EB/OL]. http://su.divaportal.org/smash/get/diva2:667188/FULLTEXT01.pdf,2019-02-10.
② 钟慧澜,章晓懿.从国家福利到混合福利：瑞典、英国、澳大利亚养老服务市场化改革道路选择及启示[J].经济体制改革,2016(5).
③ 日本养老事业与养老产业研究[EB/OL]. http://www.yanglao.com.cn/article/6376.html,2016-12-20.

第五章　国外城市社会养老服务启示与借鉴

社区居家养老和设施养老(机构养老)为主体的社会养老服务资源体系、以社会保险性质的"介护保险制度"为核心的社会养老服务制度体系。现代社会养老服务体系的建构与成熟标志着日本社会养老服务从"选择型"逐步走向"普惠型",与之相匹配的,日本老年社会照护服务的供给与递送也已经由政府主导的"行政措施式"逐步走向公私合作的"契约合同式"。

(一) 以国家立法为保障的社会养老服务权利体系

纵观日本社会养老服务的发展与演进历程便不难发现,其社会养老服务体系的建设均严格奉行"立法为先"与"立法指导实践"的原则。先行制定与实施法律制度,不仅为日本社会养老服务体系的构建提供了强制性制度保障,而且也为具体实施相关配套措施提供了明确的法律指引,这在最高限度上保障了体系建设与政策实施的有效性。由此可以认为,日本老年人社会养老服务的社会权利实现是由一系列息息相关的法律制度来保障的,完善的法律保障体系使得日本老年人"老有所养"常态化、制度化。

1963 年 7 月,处于经济高速发展时期的日本制定并实施了《老年人福利法》,为即将到来的人口老龄化社会做好制度准备,并由此拉开了社会养老服务体系建设的序幕,确立了日本对老年人社会福利、医疗保障、护理服务提供等诸多方面的基本原则与体系框架。日本国内开始大范围建设公立社会养老服务设施(机构),其中中央财政负担 3/3 的建设费用,其余 1/3 的费用则由地方财政负责。20 世纪 60 年代的日本,公立社会养老服务设施(机构)主要分为"养护老人院""特别养护老人院"以及"低费用老人之家"(租赁型老人公寓)三种类型。20 世纪 70 年代,随着 65 岁以上老年人口数量达到 7%,日本迈入人口老龄化社会。由于"特别养护老人院"所能提供的护理床位数量难以满足日益增多的失能半失能以及失智等生活无法自理老人的介护服务需求,日本政府于 1973 年开始实行"老年人医疗免费制度"。老年人医疗免费政策的推行,加之家庭赡养能力日益脆弱,许多需要介护、不以治疗为目的而长期住院的老年人日益增多,"社会式住院"现象比比皆是,造成社会医疗费用高涨和医疗资源巨大浪费。为了解决"社会式住院"难题与缓解医疗资源供需矛盾,日本政府于 1982 年颁布并实施《老年人保健法》,明确规定对老年人医疗费用实行"定额负担"。在此基础上,日本政府于 1983 年设立"老年病医院",旨在为老年人提供慢性病的治疗与康复护理服务。在社会养老护理人才培养和管理方面,日本政府于 1987 年颁布实施《社会福祉士及介护福祉士法》,旨在鼓励、支持并且规范从事社会养老服务事业的介护专业人才与社会工作人才的队伍建设,对从事老年社会服务事业的专业人才应当享有的社会权利、经济权利作出明确规定并且予以法律保障。综合考虑到老年群体的照护需求与精神慰藉需求，从 20 世纪 80 年代后期开始，日本政府的社会养老服务体系建设重心开始向社区居家服务系统建设倾斜。日本政府于 1989 年投入 6.4 万亿日元大力推行"老年人保健福利推进十年战略"即"黄金计划"(gold plan)，旨在针对"日间照料服务站""短期居住照料服务站"和"居家服务派遣站"三种社区居家养老服务设施以及针对完全无法自理老年人提供介护服务的"特别养护老人院"进行资源与管理方面的紧急整备。随着 65 岁以上老年人口占比超越 14%，日本社会迈入"人口高龄化"阶段，日本政府于 1995 年颁布实施《老龄社会对策基本法》，旨在吸引民间资本进入养老服务领域进行养老住宅建设以及社会养老服务机构的建设与运营，以增强服务质量，提升社会养老服务的可及性与可得性，同时减轻各级政府的财政压力与服务管理压力。20 世纪末期到 21 世纪，日本社会养老服务领域最具里程碑意义的事件莫过于《介护保险法》的颁布与实施，这标志着兼顾社会养老服务资金筹集与养老服务有效提供难题的有效应对方案新鲜出炉。《介护保险法》作为一项多元主体（政府、社会组织、企业、个人）责任分担的社会护理保险制度，在对老年群体进行服务需求精准分类的前提下，采取派遣家庭服务支持者上门服务或被保险人进入社会养老服务设施接受专业护理服务的保险形式，按照适当政府负担与个人自主负责相结合的原则筹集制度资金，具体服务事宜由地方政府负责管理与组织实施。

就日本社会养老服务体系建设以及相关法规政策制定与推进历程而言，每一次社会养老服务领域的政策制定与体系调整均与中央政府层面的立法行为相伴相随，并且根据社会人口老龄化以及老年群体社会服务需求变化的实际情况适时进行法规完善与政策调整。在此过程中，日本老年群体的社会养老权利均以立法的形式给予强力保障，与此同时，日本老年群体的社会养老权利也在随着法律制度的不断完善而不断拓展。日本的社会养老服务体系在进入人口老龄化社会之前，以中央财政和地方财政两级共担的形式兴建"养护老人院""特别养护老人院"以及"低费用老人之家"社会养老服务设施。在进入人口高龄化社会之后，日本政府兼顾老年群体的照护服务与精神慰藉需求，在原有机构养老服务的基础上，在"去机构化"与"社区服务支持下的家庭养老"理念促进下，强力推进"居家服务派遣站""日间照料服务站"以及"短期居住照料服务站"三种社区支持下的居家养老服务设施建设。进入 21 世纪之后，日本政府推行"介护保险制度"，旨在兼顾解决社会养老服务资金筹集与服务提供难题，以期同时实现"设施居家化"与"居家设施化"。与此同时，通过精准化的服务需求甄别机制、多元化的责任分担机制、专业化的照护人才培养机制协同发挥作用，以使该制度有效应对已经到来的人口高龄化。

第五章 国外城市社会养老服务启示与借鉴

表 5-1　日本养老服务制度立法沿革及主要指标变化

年份	相关措施	主要指标
1963	制定《老年人福利法》,特别养护老人之家创设,老人家庭服务员法制化	1960 年 老龄化率：5.7% 平均寿命：男 65.32 岁；女 70.19 岁 社会保障费用占国民所得比重：4.9% 1 户人口：4.52 人
1964	厚生省社会局设置老龄福祉科室,修改《公营住宅法》	
1970	在年度的厚生白皮书中首次提到老龄问题,所得税法的适用对象排除瘫痪卧床老人以及痴呆老人	1970 年 老龄化率：7.1% 平均寿命：男 69.31 岁；女 74.66 岁 社会保障费用占国民所得比重：5.8% 1 户平均人口：3.72 人 厚生年金中老龄年金额：2 万日元（月额,夫妇加入年金制度满 24 年）
1972	制定小额养老院开设纲要,创设以自己做饭为原则的 B 型小额养老院,实施老龄福祉设施的免费用餐制度	
1973	老人医疗免费化（福利元年）	
1977	中央社会福祉审议会老龄福祉分科会提出对养老设施实施地域开放政策,新设 B 型老龄福祉中心（小型）	
1978	新设针对瘫痪卧床老人的短期护理项目（短期疗养设施）与 A 型老龄福祉中心（大型）	
1980	修改《公营住宅法》（使单身老人能够入住）,修改特别养护养老设施的费用收取标准	1980 年 老龄化率：9.1% 平均寿命：男 73.35 岁；女 78.76 岁 社会保障费用占国民所得比重：12.3% 1 户平均人口：3.25 人 厚生年金中老龄年金额：13.605 万日元（月额,夫妇加入年金制度满 30 年）
1982	制定《老年人保健法》（老年人医疗费的定额负担）,解决了老年人医疗保健的后顾之忧,确立了居家养老的老年福利方向	
1983	实施《老年人保健制度》	
1984	将需要小规模特别养护的老年群体归类至养护老人设施	
1986	制定长寿社会对策纲要,修改《老人保健法》（主要针对老人保健设施）,按日护理服务以及短期疗养设施被纳入《老人福祉法》,构建"银色之家"	
1987	创设并指定社会福祉士及制定《看护福利法》,在各地区设置老龄综合资讯窗口,设立银色服务振兴会	
1989	"黄金计划"制定,推进以家庭养老为基础的福利	

(续表)

年份	相关措施	主要指标
1990	修改《老年人福利法》等8部法律（市町村一体化、老龄保健福祉计划）	
1991	修改《老人保健法》（访问看护制度），将家庭护理员以团队方式导入，将老年人利用公营住宅和公团住宅的条件和标准统一化	
1992	制定《看护员等人才确保促进法》《社会福利事业法》《社会福利设施职员退休津贴共济法》	1990年 老龄化率：12.0% 平均寿命：男75.92岁；女81.90岁
1994	执行新"黄金计划"即新老年人保健福利推进十年战略，制定《爱心公寓法》，加强家庭介护服务，开始研讨新介护系统的建设	社会保障费用占国民所得比重：13.6% 1户平均人口：2.99人
1995	制定《老龄社会对策基本法》，允许民间投资养老住宅和设施建设	厚生年金中老龄年金额：13.8万日元（月额）
1996	民主、社民、国民新党三党联手向国会提出《介护保险法案》	
1997	颁布《介护保险法》，启动统筹管理型按日护理服务模式，对痴呆老人养老院的运营给予补助	
1999	制定《21世纪福祉计划》	
2000	实施《介护保险法》，将特别养护老人院的各个房间设施改装列为补助对象，创设看护预防及生活支援项目	2000年 老龄化率：17.3% 平均寿命：男77.72岁；女84.60岁
2001	制定《关于确保老龄老人居住安定性的法律》（《老龄住宅法》）	社会保障费用占国民所得比重：21.0% 1户平均人口：2.67人
2005	修改《介护保险法》（将立法主旨向预防重视型转变），修改《老龄住宅法》（导入老龄专用租赁住宅）	厚生年金中老龄年金额：17.6万日元
2011	修改《介护保险法》（追加"定期家庭访问和及时对应型看护护理服务"和"复合型服务"，创设看护预防和日常生活支援综合项目），修改《老龄住宅法》（推出附有看护服务的老龄住宅）	2010年 老龄化率：22.8% 平均寿命：男79.58岁；女86.44岁 社会保障费用占国民所得比重：29.4%
2012	修改《介护保险法》，提高看护报酬和诊疗报酬	1户平均人口：2.42人

资料来源：参考祁峰等．日本居家护理服务的发展与启示[J]．东北亚论坛，2010(7)；张卫彬等．日本老龄人口看护福祉体系的建构及对中国的借鉴[J]．现代日本经济，2015(3)。

（二）以在宅服务和设施服务为主的养老资源体系

根据老人居住地点的不同，按照服务对象属地划分，日本社会养老服务体系可以分为设施（机构）养老服务和在宅（社区居家）养老服务两个大类。设施（机构）养

第五章 国外城市社会养老服务启示与借鉴

老服务按照老年人从能够自理到完全不能自理的健康状况分为低费用老人之家（即图5-1所示的"老人安养之家"）、养护老人院（即图5-1所示的"养护老人之家"）以及特别养护老人院（即图5-1所示的"特别养护之家"）三类。老人安养之家主要针对健康状况良好、能够自理但不能与家人同住且需要家政及照顾服务的老年人，属于租赁型老年公寓；养护老人之家主要针对病残、失智、心理失调等低收入老年人，为其提供生活照护和康复服务；特别养护老人之家针对65岁以上身体具有明显障碍、经常需要介护、心理残疾、严重丧失独立生活能力的失能与半失能老年人，对于这类老年人，居家护理服务难以实施，需要接受专业的入所设施服务。在宅服务即社区居家养老服务可以细分为社区服务和上门服务两类。社区服务分为一周一次或两次由亲属或社工接送至市町村日托护理中心的日间照护与养老院接受短期护理；上门服务分为向残障等行动不便的老年人提供针对性的家政服务、康复服务等以及向无法自理老年人提供在家护理服务两种。具体来说，社区服务是向65岁以上、自主行动有困难或受到诸多原因限制在短期内（三个月之内）无法独自居住在家的老年人提供"日间照护"和"短期照护"（三个月之内）两类服务，日间照护服务是指老年人白天在市町村社会养老服务设施（机构）中享受专业人员提供的生活照料以及康复训练服务，晚上由市町村社会养老服务设施（机构）将其送回家中居住；短期照护服务是指在三个月之内，老年人入住开设短期照护服务业务的社会养老服务机构，享受以生活照护服务为主的服务。上门服务则是由市町村负责派遣专业护理人员、康复保健人员，必要时派遣全科医生等为生活基本无法自理且无

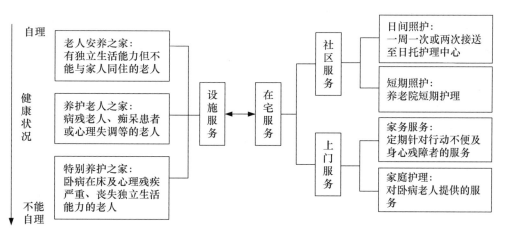

图 5-1 日本养老服务体系示意图

资料来源：北京市养老服务设施专项规划［EB/OL］. http://zhengwu.beijing.gov.cn/ghxx/qtgh/t1412056.htm, 2016-12-20.

合适家庭成员赡养的残病老年人提供定时上门服务,包括康复护理服务、针对特定病情进行专业处置等。

进入人口高龄化社会的日本,介护服务日益成为老年群体常态化的需求,设施(机构)养老与居家养老之间的界限逐渐模糊模糊化,"设施居家化"与"居家设施化"日益成为日本社会养老服务体系的基本特征,社会养老服务设施(机构)逐渐朝向生活照料服务、康复护理服务、娱乐休闲服务多位一体的综合养老服务体发展;社区居家养老服务(在宅养老)作为家庭养老专业性不足、机构养老人性化缺失的优化产物,兼顾老年群体"居住在家"与"得到照护服务"的双重需求,本着"就近就便"服务原则兼顾机构服务的专业性与在家养老的人性关怀,向居住在家的老年人提供更加精细化的日常生活护理服务、日间照护服务、康复保健服务、精神慰藉服务、家务帮助服务、福利用品配送服务、法律帮助服务等。

(三)以介护保险为核心的社会养老服务制度体系

介护服务按照字面意思理解即为生活自理有困难的群体提供日常起居照顾服务与专业护理服务,其基本内涵即为受助者的自立生活提供援助性服务以确保其实现正常生活与提升生活质量,在此基础上实现人权和尊严。日本介护保险制度英文翻译为"long-term care insurance system"LTCIS),即与国际社会通行的"长期照护保险制度"是同种内涵的不同表达,这就意味着"介护"与"照护"可以在同一意义上替换使用。介护服务不仅适应于介护对象的日常生活照料与康复护理等生理性服务需求,而且要兼顾其精神慰藉需求以及社会发展需求,在积极老龄化与成功老龄化等发展型社会政策理念广泛传播的时代,大力推行介护服务不仅能够有效满足老年群体的社会服务需求,而且能够在一定意义上实现其社会发展需求。旨在兼顾社会养老服务资金筹集与社会养老服务提供难题的"日本介护保险制度"于2000年问世,比养老年金制度主要以收入补偿形式保障老年人基本生活的价值取向更进一步。介护保险制度是由日本政府组织实施并且通过社会力量支持,为应对公民因年老和身患严重疾病或慢性疾病而需要生活照料服务与健康照护服务而建立的社会保险制度,主要采取服务给付的方式满足老年群体的社会养老服务需求,现金给付仅用于住房改建、医疗辅助用具购买等方面,通过介护保险制度的实施以保障与提升日本老年人生活质量。除了为有介护服务需要的65岁以上老年群体提供不同等级的介护服务之外,介护保险制度还强调对有支援服务需要的40—64岁中年群体提供不同等级的介护预防服务以及地区之间的互助服务事业,即以市町村为依托,在社会多方力量的协同下,向有介护服务需求和支援服务需求的中老年人提供不同层次的服务。从发展型社会政策视角出发,我们发现介护保

第五章　国外城市社会养老服务启示与借鉴

险制度非常注重介护预防服务,即非常重视事前干预,并且对中年之后的被保险者均承担照护责任,属于社会养老服务的全流程干预,不仅为老年群体织就了完善的社会养老服务网络,而且通过对中老年群体的支援服务实现人力资本投资,可以预期的社会收益良好。

图 5-2 是日本介护保险制度体系示意图,涵盖了介护保险制度中服务资源提供(service priviters)、介护需求认定(certification of long-term care need)、被保险者(insured persons)、保险费共同支付体系(co-payment system)。

1. 介护保险制度责任权利确认

介护保险制度的保险者由日本市町村以及特别行政区一级地方政府担任,保险者们严格依照法律规定负责保险费的计算、征收与管理,以及保险给付的核定、支持以及介护需求认定与照护服务传送等具体操作事宜。换言之,作为保险者的市町村既有决定保险费率、征收与管理保险费用的财政主体"财权"功能,又有决定给付、实施给付的给付主体"事权"功能。介护保险制度中介护服务与支援服务的组织、计划与实施事宜主要由市町村负责,而介护保险对象一般是 40 岁以上的日本居民。全体保险对象又依据不同年龄划分为两类,即 65 岁及以上的老年群体为第一类保险对象(primary insured persons),这一群体因年龄较大,故而总体上对介护服务的需求更大；40—64 岁的中老年群体为第二类保险对象(secondary insured persons),这个群体因身体或精神出现障碍导致基本自主活动能力完全或部分丧失需要护理服务时,由市町村负责提供社会性介护服务。截至 2015 年年末,日本第一类保险对象有 3202 万人,第二类保险对象有 4247 万人,"介护保险制度"为 7449 万日本居民提供介护保障服务。① 保险对象接受介护服务之前需要保险人对其进行需求资格与需求等级的认定:保险对象首先要向市町村或委托社区内的社会工作者提出介护申请,接受市町村的专员访问调查和征求主治医师的建议,并且由独立的第三方"介护认定审查会"最终判定保险对象是否具有介护服务资格以及需求等级。从日本介护保险等级的划分看,需要介护服务的老年人根据其健康情况分为需要支援和需要护理两个大类,需要支援分为两个等级,需要护理分为五个。被判定为需要支援的保险对象享受介护预防服务,无法享受保险制度范围内的居家养老服务和设施(机构)养老服务；被判定为需要护理的保险对象可以享受居家养老服务和设施(机构)养老服务。如若保险对象被认定为具有自理能力,则无法享受保险制度范围之内的介护服务；若保险对象被认定为具有介护需要,并

---

① Ministry of Health, Labor and Welfare. Annual Health, Labor and Welfare Report 2014—2015. http://www.mhlw.go.jp/english/wp/wp-hw9/dl/10e.pdf, 2017-04-02.

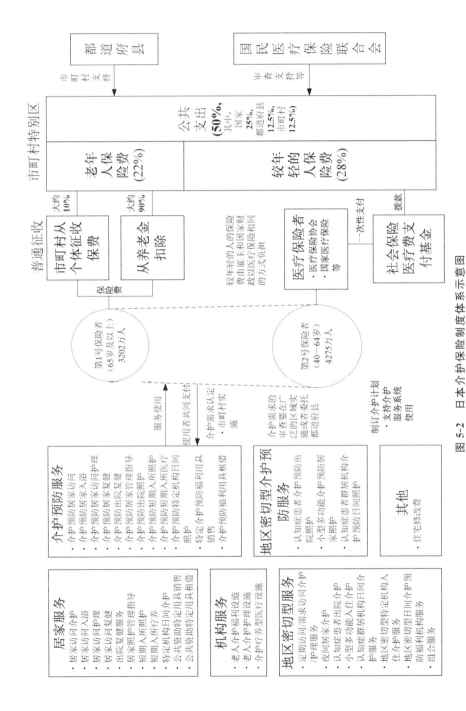

图5-2 日本介护保险制度体系示意图

资料来源：Ministry of Health, Labor and Welfare. Annual Health, Labor and Welfare Report 2014—2015. http://www.mhlw.go.jp/english/wp/wp-hw9/dl/10e.pdf, 2018-09-26。

且在获得介护需求资格与等级认定之后,介护经理(care manager)协助制定服务计划(long-term care plans),选择服务项目和服务提供设施(机构),进而获得相应的介护服务。不难发现,介护保险制度从"服务需求识别""服务需求管理"再到"服务需求满足"的全过程实现了"精准识别、精准服务与精准管理",进而实现了老年群体的"精准介护"——既有效利用社会养老服务资源,避免"一刀切"式粗放型提供服务,减少不必要的费用支出,又可以切实提升社会养老服务的满意度。

表 5-2 介护保险制度认定级别标准及服务给付形式

认定级别	身体状态	服务给付形式
需要援助 1	基本能够独立如厕、吃饭,但是部分日常生活需要一定帮助	预防给付服务
需要援助 2	能够独立如厕、吃饭,但洗澡等需要一定帮助,有可能成为需要护理的对象	预防给付服务
需要护理 1	部分日常生活需要一定帮助,排泄、洗澡、穿脱衣服等需要一定护理	护理给付服务
需要护理 2	排泄、洗澡等需要部分或全面护理,穿脱衣服等需要帮助	护理给付服务
需要护理 3	重度需要护理的状态,或伴有老年痴呆症等,排泄、洗澡、穿脱衣服等均需要全面帮助	护理给付服务
需要护理 4	重度需要护理的状态,或伴有老年痴呆症程度加深,吃饭、排泄、洗澡、穿脱衣服等均需要全面帮助	护理给付服务
需要护理 5	卧床不起,日常生活所有方面需要全面帮助	护理给付服务

资料来源:陈竞.日本介护保险制度修订与非营利组织养老参与[J].人口学刊,2009(2).

2. 介护保险制度服务资源提供

介护保险制度所提供的服务资源按照保险对象的不同分为针对需要介护对象的介护服务(照护服务)和针对需要支援对象的介护预防服务两大类。介护服务包括居家养老服务、设施(机构)养老服务、地区(社区)密切型养老服务;介护预防服务包括介护预防养老服务和地区密切型介护预防养老服务。除此之外还向保险对象老年人发放住房适老化改造的现金补助。居家养老服务具体指的是以老年人所居住的市町村为中心,为满足需求认证条件的老年人提供日常生活照料及康复护理等服务,居家老年人介护服务的具体实施形式包括上门起居照顾与康复护理服务、日间出院康复护理服务、短期入所疗养与照护服务、特定机构日间介护服务、公共资助辅具销售及租借服务等。设施(机构)养老服务是将满足需求认证条件的老年人集中安排在市町村特定社会养老服务设施(机构)内接受专业化介护服务。日本社会养老服务设施(机构)分为疗养与日常照顾性质的养护老人院、专业介护与康复护理性质的特别养护老人院以及低费用老人之家(租赁型老人公寓)三个不同类型。地区(社区)密切型养老服务是地方政府指定与监督实行的强调地区援助的社区服务,以定期介护需求访问服务、上门夜间介护服务、出院介护服务、小型多功能入住介护服务、地区密切型特定机构入住介护服务、地区密切型日间介护预防福利机构服务以及组合服务等为主要内容。介护预防养老服务是指通过提高老年群体运动机能、改善其营养状况以及增强其社会参与度,延缓其身心机能衰退、延长其健康寿命,最终完成"晚年自立日常生活"的使命。地区(社区)密切型介护预防养老服务以认知症患者介护预防出院照护服务、小型多功能介护预防居家照护服务、认知症群居机构介护预防日间照护服务为主要内容。

3. 介护保险制度 多元责任分担机制

20世纪60年代,《老年人福利法》的颁布与实施标志着政府包揽老年人社会福利由此拉开帷幕。20世纪70年代,正式进入老龄化社会的日本,其中央政府逐步将社会养老服务事业的组织管理权力下放至地方政府。20世纪80年代以来,一方面受到西方国家以"分权化"与"民营化"为核心的福利制度改革的影响,另一方面日本各界也在寻求能够减轻公共财政负担的同时避免社会照护服务滥用的新型社会养老制度,在此背景下,介护保险制度应运而生。按照制度相关规定,日本中央政府和地方政府逐渐剥离其过度干预的社会养老服务直接供给职能,在社会养老服务领域充分引入市场化竞争机制,通过定向委托以及竞争性公开招标的具体操作模式,积极鼓励吸引民间社会资本共同参与社会老年照护服务供给、经营与管理社会养老服务设施(机构);与此同时赋予老年群体充分的自主选择权,以满足具有需求异质性的老年服务对象多样化、个性化的需求。目前,日本社会已经形成了由中央政府、地方政府、民间社会慈善组织、居民互助组织以及公民个人共同参与的多元化社会养老服务体系。在这个体系中,中央政府始终承担着社会养老服务的主要责任,负责社会养老服务整体规划、资金筹集以及全局性监督协调;地方政府作为中央政府福利行政职能的重要补充与具体实施者,根据地方财政实际水平以及老年群体具体福利需求,自主制定社会养老服务计划,自行开展服务项目的组织与实施。尽管政府部门向社会非营利性组织与营利性市场组织让渡了一部分社会养老服务供给职能,然而对于孤老残病的低收入弱势老年人的兜底性救助式照护服务的供给依然由政府部门组织实施。从日本社会养老服务"市场化"与"民营化"进程看,在"市场化"与"民营化"初始阶段,主要通过政府资金投入与政策扶持来带动民营资本进入社会养老服务市场,政府扶持为社会养老服务市场的运营管理及标准化建设奠定了坚实基础。在"市场化"与"民营化"成熟阶段,政府则通过实施介护保险制度促进社会养老服务设施(机构)之间的自由竞争,以提高养老

第五章　国外城市社会养老服务启示与借鉴

服务质量与供给效率。概言之,"介护保险制度"的推行与实施基本实现了日本社会老年照护服务供给的去行政化与社会化,实现了制度多元主体的责任分担机制。

介护保险对象分为两类:第一类保险对象即65岁以上老年人,第二类保险对象即40—64岁中老年人,分别承担保险金的22%和28%。如若单纯依靠公共财政与社会资金筹集照护保险制度资金,则可能产生照护服务滥用风险;如若单纯依靠个人支付筹集照护保险制度资金,低收入困难老年人可能难以获得保险资格。因此,为了避免国家、社会或者个人单方承担过重的支付压力,体现社会保险责任共担原则,日本介护保险制度最终以政府与个人共担的多方筹资方式建立。日本《介护保险法》规定:40—64岁的日本公民必须履行介护保险金缴纳义务;在职公民的介护保险金在每月工资中扣除;自由职业者需要向介护保险制度专门管理机构按规定缴纳介护保险金;65岁以上的老年人介护保险缴纳金额则根据家庭成员数量、是否领取老年福利年金以及是否有家庭成员缴纳居民税等条件而不同。对于第一类保险对象,其保险费采取从年金中直接扣除或由市町村统一征收的形式,并根据其家庭年收入、是否缴纳居民税等情况有所减免。对于第二类被保险人,其保险费由医疗保险机构统一征收或扣除,并将费用转移支付给其所在的市町村。介护保险缴纳金额根据社会经济发展状况与物价指数每三年调整一次,日本厚生劳动省统计数据显示,两类保险对象的平均保险费用2000年为月均2911日元,2013年则增长了近10个百分点,为月均4972日元。[①] 值得一提的是,日本介护保险制度具有极为精准的费用控制系统,以保证服务资源最大限度的有效利用,防止资源浪费。在接受护理服务时,介护保险制度的保险对象也要缴纳一定比例的费用,在彰显个人责任的同时控制护理费用过快增长。介护保险制度以全社会共同且合理分担老年群体的社会照护责任为制度设计的目标价值取向,最大限度地避免照护服务分配不公平以及制度筹资不足问题。日本政府于2005年对介护保险制度实施方案进行修订,将"为入住社会福利性质的照护设施(机构)的老年群体提供免费的住宿与餐饮服务"改为"由服务使用者自行承担食宿费用"。2014年最新修订的《介护保险法》规定,拥有介护服务资格的保险对象在接受服务时,超出支付限额部分的费用由保险对象自行承担,杜绝服务滥用现象发生。[②]

---

① 车筱林.日本介护保险对完善我国养老保障体系的借鉴[J].中国人力资源开发,2014(20).
② 同上.

第三节 英国:二元改革推动下的社会养老服务体系

英国是"自由—集体主义"福利国家,一方面,集体主义强调福利资源供给的政府主导性以及福利资源获得的普遍可及性;另一方面,自由主义强调福利资格获得的选择性或者说基于资格审查的福利权利以及福利资源供给的非政府化。作为资深福利国家典范,英国拥有以英国国民健康服务制度(national health service,NHS)和英国个人社会服务制度(personal social service,PSS)为支撑的社会服务体系面向老年人提供社会照护服务。国民健康服务制度基于1946年颁布实施的《英国国民健康服务法》建立,由英国中央卫生部门负责为全体英国公民免费提供医疗保健服务;个人社会服务制度则依托1970年颁布实施的《英国地方政府社会服务法》建立,由地方政府下属的社会服务部门负责向包括老年人在内的社会弱势群体提供照料与支持服务。以高度职业化与高度服务者密集著称的英国社会服务,就其提供主体而言,除了地方政府社会服务部门之外,社会非营利志愿部门以及私人营利性企业组织也共同提供社会服务;就其服务对象而言,主要面向老幼病残群体,其中社会养老服务占据了很大份额。进入20世纪90年代之后,西方福利国家普遍面临经济萎靡、失业率持续走高、高税负引发社会不满情绪等经济社会问题,加之英国日益严峻的老龄化趋势,英国政府分别于1990年和1991年颁布《国民医疗服务与社区照护法》以及《社区照护白皮书》,对医疗服务和个人社会服务制度进行改革。在这次改革中,通过"去机构化"与"重返社区"的具体路径给予老年群体精神慰藉导向的人性关怀,进而重构以"社区服务"为核心的社会养老服务体系;与此同时,以"从福利国家走向福利社会"为改革的核心目标,大力推行积极的社会服务政策和社会投资计划,在社会养老服务领域引入市场竞争机制,鼓励与支持社会志愿部门和私营市场部门在社会养老服务领域发挥更加积极的作用,以不断适应与日俱增的国民社会养老服务需求。

(一)去机构化:社区照顾导向的养老服务资源选择

1. 从院居照顾走向社区照顾

二战结束之后,作为当时执政党的英国工党开始在社会各个领域全面开展重建大业,建设"从摇篮到坟墓"式的福利国家被提上重要的议事日程。接下来的几年当中,英国议会通过了《国家卫生服务法案》(1946)、《国家保险法案》(1946)以及

《国家援助法案》(1948)三项里程碑式的法案,为保障与实现英国老年人的健康服务与社会服务权利奠定了坚实的法律基础、提供了坚强的制度支撑。1946 年颁布实施的《国家卫生服务法案》被誉为 20 世纪最伟大的成就之一,提出建立国家卫生服务体系(national health service,NHS),创建了国家卫生服务的组织形态和医疗卫生服务形态,包括为老年群体在内的全体英国公民提供长期照护等免费医疗与保健康复服务;1946 年颁布实施的《国家保险法案》,建立起以收入补偿为核心要义的、相对完善的社会保障制度,为老年群体提供了强有力的经济支撑;1948 年颁布实施的《国家援助法案》明确规定为老年群体建立社会养老服务援助机构,并且为生活困难的老年群体发放援助金。除了地方政府全面负责并积极投身于社会养老服务事业之外,于 1947 年 8 月成立的全国性养老服务机构即英国国家老年人照料公司(the-national corporation for the care of old people,NCCOP),作为地方政府提供社会养老服务的有益补充,主要职能是为老年人建造能够提供专业化日常照护服务、康复疗养服务、再就业援助支持服务以及休闲度假服务的社会养老服务场所,并且为老年人提供慈善资金信托管理服务,旨在全面提升老年人生活品质与福利水平。然而遗憾的是,完全机构化的社会养老服务模式背离了老年人希望在家养老的主观愿望,也未能准确区分老年人医疗照护和日常照顾需求,过度强调机构照料的护理专业特长,而忽视社区照料在精神慰藉以及老年人社会参与、社会发展方面的重要功能,进而导致不必要的专业照护资源浪费与急需的照护服务资源稀缺同时存在。与此同时,院居老年人的身心健康状况比社区居家老年人的状况恶化很多;院居老年人的自主行动能力退化速度很快、社交网络断裂程度更加严重、自我认同感丧失更加迅速。随着石油危机爆发,西方福利国家战后经济高速增长的黄金发展期告一段落,社会养老服务机构的建设费用连同机构专职护理人员的雇佣费用为英国财政施加了巨大压力,政府全权负责的以机构照料为核心的社会养老服务体系的合理性与可持续性遭到质疑。有鉴于此,让院居老人重回社区、重回家庭成为英国社会主流养老观念,去机构化与社区照顾成为英国社会养老服务体系改革核心。20 世纪 70 年代,英国政府顺应民意,开始在社会养老服务领域大力推行社区照顾。由中央政府在政策和资源上进行宏观调控,将承办社会养老服务机构的权利下放至地方甚至社区,由地方政府调动力量来支持与协助社区照顾工作;与此同时,打破公办社会养老服务机构的垄断地位,倡导建设以社区为中心的微小型养老院或居家式养老院,促使家庭成员在社区照护服务的协助下更好地承担赡养老年人的责任,为老年人提供更好的精神慰藉与心灵关怀。

2. 双保险制度下多样化服务选择

从 20 世纪 70 年代开始,伴随着英国开始将老年人的社会照护服务从中央政府全面负责的国民健保制度中分离出来交由地方政府负责,英国逐渐形成了由中央卫生部门主管的国民健保服务体系(national health service system,NHSS)和由地方政府统管的社会服务部门主要负责的个人社会服务体系(personal social service system,PSSS)相结合的社会养老服务二元结构。如图5-3所示,在NHSS和PSSS两大体系支撑下,英国老年人的社会照护服务从内容上分为健康照顾服务(health care service)和社会照顾服务(social care service)。健康照顾服务依托

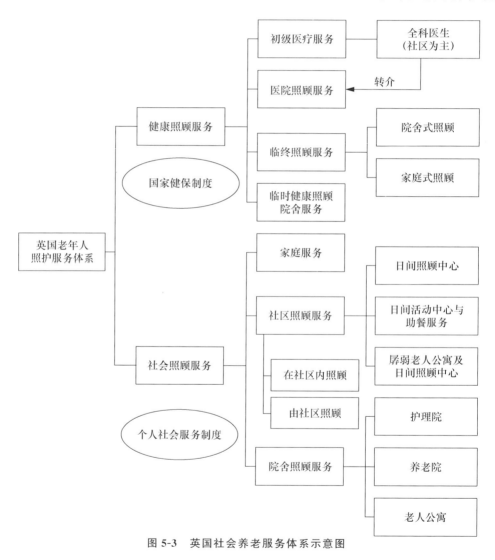

图5-3　英国社会养老服务体系示意图

于国民健保制度,由中央政府下设的卫生和社会保障部负责资金筹集与运作实施事宜,向全体英国国民免费提供医疗保健服务;依照《地方政府社会服务法案》实施的社会照顾服务由英国地方政府主管,地方政府的社会服务部门对提出照护服务申请的老年人进行包括家庭收入以及居住环境在内的家庭资产调查(family means tested)与包括老年人身体健康状况以及自理能力情况在内的照护需求评估(care need assessment)之后,确定申请者是否需要照护服务以及需要何种类型与程度的服务,同时确定申请者能否获得地方政府的服务资助。

健康照护服务包含初级医疗服务(primary care service)、医院照顾服务(hospital care service)、临终照顾服务(hospice care service)以及临时健康照顾院舍服务(interim health care facilities)四种。初级医疗服务属于英国全国性健康照护服务系统的一部分,由在社区驻诊的全科医生(general practitioner,GP)和专业护理人员向社区老年人免费提供初级医疗保健服务,在老年人有特殊治疗需要或病情严重到社区医生无法处置时,由全科医生负责向正规医院转介,确保有需要的老年人能够获得正规的医院照顾服务,即二级照顾服务(secondary care service)。换言之,为了避免免费社会性住院带来的医疗资源浪费与高昂的医院照护成本,有资格接受医院照顾服务的患病老年人不仅需要得到社区医生转诊证明,还需要得到正规医院的就诊许可。英国三成以上医疗机构已经尝试削减或废除老年人长期住院治疗性服务制度,以社会老年康复性照护服务取而代之。临终照顾服务是专门为患有无法治愈的、进展性疾病的患者(terminally ill or dying patients)提供的保健服务,既包括院舍式关怀,又包括家庭式关怀,专业的临终关怀服务由经过培训并认证合格的专业社会工作者团体提供,目的是为临终人群提供生理、心理以及社会方面的支持服务,旨在让临终者积极乐观且有尊严地走向生命尽头。临时健康照顾院舍服务主要针对出院老年人提供临时过渡性、中转性的专业机构康复性照护服务。

社会照护服务包含家庭服务(domiciliary service)、社区照顾服务(community-based care service)以及院舍照顾服务(residential care service)三个类型。家庭服务主要是为居住在家的老年人提供辅助赡养服务以及为家庭成员赡养老年人提供家庭照护支持服务,比如为老年人提供助餐助浴助洁、代理购物、陪同就医、陪同聊天、用药咨询以及康复护理指导等。社区照顾服务旨在通过动员、整合与有效利用社区多方资源以及社区支持网络,在确保老年人获得最大自主性、精神得到良好慰藉、老年人家庭成员积极配合的前提下,为具有照护服务需求的老年人在熟悉的居家环境以及社区环境中提供以临时性喘息照护、日间照护、失能失智老年人临时性院舍照料等为主的适应老年人多层次需要的养老服务。社区照护服务作为院舍照顾服务的替代性解决方案,在奉行去机构化、回归社区理念的同时,兼顾了老年人社会照护服务专业化和人性化的双重需求;与此同时,社区照顾从更深层次上反映了家庭支持的广泛适用性。院舍照顾服务即通常所说的机构养老服务,基本上可以划分为护理服务之家、居住型照护之家以及老人公寓三个类别。护理服务之家是由经过资格认证的专业护理人员为院居老年人提供非治疗性专业康复护理服务的机构,多以在地方政府健康管理当局注册并接受其监督管理的民营私立机构以及民间社会志愿组织为主。2001年,英国地方政府开办的护理服务之家数量占全国护理服务之家总数已经不足两成(16%),民间社会志愿组织建设运营的护理服务之家占到两成左右(21%),而民营私立机构建设运营的护理服务之家则占据六成以上的份额(63%)。居住型照护之家面向健康状况良好的老年人,为其提供诸如居家日常照料、家庭协助、心理支持、送餐等日常生活照料服务。老人公寓主要是为身体健康状况良好、能够独立生活但却无法与家人同住的、基本不需要持续由专人提供照护服务的老年人而设立的集中住宿式社会养老服务机构,居住在老人公寓中的老年人如有需要可以随时启用24小时不间断的"管理员呼唤服务"。另外,还有特殊老人公寓(very sheltered housing),主要为失能半失能以及失智老年人提供日常起居照护服务以及专业康复性护理服务,不仅如此,院居老年人还可以申请社区全科医生与专业护士提供陪伴照护服务。对于广大英国老年群体来说,在社会养老服务的资源供给选择偏好上,英国人长期以来都比较重视和优先将老年人留在家中或熟悉的社区中进行照护,因此,特别是在"照护需求评估""家计调查"以及养老机构收费的多重限制下,目前选择院舍照护服务(即机构养老)的老年人大多为失能失智老人,社区居家养老方式成为绝大多数老年人的心仪选择。

3. 在社区内照顾与由社区照顾

社区照顾服务具有在社区内照顾(care in community)和由社区照顾(care by community)两个维度。在社区内照顾主要针对身体健康状况较差并且生活无法自理的失能失智老年人,在政府部门、社会公益机构等正式组织开办的社区养老服务机构中接受经过专业机构培训的合格的护理员的服务。社区养老服务机构所提供的服务属于政府直接干预并且配有专项法律制度保障的规范性社会服务,社区老年人福利院、社区老年人护理院、社区老年人日间护理中心、社区老人院等社区养老服务机构提供的各类老年照护服务均属于在社区内照顾范畴。由社区照顾主要针对身体健康状况相对较好、基本能够自理的老年人,由家庭成员、社会支持网络成员(朋友、邻里等)、民间志愿慈善组织以及非政府组织等非正式组织为社区老年人提供日常照料服务与康复护理服务。这种社区老年照护服务属于血缘亲缘关系、邻里友谊关系或是人道主义援助性质的并且政府机构不直接干预的非规范性社会养老服务。由社区照顾是通过居家老年人照护服务、家庭照顾服务以及社区老年人日托服务（社区老年人公寓、社区老年人活动中心）等服务项目得以实现的。居家老年人照护服务是由社会工作者、社区志愿者以及政府雇员为社区内居住在自己家中具有部分自理能力的老年人提供免费或低费的助餐、助浴、个人清洁护理以及陪同就医等社会照护服务。家庭照护服务是居住在自己家中的老年人接受家庭成员的赡养服务，其"社会性"体现在以津贴形式表达的对提供赡养服务的家庭成员的支持政策上；为了鼓励家庭成员承担起赡养老人的责任，英国政府向提供家庭赡养者发放护理津贴。社区老年人公寓针对身体健康状况良好、自理能力完备却无人照顾且经过家庭调查被确认为低收入的老年人。社区老年人公寓一般为生活设施齐全的二居室，设有与社区总控中心相连的紧急呼救装置，社区接到求助信号之后会迅速派人赶到公寓内提供紧急援助。社区老年人活动中心是由英国地方政府兴办的社区综合服务机构，主要服务对象为居住在本社区的老年人，为老年人提供日常生活照护服务与社交娱乐服务等，特别为行动有障碍的老年人提供接送服务。

尽管"双维度"的社区照顾服务在服务提供者、服务对象、服务形式与服务场所方面均不相同，但共同点在于它们都能够满足老年人在不同阶段对于社会养老服务的不同需求。如果说在社区内照顾是以消极补救式手段为老年人提供社会养老服务的话，那么由社区照顾则偏重于从事前预防性、发展性层面为老年人提供全方位的社会支持性养老服务。

表5-3 双维度社区照顾服务优劣势分析

社区照顾维度		优势	劣势
在社区内照顾	机构照顾	为身体健康状况较差的失能半失能以及失智老年人提供持续的非治疗性的专业康复护理服务；为老年人提供日常生活照料服务，如助餐、助浴、助行以及符合身体状况的少量社交活动；降低家庭成员在提供老年照护服务方面的精神压力与专业性缺乏的压力	缺乏人性化与个性化关怀的病态性环境以及过度的照护服务容易造成老年人对机构照料的严重依赖以及加快老年人生理机能的退化速度；院居生活枯燥单一，老年家庭关怀与社交网络支持缺失严重；机构有可能出现虐待老人、疏于管理现象

(续表)

社区照顾维度		优势	劣势
由社区照顾	家庭照顾	便捷,充满人性关怀;自由度很大;一定程度的日常独立生活与社会交往可以降低少老年人对机构服务的依赖,并延迟老年人入住机构的时间;家庭照顾老年人的成本显著低于居家照顾、日托照顾以及机构照顾。其"社会性"体现在政府为提供家庭照料服务的家庭成员给予现金补助	易出现家庭照护者性别不平等现象,家庭中的女性成员极有可能会承担过重的老年人照护服务压力,造成家庭内部成员关系紧张;由于专业性缺乏而导致无法完全满足老年人的长期护理服务需求,照护服务质量难以保证
	居家照顾	老年人可以随时在离家很近的社区得到生活方面的实际帮助,能够随时得到家庭成员的关怀,并且社区服务能够为家庭赡养老人提供支持;保持社会交往网络的支持功能,社区照顾服务的"准公共物品"性质还能够使更多的老年人得到生活照顾服务,并能有效预防社会养老服务问题恶化,减轻机构照顾的负担,避免机构照顾所产生的负面效应;成本费用显著低于机构照顾	在社区养老多元主体服务体系的协调运作过程中,老年人的服务需求容易被忽视;服务资源的分散性与服务人员可能的非专业性有可能导致服务质量难以控制与服务成本提高
	社区日托照顾(社区老年人公寓;社区老年人活动中心)		

(二)"市场化":多元主体协同供给社会养老服务

作为世界上最早建立社会保障制度的福利国家之一,英国也常常被称为社会服务制度的先行者。20世纪80年代,福利多元主义(welfare pluralism)是英国社会福利体制改革的主流思潮,"福利多元化"也被称为"福利混合化"(welfare mix),这意味着除了政府之外的其他包括社会志愿组织、民间营利机构等共同参与包括社会养老服务在内的社会服务供给,是一种社会服务责任的分散化承担机制。"福利多元主义"为化解福利国家一元社会养老服务供给时的巨大筹资压力、服务供给管理压力、服务质量管理压力、人员配置压力等提供了有益思路。20世纪90年代之后,英国政府开始在社会养老服务领域尝试建立"准市场"机制,逐渐形成了以私人营利部门与社会志愿部门为供给主体的社会养老服务体系。在社会养老服务体系的庞大责任主体中,政府公共部门、非营利性社会志愿部门、营利性市场部门以及家庭都发挥着重要作用。英国政府在社会养老服务中始终发挥着重要的主导作用,中央政府的医疗卫生部门统筹管理社会养老服务体系中的治疗性健康照护服务,地方社会服务管理部门统筹管理社会养老服务体系中的非治疗性社会照护服务,各级政府均通过发放补贴或是税收减免等不同形式为社会养老服务事业提供财政支持。与此同时,地方政府通过公私合营模式支持非公共部门参与社会养老服务供给,并且通过购买契约形式实现对非公共部门所提供服务质量的监督和行为规制。家庭作为养老服务资源的核心供给者,承担着极为重要的老年人赡养责任,英国政府通过发放护理津贴的方式给予家庭照护服务提供者经济补偿,进而缓解家庭经济压力。有着悠久社会服务历史的英国社会志愿服务组织在社会养老服务的提供之中也发挥着重要作用,它通过政府购买的形式无论是在机构服务还是社区照顾领域均为老年群体提供了适应期需要的社会服务。可以说,非营利性社会志愿服务在英国老年人心目中的定位是"不仅是政府提供社会服务的有益补充,更是另一种服务新选择"。除此之外,营利性企业组织也在政府的规制之下为英国老年人提供种类繁多的社会养老服务。据统计,约 4%—7% 的社会养老服务供给来自于私人市场。不难发现,在英国社会养老服务体系中,多元供给角色的互动与协作发挥了巨大作用,不仅为公共财政节约了资源,而且在服务质量与效益提升、服务与老年群体多样化需求的匹配程度方面也有了长足的进步。

作为欧洲率先进行社会养老服务市场化改革福利国家,英国的社会养老服务长期由各级政府负责资金筹集、服务提供与监督管理等具体事宜。英国于1990年颁布《社区照料法》,标志着社区老年照护服务由地方政府包揽走向地方政府与社会资本联合提供,该法案鼓励英国地方政府向社会非营利志愿部门以及私人营利性组织购买养老服务,并且倡导以使用者付费或政府补贴与使用者共同付费(co-payment)机制取代政府免费提供服务机制。社区老年照护服务的收费标准与家庭经济状况挂钩,享受免费社会养老服务的老年人要经过由地方政府相关部门实施的严格的服务需求评估与家庭财产调查,通过审核之后才有资格获得免费养老服务。

就社会养老服务的供给主体所占份额而言,由地方政府直接提供的服务呈现出逐年下降趋势,而私人营利性组织在社会养老服务提供中所占份额则呈现出逐年上升趋势。《社区照料法》颁布与实施前后,英国政府提出将长期"社会性住院"的老年人转移到其家庭所在的社区,由社区负责提供照护服务,这就将原先由正规医疗机构专业医疗人员提供的照护服务责任转移至社区机构护理员以及社区社会工作者身上。与此同时,地方政府举办的社会养老服务机构数量则呈现出逐年下降趋势:地方政府出资建设与管理运营的社区养老服务机构所占份额不足两成

(16%),社会志愿部门负责建设与运营的社区机构所占份额为两成左右(21%),其余六成以上(63%)的社区机构份额则由私人营利组织占据。① 私人营利组织作为地方政府养老服务外包的主要承接主体,不仅在社区机构养老服务中所占份额巨大,在社区居家养老服务的提供中所占份额也是相当可观,75%的居家照料服务是由私人营利组织提供的,仅有不足一成(8%)的社区居家养老服务是由非营利社会志愿部门所提供的。不仅如此,非营利社会志愿部门和私人营利组织所提供的社区居家照料服务的时间总和比地方政府的直接服务时间多出一倍有余。② 随着英国社会养老服务领域市场化改革的不断推进,社会养老服务机构的所有权格局也发生变化:在2008年前后,不足一成(6%)的社会养老服务机构归地方政府所有,不足两成(18%)的养老机构归非营利社会志愿部门所有,七成有余(74%)的养老服务机构则归私人营利组织所有。

就社会养老服务对象而言,地方政府逐渐将老年人视为有偿使用照护服务的"消费者",尤其关注"消费者付费模型"与"消费者选择模型"的引入是否能够满足老年群体自由选择服务提供者的同时充分享受与付费价值相匹配的优质养老服务。英国地方政府于1997年前后向符合条件的老年人发放服务补贴,用以资助其在社会养老服务市场购买服务。于2000年前后开设了能够实现社会养老服务供需精准匹配的直接支付系统,有照护服务需求并且享受政府补贴的老年人可以直接通过这个系统向政府统一规制下的社会志愿组织与私人营利组织购买服务。除了对老年人进行服务补贴之外,英国政府还提供一系列家庭照顾的支持性政策,如中央政府于2004年颁布实施《照料者法案》,一些地方政府随后颁布实施《非正式照料支持法案》。据此,为老年人提供长期照护服务的家庭照料者有资格享受政府发放的照料津贴,政府还为家庭照料者提供临时性喘息服务,以缓解家庭照料者的经济压力与精神压力。

老年人曾经作为社会建设的主要参与者,在劳动能力衰退之后不应该被视为社会包袱而遭到遗弃,社会养老服务开支不应该被视为社会纯消费而遭到削减。在社会服务供给过程中老年群体的个人权利理应得到全面维护,个体能力作为银色人力资源理应得到充分重视和发展,个人价值理应得到社会尊重与认可。在对三个典型福利国家的社会养老服务体系进行剖析之后,我们发现,三国虽分属不同

---

① 王莉莉,吴子攀.英国社会养老服务建设与管理的经验与借鉴[J].老龄科学研究,2014(7).
② Sue Yeandle, Teppo Krger, Bettina Cass. Voice and Choice for Users and Carers? Developments in Patterns of Care for Older People in Australia, England and Finland[J]. Journal of European Social Policy, 2012, 22(4).

社会福利体制类型,在社会养老服务方面却表现出一定的共性变化,如表 5-4 所示。

表 5-4　瑞典、日本与英国社会养老服务体系比较

国家类型	瑞典	日本	英国
	社会民主主义	混合制	自由—集体主义
权利保障	国家制度保障公民社会养老权利实现		
社会养老服务资源类型	机构养老+居家养老	设施养老+在宅养老	机构养老+社区照顾
历史传统	国家承担养老责任		
社会养老服务体系改革目标	减轻政府财政负担,提高社会养老服务质量和服务效率,鼓励非营利组织和营利组织相互竞争,扩大社会养老服务供给,增强服务对象自由选择权利,强化个人责任,强调家庭赡养的精神慰藉作用		
政策工具	服务外包(竞争性公开招标/委托特定机构→签订购买契约);政府补贴;税收减免		
服务承接主体	社会非营利志愿部门+市场营利性企业组织		
服务主体间关系	竞争性/非竞争性合作伙伴关系		
制度体系	《健康与医疗服务法案》+《瑞典社会服务法修正案》+《社会福利法》	《介护保险法案》	依托《英国国家卫生服务法案》建构的"国民健保服务体系"(NHSS)+依托《英国地方政府社会服务法案》《英国国民医疗服务与社区照护法》《英国社区照护白皮书》建构的"个人社会服务体系"(PSSS)
改革特色		中央政府通过立法强制推行,地区间差异明显,市场资源比较集中	营利性企业组织承包大量服务、消费者自由选择

其一,以国家制度的形式保障老年人的社会权利。无论是瑞典、日本还是英国,社会养老服务均经历了由家庭责任到公共责任、由贫困救济到普遍权利、由非专业化到专业化的发展过程,均以正式法案或国家制度的形式保障老年人的社会福利权利,基本上走的都是"法制先行、服务跟进"的路线。瑞典老年人社会服务权利在《健康与医疗服务法案》《社会服务法修正案》以及《社会福利法案》中得到确立与保障;日本老年人社会服务权利在《介护保险法案》以及相应"介护保险制度"中得以确立与实现;英国则是依托《国家卫生服务法案》建构起"国民健保服务体系"(NHSS),依托《地方政府社会服务法案》《国民医疗服务与社区照护法》以及《社区照护白皮书》建构起"个人社会服务体系"(PSSS),这两个体系为英国老年人社

养老权利的实现提供了"双保险"。

其二,积极的社会养老服务资源供给体系。三个国家的社会养老服务资源基本以机构养老服务与居家养老服务两大形态为主,"去机构化"潮流下的"居家养老"或"社区居家养老"成为老年人钟爱的选择。不仅如此,在社会养老服务资源上均体现出"人力资本再投资、社会融合、价值发现和促进社会经济发展"的共同目标,使得老年人服务更加契合发展型社会政策的精髓,即"包容性""全面性""积极性"以及"投资性"。

其三,社会养老服务体系改革过程中体现出多元责任主体开展合作伙伴关系的不同角色分配。由于意识形态与文化传统差异,社会民主主义福利体制下的瑞典,在强调国家全面责任的同时,突出"去家庭化"特征,积极引导市场组织和社会组织参与社会养老服务的提供。"自由—集体主义"福利体制下的英国,社会志愿组织早在中世纪就有提供社会服务的传统,英国养老服务以"社区照顾"为抓手,在"市场化"改革浪潮下积极促进民营机构和志愿组织发展。混合福利体制下的日本以重视家庭作用、完备而精准的介护保险制度为特征,强调市町村、社区互助组织以及负责任的个人的作用,与此同时,进行银色人力资本再投资——为老年人就业提供服务支持与法律政策援助。虽然服务再生产中主体承担的服务责任有大小之分,但是各国均表现出服务多元化角色分配趋势,突出政府在社会养老服务体系中的重要责任以及服务递送的流程再造。

其四,政府社会服务给付倾向。三个国家在近年的老年人社会给付资金投入方面均有大幅增长,其中社会服务的投入比重呈现出继续增长趋势。从增长速度和幅度来看,社会服务给付远远超过了现金给付。这说明虽然各国存在福利体制差异,可是对社会养老服务的重视都在不断加强,这也可以认为是社会给付中投资性、发展性不断增强的表现。

第六章 我国城市社会养老服务体系优化路径

第一节 "权利—制度—资源—角色"四维社会养老服务体系架构

在我国社会养老服务体系建设与传统"敬老孝亲"文化滋养下,在充分借鉴与吸收西方发达福利国家社会养老服务体系建设经验的基础上,我们可以构建"权利—制度—资源—角色"四位一体的社会养老服务体系分析框架,以期对我国社会养老服务优化提供有益思路。在发展型社会政策理论以及积极老龄化、成功老龄化等一系列理念指导下,社会养老服务的筹资、生产、递送、分配、评估等是一整套复杂的再生产过程。对社会养老服务体系的理解构成社会养老服务体系分析的四维视角,在这个分析框架中,权利保障是社会养老服务政策的价值立场,制度安排是社会养老服务政策的支撑系统,资源供给是社会养老服务政策的主要内容,角色互动是实现社会养老服务政策目标的保证。

(一)权利保障:社会养老服务体系的价值立场

就彰显社会养老服务体系价值立场的权利维度而言,以人权为本质的养老权利也是公民重要的社会权利之一,专指老年公民有权获得家庭提供的赡养扶助以及国家与社会提供的物质帮助。老年人的生存、健康以及尊严理应得到充分的保障与维护。可以认为,社会养老服务的获得是公民养老权利得到充分保障与实现的过程,而公民社会养老权的确定与实现离不开国家立法与相应的制度作为保证。瑞典、日本、英国这三个典型的福利国家,均无例外地依靠国家立法的强制性对于公民社会养老权利给予保障,并且通过完善的服务供给与递送体系确保公民社会养老"实有权利"的实现。法定权利、应有权利与实有权利是社会权利赖以存在的三种具体存在状态。养老权无论是在法律上还是实践中都已在世界范围内形成共识,国际社会通过颁布并实施相关公约的形式对包括养老权在内的社会保障权给予确认。1948年的《世界人权宣言》与1966年的《社会、经济、文化权利国际公约》都明确规定包括"养老权"在内的多项人权属于"社会保障权"。1982年、1991年和1992年召开的联合国大会分别批准并通过了《世界老龄问题行动计划》《联合国老年人原则》以及《老龄问题宣言》,确立了关于老年群体在"自立、参与、照料、自我实现、尊严"五个方面的普遍性标准;1999年国际老年人年的主题是"不分年龄人人共享的社会",包括个人生命全过程发展、代际关系、人口老龄化与全面发展以及老年群体处境四个方面的内容;2002年召开的第二届世界老龄大会批准并通过了《世界老龄问题政治宣言》与《国际老龄行动计划》,两大会议文件均特别强调"确保老年群体基本人权、基本自由权利以及社会政治经济文化维度基本权利的充分实现";2010年12月联合国老龄问题工作组的成立,标志着老年人权利保护公约的起草已经在联合国被提上议事日程。在国际法上,尽管说这些直接规定老年人权利的国际文件尚不具备法律拘束力,但这些国际文件均具有"软法"性质,即能够反映国际社会关于应对老龄化问题、保障老年人权利的最新进展,对各国开展老年人工作提供了有价值的指引,而且提示了相关国际立法的方向和趋势。我国《宪法》和《老年人权益保障法》也都明确规定中国公民享有养老保障权。

2015年第三次修订的《老年人权益保障法》规定:"中华人民共和国保障老年公民依法享有的老年人权益,老年人享有获得政府部门与社会部门提供物质帮助、享受社会福利与社会服务以及参与社会发展共享成果的社会权利。"这就意味着我国已在最高法律层面对公民社会养老权利进行了规定与确认,将养老权利这种"应有权利"转化为"法定权利"。尽管我国在观念与法理维度界定的养老权利已经形成,但养老权利的具体实现与"法定权利"之间却还存在不小的差距,实现无缝对接尚有难度,在社会养老权利的观念成型与实质落实之间还需要一系列国家层面的具体社会养老制度予以保障。这就意味着社会养老权利的切实实现必须依靠政府部门强有力的履职与推进执行力,不仅如此,还需要政府主导下的民间社会力量积极参与其中,同时也离不开市场机制发挥积极作用。

从本质上说,养老服务的社会权利属性决定了政府提供社会养老服务的责任与使命,这也是为什么瑞典、日本与英国等福利国家均有着国家义务承担社会养老事业的历史传统。但在中华人民共和国成立到改革开放之前,我国家庭几乎承担了赡养老年人的全部责任,这就使得政府"隐退"于家庭之后,仅仅为缺乏家庭支持的少数残病孤寡的社会困难老年人(以"三无""五保"等民政对象老年人为主)提供临时性、救济性的社会养老服务。必须意识到的是,家庭赡养并不等同于政府社会养老责任的缺失。随着老龄化进程不断深入,社会养老服务需求日趋多样;与此同时,大众对于社会养老权利的维护意识日益突显,这在客观上都向我国政府提出了

第六章　我国城市社会养老服务体系优化路径

不断强化责任的诉求。在政府责任对象确认方面,老龄人口不再是少数而是一个超过2亿人口的庞大社会群体,更进一步说,政府在确定养老服务对象的责任方面,要由少数社会弱势群体扩展为全体老人;在政府责任目标方面,需要将社会养老服务体系单一生存救济的价值取向"升格"为权利保障视域下的多元化、全方位的生活保障;在政府责任履行约束机制方面,需要从随机性、偶然性"道义善举"上升为常态化、稳定化的"法律制度"。从少数困难老年人扩大至全体社会老人、从单一生存救济扩容至全方位生活服务、从道义善举上升为法律制度,"三个走向"促成了政府在社会养老服务体系中责任履行的根本性变革:由"福利救济"走向"权利保障"。

(二) 制度安排:社会养老服务体系的支撑系统

就充当社会养老服务体系支撑系统的制度安排而言,社会养老服务供给主体多元化、供给方式多样化等趋势明显,福利国家越来越倾向于供给流程再造以及主体间和谐伙伴关系优化以实现精准的福利递送。养老社会服务的供给流程革命也在不断重塑着福利筹资渠道和方式。更重要的是,原有福利模式构成的制度基础已经发生巨大变化,以多中心合作为核心的"发展型模式"是继"剩余型模式"和"制度型模式"之后,正以"协调性""积极性"以及"包容性"姿态登上社会服务历史舞台。这一模式需要一系列的保障制度给予支撑,包括财政投入制度、政策激励制度、评估考核制度等。老年群体社会福利的发展性导向促使相关社会政策更具有积极性、投资性,其能力提升强化了社会整合与社会包容,诸多政策设计均将具体操作工具指向社会服务供给。瑞典、日本与英国作为福利国家的典型代表,虽然对社会养老服务的具体制度设计有所不同,但其共同之处在于强调政府的主导责任与公平的制度设计,主要依靠政府主导并颁布实施社会经济协同发展型政策以实现老年群体社会养老权利的实现。三个国家均早已进入人口老龄化社会,因而社会养老服务在三个国家的社会服务体系中占据极其重要的位置,目前已经形成了一系列包括组织体系、人才体系、筹资体系等完备的制度及其保障体系。值得借鉴的是,三个国家并非在人口老龄化问题已经形成社会危机时才匆忙采取应对措施和制定相关政策,恰恰相反,是在预估可能出现人口老龄化危机时,就率先建立起覆盖广泛的社会养老服务制度。瑞典政府早在1913年就颁布实施《国民普遍年金保险法》,于1983年颁布实施《健康与医疗服务法案》,于1997年颁布实施《社会服务法修正案》,由此形成完善的社会养老服务体系;于2002年颁布实施新《社会福利法》,明确社会养老服务体系的建设目标是"确保老年人避免遭受社会排斥,实现独立生活、平等社会参与分享发展成果,享有优质社会养老服务"。日本政府早在

1963年就颁布实施《老年人福利法案》,于1982年颁布实施《老年人保健法》,于1987年颁布实施《社会福祉士及介护福祉士法》,在此基础上于2000年前后正式形成并实施《介护保险法案》。英国政府依托1946年颁布实施的《国家卫生服务法案》建构起"国民健保服务体系"(NHSS),依托1970年颁布实施的《地方政府社会服务法案》、1990年颁布实施的《国民医疗服务与社区照护法》以及1991年颁布实施的《社区照护白皮书》建构起"个人社会服务体系"(PSSS)。

除了具备完善的法律法规体系对老年群体社会养老权利给予确认和保障之外,社会养老服务体系的有效运转也离不开完善的社会养老服务组织管理制度。三个国家的社会养老服务管理组织体系均实行中央政府与地方政府多层级分权管理体系。中央政府负责制定社会养老服务宏观发展规划与服务政策实施方针,并且通过颁布实施相关法律法规以及划拨公共财政资金的途径促进社会养老服务事业发展;地方政府在响应与贯彻实施中央制定的社会养老服务法规与政策的同时,负责社会养老服务具体组织实施事宜。以瑞典为例,瑞典的省级议会负责制定具体的社会养老服务政策与社会医疗服务政策,289个市政府有法定的责任去满足老年人的社会服务和住房需求,社会福利委员会是市政府行使社会养老服务提供职能的主要依托机构。2005年,90%的老年人社会养老服务工作由289个市政府承担,最重要的目标便是"促使老年人尽可能长地住在自己的家中安度晚年"。除了中央政府与地方各级政府之外,福利国家的社会养老服务组织管理体系实际上是一个"多元化"的组织管理系统,既有完全官方行政化色彩浓厚的老年人社会服务组织,如瑞典国家社会福利委员会;也有半官方半民间性质的老年人社会服务组织,这类组织大多为政府相关部门下属的社会志愿服务性质的组织;还有完全民间非行政化的独立性、志愿性社会服务组织,这集中体现了福利国家极高的社会组织社会服务专业化水平与社会组织分化程度。相比之下,我国社会组织发展具有弱势性,因此前述经验非常值得我们借鉴与学习。

西方福利国家社会养老服务体系的建构重点之一便是促进照护人员队伍的专业化与职业化。日本政府于1987年颁布实施的《社会福祉士及介护福祉士法》,旨在鼓励、支持并且规范从事社会养老服务事业的介护专业人才与社会工作人才的队伍建设,对从事老年社会服务事业的专业人才应当享有的社会权利、经济权利作出明确规定并且予以法律保障。西方福利国家社会养老服务工作者最突出的特点便是职业稳定性与服务专业性。职业稳定性意味着从事社会养老服务行业的专业照护者必须具备一定的从业资质才能上岗,一旦正式上岗,就能成为正式的"受薪"且受人尊重的社会服务工作者;服务专业性意味着从事社会养老服务的专业照护者必须经过系统的老年日常生活照护、老年常见病护理、老年康复护理、老年心理

第六章　我国城市社会养老服务体系优化路径

护理等系统化培训与专业化实际操作训练,才能够获得服务资格。以瑞典为例,瑞典有着完备的分层化专业社会养老护理员培训体系与人才队伍建设制度。第一层次是初等老年护理专业培训制度,即在高中课程设置中加入老年人护理以及职业伦理方面的专业内容,为今后有志向成为老年照护社会工作者的青年学生奠定良好的专业基础;第二层次是高等老年护理专业培训制度,即在大学专业设置中专门开设"老年护理服务与管理""老年社会工作"等专业以定向培养专业性人才,目前瑞典国内有近10所大学开设老年护理服务与管理类专业,为各类社会养老服务机构输送中高级服务人才以及服务机构管理人才;第三层次是社会化老年护理进修制度,所有从事社会养老服务的社会工作者每年必须参加市政府组织的社会养老服务培训计划,培训期一般为一个月左右,否则无法获得服务资格。反观我国,无论是社区居家养老还是机构养老,照护服务人员专业性严重缺乏、人员队伍流动性高和稳定性差是极其突出的难题,这其中有我国照护专业人员培训制度缺失的制度化原因,同样也存在照护人员"受薪"稳定性差、收入与付出难以匹配、照护服务者社会地位低下等社会性原因。

除了完备的法律法规制度体系、完备的组织管理制度体系、兼具职业化与专业化的人才培养制度体系之外,社会养老服务的筹资制度体系也至关重要。我们知道福利国家的社会养老服务资金来源绝大多数是多渠道的,其中既包括政府支出、社会保险、财政补贴等公共资金,也包括商业保险、个人自付、私人储蓄等私募资金。于是,无论是学界还是社会养老服务的实践领域普遍达成了共识,即当今很少有仅选择一种筹资工具对老年人进行保障的案例,绝大多数发达国家均采取"多元化筹资"的混合制度模式。[①] 瑞典和英国属于"政府财政支出主导型"的社会养老服务多元筹资国家,其典型特征是社会养老服务的资金主要来自中央和地方财政预算。瑞典的政府财政支出占社会养老服务总支出的比重高达80%以上,这类国家社会养老服务的政府支出主要来自以议会拨款为主的中央财政转移支付、以税收为主的地方财政拨款以及社会服务收费等。进一步以财政支出的获取资格为标准,这种筹资模式又可以划分为普享福利式筹资体系和选择救助式筹资体系两个小类。在普享福利式筹资体系下,政府主要基于服务需求对养老服务进行支付(如瑞典);而在选择救助式筹资体系下,政府的支出在满足服务需求的同时还需考虑收入与资产状况(如英国),政府资金的支付带有选择性。日本属于"社会保险资金主导型"的社会养老服务多元筹资国家,其典型特点是,社会保险资金为社会养老服务筹资中最主要的资金来源,政府为确保社会养老服务的供给,采取法定形式专

---

① 林闽钢,梁誉.准市场视角下社会养老服务多元化筹资研究[J].中国行政管理,2016(7).

门构建了社会化和强制性的长期护理保险制度;并通过政府、雇主、雇员、投保人等多方缴费的方式建立了长期护理保险基金这一特定的养老服务支付制度,为养老服务的供给奠定了稳定的资金保障系统。以日本"介护保险制度"为例,被保险人需要缴纳社会养老服务保险费总额的一半,另外一半保险费则由公共财政资金负担,其中中央财政负担25%,都道府县和市町村财政各负担12.5%。"社会保险基金主导型"多元筹资制度具有公平性、社会互济性以及有效克服市场失灵等诸多优势,通过采用社会保险的强制性参保与缴费形式,使中央政府与地方政府成为社会养老服务的责任主体,政府的行政强制性干预与公共财政强制性保障协同发挥作用,从而有效控制与管理社会保险市场各种失灵现象的发生。"社会保险基金主导型"的社会养老服务多元筹资机制为我国构建具有中国特色的长期护理保险制度提供了有益经验,值得进一步探索。

(三) 资源供给:社会养老服务体系的主要内容

就体现社会养老服务体系主要内容的资源供给而言,社会养老服务就是通过自我护理、家庭成员照料、伙伴互帮互助、社区服务支持、机构服务补充、政府最基本层面的资金与服务兜底等"一揽子发展型社会服务"来实现对老年群体的人力资本投资,进而实现其生存质量的提高与能力的拓展。社会养老服务资源的具体形态有机构养老服务和社区服务支持下的居家养老两种,虽然瑞典、日本与英国的社会养老服务资源具体形态的表现形式有所不同,但其本质均归属于机构养老服务与社区居家养老服务两种类型。机构养老服务是西方福利国家黄金发展时期到20世纪七八十年代石油危机之前社会养老服务资源供给的主要形态。社会养老服务机构大多由福利国家负责兴建,为老年群体提供免费或低费的集中式生活照护与康复护理等专业化供养服务,充分彰显了福利国家的社会服务职能,机构养老作为家庭赡养的有益补充而成为化解社会老龄化危机的利器。随着福利国家人口老龄化进程的推进,入住机构的老年群体逐渐增多,机构养老在资金压力巨大与人性关怀缺失两个方面饱受诟病,人们发现长期入住养老服务机构的老年人无论是生理还是心理健康程度都远不如居家老年人,他们因与家庭和社会支持网络长久隔离而感到抑郁和自卑,同时巨大的财政压力也使得深处经济危机中的福利国家捉襟见肘。20世纪80年代,"去机构化""回归家庭"与"原址安老"成为社会养老服务改革目标。作为融合家庭赡养与机构照料各自优势的、社区服务支持下的居家养老,不仅比机构养老更加经济高效,而且充分适应老年群体想要居住在家的精神慰藉需求,因而成为西方福利国家社会养老服务改革的首要选择。西方福利国家普遍意识到以社区为载体,在其范围内整合政府公共部门、社会非营利性志愿部门以及私人营利组织提供的服务资源,广泛招募与培训社区照顾服务提供者与志愿者,积极调动社会养老服务机构基于资源共享的"社区辐射"作用,协同为有服务需求的、不同健康程度的居家老年人提供非机构式的上门服务、日托服务、喘息式服务的重要性与必要性。西方福利国家的实践经验表明,通过社区支持服务网络的构建,在互联网、物联网技术的支持下,可为居住在家的老年人提供以康复护理服务(康复训练、健康咨询等服务)、日常照顾服务(助浴、助餐、助洁、助行、助医取药、代理购物等服务)、心理慰藉服务(陪聊、定期访问等服务)为主要内容的上门服务、定点服务、定期服务甚至是远程综合服务项目。

就社会养老资源分配逻辑而言,可以认为,以瑞典、日本与英国为代表的福利国家由政府全权把控着社会养老服务资源的"始端"与"末端"。老年人的社会照护服务需求评估是资源分配的"始端",旨在精准识别老年群体照护服务需求、合理发放护理补贴,在此基础上对具有异质性需求的老年群体进行分层、分类与分级管理,将有照护需求的老年群体合理划归至服务机构或社区居家养老范畴,最终实现有限社会养老服务资源的最优化配置,在确保社会公平公正的前提下最大限度地满足老年群体照护服务需求。社会养老服务供应商规范化管理是"末端",政府通过对有意愿提供社会养老服务的组织、机构进行服务资格审查与服务资质认定,同时针对获得服务资质的组织、机构建立服务供应商规范化管理系统并且给予相应财政补贴与政策支持。与此同时,通过严格规范的评估体系对服务供应商的服务提供效能作出严格评估,奖励优质服务供应商,及时淘汰劣质服务供应商,在促进优质服务商良性竞争的同时不断促进服务质量提升,净化政府购买社会养老服务的市场生态环境。由此我们说,"老年群体照护服务需求评估"与"养老服务供应商规范化管理"促进了社会养老资源配置成为一个首尾相接的闭环,具有行政强制权威的政府实现了"源头治理"与"末端监督",资源具体递送与使用的中间环节则交给服务对象与服务供给者自行匹配,由此便形成了政府主导下的多元化社会养老服务资源市场。

反观本土社会养老服务,我国政府对社会养老服务资源配置作出了两个方面的制度安排,一个方面是新建、改造、完善并优化社会养老服务机构以提供全方位的养老服务;另一方面,与社区为老服务紧密结合,开展社区居家养老服务,即老年人不脱离所在的家庭和社区,居住在自己家中或在社区日间照料中心享受由社区提供的各种照护服务。这是对传统家庭养老方式的创新,为新时代家庭养老注入了新的内涵。在机构养老与社区居家养老之外,家庭养老一直作为非常重要的保障方式而存在,并且可以预言,家庭养老方式会随着家庭的存在继续甚至永远存在下去。家庭养老作为文化传统,是一项非正式养老制度,在社会保障与社会服务制度逐步健全的过程中,仍然需要家庭发挥重要作用,除了部分经济互助功能之外,主要是提供老年人照护服务和精神慰藉。然而我们必须意识到,尽管说我国社会养老服务体系的资源维度也包含了机构养老和社区居家养老两种与西方福利国家形式上相似的具体形态,但是在具体发展过程中存在一系列弊端。比如,我国社区居家养老服务发展面临以政策"落地难"、财力、物力、人力资源缺乏,多方资源整合困难,服务主体定位不清与权责混乱为表现形式的政策困境、资源困境(筹集与整合二维困境)以及管理困境;机构养老服务发展同样面临"一床难求"与"多床空置"并存、价格差异体现出公办与民办机构不公平竞争、民办机构边缘化、护工短缺且流动性大、照护效果难以保障等问题。我们说发展中的困境要在发展中得以解决,这就需要我们允分汲取西方福利国家的发展经验,在此基础上进行本土化适应性改造,通过国家层面社会养老服务制度的建立与实施,厘清不同资源供给主体的权责边界,最大限度避免"越位""错位"与"缺位"现象的发生;积极鼓励并支持社会力量与市场力量进入养老服务领域发挥更大作用,无论是在物力、财力资源供给还是在专业化人力资源供给方面,就我国社会养老服务体系目前发展现状而言,都急需资源补给与配置优化。

(四)角色互动:社会养老服务体系的实施保证

就社会养老服务体系实施保证的角色互动而言,全球化浪潮下的风险社会催生了社会养老服务领域的合作主义和伙伴关系,占据制度资源和财政资源的政府、掌握创新资源和资本优势的市场、拥有公益特征和专业精神的社会等多元主体以多种方式或松散或紧密地合作。政府不再兼顾筹资者和服务提供者双重角色,非营利性社会组织与营利性市场组织开始同公共部门以多样化的PPP(Public-Private Partnership)模式合作供给社会养老服务,用以实现社会养老服务提供与递送等全流程效能与效率的切实提升。尽管瑞典、英国与日本的社会养老服务供给角色互动改革的具体形式有所不同,但三个国家从本质上均体现出了西方福利国家以"市场化""异质化""灵活化"以及"去机构化"为核心的社会养老服务体系改革的共性。这个共性就是以减轻政府财政负担、扩大社会养老服务供给、提高社会养老服务质量和服务效率、增强服务对象自由选择权利(服务对象的照护需求具有异质性特征)、强化个人责任以及强调家庭赡养的精神慰藉作用为目标,以服务外包(竞争性公开招标/委托特定机构→签订购买契约)、政府补贴以及税费减免为政策工具,以鼓励与支持社会非营利志愿部门与市场营利性企业组织良性竞争为重要推力,以期形成社会养老服务体系内部的竞争性与非竞争性合作伙伴关系。

从社会养老服务供给侧与需求侧逻辑出发,就供给侧而言,社会养老服务财

第六章 我国城市社会养老服务体系优化路径

力、物力以及人力资源供给的"市场化"改革意味着在引入市场竞争机制的前提下全方位优化社会养老服务资源配置,提高社会养老服务供给效率,提升社会养老服务质量;就需求侧而言,作为社会养老服务需求者的老年公民是充分享有社会养老权利的非同质化即"异质化"消费者,他们因身体健康状况、家庭收入状况、个人认知状况等诸多因素的不同,所需要的社会养老服务需求是异质化与个性化的。由此我们说,政府主导型社会养老服务供给主体多元合作机制基本形成,并且逐渐走向成熟,这一机制在福利国家逐渐向社会主体与市场主体"释放"长期"挤占"的社会养老服务空间的过程中得到完美展现,也即政府主体"双重分权"与社会组织和市场组织等非政府主体"增权"的互动过程。西方福利国家的政府通过运用社会养老服务"契约外包""竞争招标"等政策工具向非营利性社会志愿组织与营利性市场组织"增权",旨在提升专业化养老服务供给能力与供给质量,从而弥补因政府社会服务"边界收缩"而产生的福利有效供给不足;同时通过现金补贴与减免税收的方式向服务对象"增权",旨在增强消费者自由选择服务的能力,以服务对象"用脚投票"的方式促进多元供给主体之间的竞争,进而降低服务提供成本、提升服务提供效率。非政府主体的"参与"即市场主体与社会主体承接政府让渡的部分社会养老服务提供职能,通过政府资金、政策、人才等资源扶持来实现服务供给。这一互动行为不仅改变了传统福利国家"政府包揽式"的社会养老服务供给模式,使得整个社会养老服务供给体系逐渐由一元国家福利走向多元混合福利,当然这其中政府的主导作用功不可没,而且还倒逼着政府通过加强公私合作伙伴的建构以实现社会服务领域治理能力的综合提升,最大限度杜绝社会养老服务问题的治理空白地带。

从社会养老服务多元主体的责任分担逻辑出发,从"政府包揽"到"多元主体分担"是在社会养老服务体系改革"去机构化"与"灵活化"两个导向的相互配合之中得以实现的。基于财政紧缺压力与人性关怀缺失压力的社会养老服务"去机构化"改革实践,重新划分了不同服务资源供给主体的权责边界:政府以"底线关怀"为导向,主要承担残病孤寡以及失能失智等社会困难老年群体的养老服务机构照护服务,身体状况良好的困难老年人则在政府的资助下购买社区居家养老服务;其他社会老年人以"原址安老"为导向,在社区服务支持下进行居家养老,享受低偿或有偿的社区日托服务与上门照护服务,社区为社会养老服务供给主体权责划分改革提供了极好的平台。基于家庭赡养能力不断弱化的社会养老服务"灵活化"改革实践,福利国家政府纷纷建立以家庭照料者津贴制度为核心的家庭支持政策体系,旨在减轻政府养老服务压力的同时充分照顾老年群体的精神慰藉需求,重新确立无法替代的家庭照料责任。社会养老服务多元主体权责再划分,离不开服务资源体系的支撑,其改革成果即形成了以社区服务支持下的居家养老为主轴,辅之以机构养老的新体系。概言之,西方福利国家的社会养老服务体系改革是一个由"市场化""异质化""去机构化""灵活化"组成的"四维推进力量"。"市场化"不断吸收社会资本与市场资本进军社会养老服务供给事业,在竞争中扩大服务供给的同时提升服务质量;"特殊化"充分照顾不同老年人的非同质化服务需求,尽可能赋予不同服务对象更大的自主选择权利;"去机构化"兼顾了经济理性与人文理性,旨在优化养老服务资源配置,给予老年群体更大的人性关怀;"灵活化"旨在恢复家庭照护功能的同时给予老年照护者资金和政策支持。西方福利国家的养老服务实践表明,"市场化"与"异质化"是"去机构化"与"灵活化"的基础,社会养老服务体系改革以服务资源充分有效的供给为前提,这样才有可能实现形成"家庭养老为根基、社区居家养老为主体、机构养老为补充"的新格局。这无疑为我国社会养老服务体系的多元主体权责优化提供了极为有益的经验。

第二节 权利保障:重塑养老服务价值立场

人口老龄化将在很长一段时间内与我国经济社会发展相伴相生,成为发展"新常态"。从这个意义上说,人口老龄化便不再是人口再生产模式现代性变革的必然后果,而是与社会、经济和文化等诸多领域持续性互动,并对社会综合发展产生广泛而深刻的影响。就其本质而言,我们无法用"好"或者"坏"来评判人口老龄化,然而在现行社会经济制度安排下,我国社会显然在人力、物力、财力以及制度安排方面均不具备有效应对人口老龄化所引发的诸多问题的能力,于是我们更容易将人口老龄化视为"危机","谁来照顾银发中国"成为最棘手的难题。事实上,这些"危机"并非单纯源自老龄化这一人口学现象,而是更多源于日益老化的人口结构与现有社会养老服务体系框架之间的不匹配。这意味着现行社会养老服务体系相关制度安排已经难以适应人口老龄化社会不断更新的发展需求,从而使得社会经济综合性发展政策的灵活性调节成为有效应对人口老龄化危机的重要武器之一。较之西方发达国家,我国正在遭遇的社会养老难题是在欠发达的经济水平、不完全的就业形势以及有待于进一步完善的社会保障制度体系下的"未富先老"与"未备先老",这就急需我们建构兼顾社会发展与经济增长的整合型、协调型社会养老制度模式,不断完善与优化我国社会养老服务体系。由此我们说,只有将"发展"这一价值基石有力融入社会养老服务体系的制度安排之中,才有可能使我国社会养老政策不再充当事后干预、应急补救的"消防员",而是为我国经济社会可持续发展建立

第六章 我国城市社会养老服务体系优化路径

可行性制度渠道。这对深处人口老龄化加速期与经济新常态下发展模式转型关键期的中国,意义非凡。就权利维度而言,应当在推广"发展型的成功老龄化"理念、扩展"实有权利"与老年群体发展型"增权"等方面做出努力。我国政府应当大力推进社会养老服务体系价值立场的重新塑造与创新拓展,积极引导形成"老年友好型社会"以及"老年发展型社会"价值追求,并将其作为整个经济社会可持续发展的合理内核。

(一) 发展型社会养老服务体系价值取向

1. 融入"发展"思维的社会养老服务体系

当发展型社会政策理念与社会养老服务融合之后,社会养老服务就具有了发展的功能,政策的发展性要求我国社会养老服务体系应当树立"以老年人为本"的发展理念,切实保障与维护老年群体的合法权益与人格尊严,为老年群体提供适应其基本需求与个性化需求的社会养老服务。

其一,以老年人为本,满足老年群体个性化需求。构建发展型社会养老服务体系,需要兼顾老年群体的基本生存需要与异质性发展需要。有鉴于此,在政府对社会养老服务体系建设投入力度不断加大的背景下,发展型社会养老服务体系应当有效整合社会多方服务资源,协同发挥家庭、社区、机构各自优势,鼓励并支持社会力量与市场力量积极投身于社会养老服务事业,通过引入市场竞争、招标政府采购等"准市场化"政策工具以弥补政府直接提供服务的资金短板与能力短板。以人性化、专业化以及多层次的社会老年照护服务来满足老年群体多样化的服务需求,不失为践行"创新、协调、开放、共享"发展理念的明智之举。与此同时,发展型养老服务政策的落实,也为社会工作者和志愿者开展专业化为老服务提供了发展空间。发展型社会养老服务政策的受众是全体老年人,其发展性特征决定了其具有包容性,即服务政策特别关注弱势老年群体;针对城市残病孤寡的经济困难老年人以及失智失能、半失能的照护贫困老年人,将其作为重点福利照护对象,以其需求为出发点和落脚点,由政府直接或通过购买的形式提供具有救助性和福利性的无偿照护服务;针对生活能够自理、健康程度较好的低龄老人,围绕"就地安老"原则,通过政府购买与自主购买相结合的低偿付费形式,使其享受以生活照料服务、康复护理服务、文体娱乐服务以及健康指导咨询服务等为主要内容的社区居家养老服务;针对收入情况良好并且对照护服务质量要求较高的老年人,主要由社会组织与市场组织以市场化价格提供迎合其需求的高质量、私人化照护服务产品。

其二,保障与维护老年群体的合法权益与人格尊严离不开尊老敬老和谐氛围的社会营造,为老年人安享晚年提供相应政策支持;离不开严格贯彻与执行涉老法律与相关政策法规制度体系要求,切实保障、维护与促进实现老年群体的生存权与社会发展权,与此同时,建立健全老年法律援助与司法救助体系,并以此作为社会养老服务体系运行的强制性保障基础;亦离不开不断强化与提升老年群体维权意识与自我保护能力,这是作为平等的社会成员因其公民身份而自然享有的人身权利与社会权利,这样才有可能维护、保障与实现老年群体的人格尊严、人格平等与合法权益。

其三,充分肯定老年群体为社会做出的发展性贡献,赋予其平等的社会地位。以日本于1963年颁布实施的《老年人福利法》为例,这部法案的立法宗旨与基本理念即"老年群体以其丰富经验为社会建设以及家庭建设付出长足努力,理应受到社会尊重,国家、社会以及家庭有责任向老年人提供各种物质与精神帮扶以保障老年群体的生存权利与社会参与、社会发展权利的实现。并应保障其过上健康而安逸的生活,制定必要的措施,以谋求老人之福利"。这部法案第一次以国家立法的最高级形式对老年群体的社会权利给予确认和保障,如日本政府有责任出资兴建专门为失能失智且经济困难的弱势老年人提供无偿专业照护服务的特别养护机构;责任探索并倡导能够满足居家老年人需求的、共享机构专业化照护资源的、广泛动员社会力量积极参与其中的社区居家养老服务模式;有责任为老年群体积极参与社会发展、充分发挥老年群体认知特长与实践经验以及有意愿再就业的老年群体提供包括社区志愿服务者在内的社会岗位等。老年群体作为家庭发展的建设者、社会财富的创造者,承担着家庭建设与社会建设的双重责任,为微观家庭发展与宏观社会发展都做出了应有的贡献,并且在家庭事务方面以及一些专业技术领域依旧发挥余热,有鉴于此,老年群体理应作为社会发展成果的共享者得到家庭温暖恩泽与全社会尊敬和爱戴。

尽管我们已经熟知发展型社会政策与社会养老服务相融合的重要性、必要性与可能性,但是仍然有相当数量的研究将人口老龄化视为沉重的社会负担,换言之,老龄化程度的日益加深对我们优化社会养老服务体系提出了迫切的要求。就其性质界定而言,社会养老服务体系在宏观层面涉及在人口老龄化社会中如何权衡经济与社会可持续协调发展问题;在微观层面则涉及"以老年人为本"、由谁以及如何为老年群体提供满足其不同层次需求的同时兼顾经济理性与人性关怀的社会照护服务等一系列具体落实问题。因此,从这个意义上说,应对发展型社会养老服务体系的优化选择,不仅涉及具体操作的技术性服务提供问题,更为重要的是,社会养老服务体系优化事关2亿多老年人及其家庭的民生幸福大计与宏观社会经济发展大计,因此涉及包含重要价值判断的战略选择问题。

2."成功老龄化"与"老年友好型与老年发展型社会"

与国际社会积极应对人口老龄化的发展型社会政策理念相联系,我们用"成功老龄化"视野来体现内嵌于经济社会发展宏观进程之中的人口学现象,这意味着我们不再将人口老龄化视为被动满足老年人需求的单项资源供给过程,而是视为"以服务促发展"的涉及全体社会成员共同发展的多方资源互动过程。在"成功老龄化"理念引导下,我们的着眼点不仅仅局限于人口老龄化问题,而是通过"成功老龄化"的实现推动"老年友好型社会""老年发展型社会"的构建。我们不仅关注包括老年人在内的全体社会成员生存需求的满足,而且更加关注包含老年人在内的全体社会成员平等社会参与、平等社会发展的实现与拓展。这就需要我们在微观分析老年群体身心特征、多层次需求特征以及社会发展特征的基础之上,对整个社会物质基础环境与人文发展环境进行宏观全景式评估。社会物质基础环境除了公共区域与建筑设施适老化与无障碍化改造之外,还应当包括老年交通出行安全化与便利化、老年居住环境无障碍化、老年生活社区服务可及化与可得化、机构专业老年照护服务人性化、社会氛围包容化与非排斥化等;人文发展环境则包括老年关怀常态化、社会发展生命全周期化、老年就业促进非歧视化、老年培训公益化等,促进"老年友好型"宏观社会环境与"老年关照型"发展取向的社会养老服务体系以及相关政策支持网络的形成与发展,最终形成"老年友好型与老年发展型社会"。

谈及建设"老年友好型与老年发展型社会",就涉及"建设什么""谁来建设"以及"如何建设"三方面问题。世界卫生组织(WHO)于2006年前后提出"老年友好型城市"建设理念,我国于2009年至2011年启动"宜居型老年社区""老年友好型城市"以及"老年温馨家庭"建设,这些举措使得"老年友好型与老年发展型社会"的内涵更加丰富而具体,更加具有中国本土特色。随着时代变迁与社会发展,在人口流动性不断增强与老年群体社会活动半径不断扩大,加之老年群体生存与发展需求日益多样化的背景下,"老年友好型与老年发展型社会"建设就更加需要尝试突破现行社会养老服务管理体制与服务资源配置的"属地化"界限。有鉴于老年人生活方式日趋丰富、社会阶层分割特征日趋明显、子代与亲代之间代际差异日趋扩大的"新常态",我们所要尝试建构的"老年友好型与老年发展型社会"需要融合发展型社会政策的理念,兼顾老年群体的生存性需求与发展性需求,保障其平等发展与共享社会发展成果的权利,因而"老年友好型与老年发展型社会"更要具备多元化和包容性的特点。"老年友好型与老年发展型社会"的建设包括老年人在内的全体社会成员共同参与,因为我们的社会不仅仅是老年人的社会,也是中青年人的社会,"老年友好型与老年发展型社会"要求我们以"全民共建、全民共享、全民发展、

"全民共生"作为核心价值诉求,赋予作为重要人力资源主体的老年人、中青年人、少年儿童都能够获得广阔的社会参与空间与平等的社会发展权利,为社会建设做出贡献的同时实现自我价值。换言之,"成功老龄化"发展理念的践行与实现意味着建立一个"去年龄化""去阶层化""共享化"的"老年友好型与老年发展型社会",从更深层意义上说,这要求我们把人口老龄化问题的焦点由微观个体扩展至社会宏观整体,将针对老年群体的社会养老服务体系发展融入面向全体社会成员的社会服务体系发展之中,将老年人社会发展局部性环境改造扩展为发展型社会生态环境的优化创新,更加关注全体社会成员尤其是老年群体能力增强、权利落实以及社会参与、社会包容等方面,进而促进人力资本的投资与利用,倡导"反排斥""促参与""促整合"的"老年友好型与老年发展型社会"建设。在"老年友好型与老年发展型社会"建设过程中,我们要防止走向两个极端:一方面要坚决防止排斥、歧视甚至边缘化老年人,有形或无形之中剥夺老年人的生存权利与社会权利;另一方面要避免走入"唯老人是从"的误区,即老年人凭借其资源控制力全权把控社会政治、经济、文化领域的发展方向,使整个社会陷入发展僵局。

3. "成功老龄化"实现的路径探索

就实现以"老年友好型与老年发展型社会"为载体的"成功老龄化"目标而言,我们需要做好一系列的物力人力资源、组织管理体系与政策安排方面的准备,包括政府制定的老年社会福利与社会服务制度体系、政府主导建设的社会养老组织管理体系、政府主导安排的社会养老资金筹集体系、为老年人提供养老金以及津贴的社会养老保障体系、为老年人提供生活照顾与康复护理等社会照护服务的社会养老服务体系、为老年人提供医疗卫生资源与治疗服务的社会医疗保险与服务体系、为老年人提供教育以及社会参与等福利的社会老年发展福利体系、为老年人服务与管理输送人才的社会老年护理人才培养体系等。诸多体系设置与制度安排,在确保老年群体物质生活需求得到满足的同时,兼顾了其个性化服务需求与参与式发展需求,以期在全方位保障与提升老年群体生活质量的同时,增加老年人自我可行能力与社会发展能力实现的机会。

就具体实现路径而言,其一,以促进老年人平等的社会参与与社会发展权利的实现为核心要旨,通过为老年人提供志愿服务岗位、提供就业促进服务以实现老年人力资源有效开发与利用。西方发达国家"成功老龄化"的实践经验显示,老年人社会参与的广度与深度决定了"成功老龄化"的实现程度,要提高"成功老龄化"的实现概率,需要全社会共同参与,为身体健康状况允许的老年人创造尽可能广泛而深入的社会参与条件与机会。老年群体通过社会参与来实现自我价值的渠道是

第六章　我国城市社会养老服务体系优化路径

丰富多样的,如再就业、提供社会志愿服务(如交通义务协管员、戒烟义务宣传员、就医秩序义务维护者等)、担任社区互助养老护理员(如社区活动中心义务护理员)、为社区其他成员提供志愿服务(如担任社区治安巡查员、社区卫生督导员、社区废旧电池回收义务宣传员、社区废旧报纸回收义务宣传员、社区废旧衣物回收义务宣传员等)。相比正式社会再就业形式,以社区志愿服务为主的社会志愿服务对老年群体的吸引力更大,社会志愿服务具有灵活性更强、对老年群体参与限制更少的优势,因而更加有利于老年群体才能的发挥。因此,我们可以将促进老年群体参与社会志愿活动作为践行"成功老龄化"理念的现实方略,在此基础上,不断总结与吸收经验,创立并完善社会志愿服务老年人参与的常态化、稳定化机制,建立以老年社会志愿人才为主体的老年人力资源共享平台,通过定期举办老年志愿者培训、老年志愿者社会交流活动、老年志愿服务知识讲座等灵活多变、喜闻乐见的形式,规范老年社会志愿者队伍的建设与发展,以吸收更多有志于社会志愿事业的老年群体加入其中。

其二,倡导"政府积极主导、老年人积极响应、社会全体积极参与"的主体互动模式,推进实施"成功老龄化"。通过"成功老龄化"的发展型实施方略来积极应对人口老龄化挑战,离不开政府自上而下的强有力的主导性推动作用,但仅仅依靠政府主导也是远远不够的,还需要老年群体作为行动主体的积极响应以及社会各界的积极参与、积极配合。西方发达国家的"成功老龄化"实践经验充分表明,"成功老龄化"实现巨大社会效应的重要前提就是国家层面制定相关行动并推动实施。政府重要的主导性推动作用主要体现在积极宣传"成功老龄化"的发展型理念,积极制定"成功老龄化"全局性推动策略与实施方案,积极制定并推动实施老年群体社会参与支持制度与政策、积极设立"成功老龄化"社区志愿服务项目并积极筹措项目支持资金等。除了政府主导性推动作用,具备条件的老年群体积极响应之外,社区组织、老年群体性组织、社会老年服务机构等社会力量也需要积极投入"成功老龄化""老年友好型与老年发展型社会"的建设之中,作为老年群体的组织力量与凝结力量发挥更大的作用。

其三,去除阻碍"成功老龄化"社会目标实现的"年龄歧视"与"机会歧视",通过社会观念与制度选择的协同创新来为老年群体的社会参与和社会发展奠定公平的基础。西方发达国家的"成功老龄化"实践经验显示,"年龄歧视"与"社会发展机会歧视"为"成功老龄化"目标的实现增加了巨大阻力。在人们的固有观念中,总是将"老年人"与"社会资源消耗者""墨守成规者""僵化思想代言人",甚至与"不中用""老累赘"等颇具歧视性与排斥性的名称相等同。在社会竞争日益白热化的今天,留给老年群体的发展机会无疑是少之又少的,而我们知道观念一旦形成便会在相当长的一段时间内难以自动改变,这就为"成功老龄化"目标的实现增添了一道难以突破的社会观念性壁垒。消除"年龄歧视"与"机会歧视"首先需要全社会以积极的心态去善待和包容老年群体,树立尊老、敬老、爱老的社会观念。老年人作为平等的社会成员,已经为家庭发展与社会建设做出了积极贡献,理应分享社会经济发展的成果,况且人人都会变老,老年只是生命中的一种状态而已。今天的老年人就是明天的我们自己,我们像应当善待自己、善待自己的父母一样善待与包容老年群体,切实践行"老吾老以及人之老"的传统美德。除了社会层面的积极努力之外,国家层面也需要各级政府在强化社会意识形态、推动并细化老年社会福利与社会服务专项立法、出台并实施老年社会志愿服务支持政策与老年就业服务支持政策、开发老年社会融合项目并给予资金支持等方面做出长足努力。不仅如此,老年人个人也应以积极的心态参与"成功老龄化"的实践之中,在生命的不同阶段发挥不同价值,充分把握社会机遇,实现自我。

(二)实有权利扩展与发展型养老权利

1. 实有权利扩展:从"法定权利"走向"实有权利"

我国老年人社会养老权利实现状况与法律规定之间还存在着较大差距,即"实有权利"与"法定权利"并未完全吻合,在养老服务权利的观念化形成与实质性落实之间未能够完全衔接。事实上,社会养老"法定权利"的确认与"实有权利"的实现存在一定差距,法律的颁布与实施并不意味着法定具体权利就能自动实现,从一项法律的颁布、实施到法定权利落实受到多方面因素的影响,因此,"实有权利"的获得是一个复杂而艰难的过程。随着社会文明程度的日益提高,人们越来越关注"实有权利"的现实获得。对于我国来说,关于老年公民社会养老权益的法律规定与实现状况的匹配度还很低,其中关键因素在于各级政府责任的履行程度,作为彰显老年人生存权与发展权的社会养老权利,为老年社会成员提供生活照顾服务、康复护理服务以及社会参与促进服务等,离不开政府与社会各界积极作用的协同发挥。这就迫切需要构建与完善我国社会养老服务的法律保障体系,促使公民社会养老权利从"法定权利"文本规定真正转向"实有权利"现实收益。在新的发展形势下,切实确认、赋予、保障进而促进老年群体的社会养老权利是至关重要的,在此基础上,我国社会养老服务体系有可能实现从家庭化走向社会化、从道义善举走向现代制度化、从消极救助服务走向积极发展服务。就具体路径而言:

其一,确立以"自由养老""情感养老"与"有尊严地养老"为核心的发展型社会养老原则。无论是社会养老的法定权利还是实有权利,存在的前提均是"以老年人

第六章 我国城市社会养老服务体系优化路径

为本"。"自由养老原则"意味着老年群体有权自主选择其晚年的生活方式与养老方式,这是对于老年群体人身自由权与财产自由权的保护以及对老年群体人性尊严的捍卫。作为家庭赡养者,对老年人最好的报答便是尊重和陪伴,不强求、不苛责、多理解、多包容,让老年人生活在轻松、自由而不是小心翼翼、任人摆布的氛围之中。"情感养老原则"意味着老年人的养老需求不仅仅是物质层面的经济需求、生活照顾需求、康复保健需求等,对于老年人来说最重要的莫过于心理层面的情感需求、精神慰藉需求。随着年龄的增加,老年人的心灵孤独感与日俱增,而心灵孤独感的排解与疏导绝非物质帮助所能及,这就需要家庭成员连同全社会为老年群体营造温馨、和谐的养老氛围,特别是空巢独居老年人,在情感上的缺失更为严重,更加需要社会的关爱。随着社会养老服务体系的不断优化,家庭实体赡养服务提供方面的职能将逐渐被社会照护所取代,但家庭为老年群体提供精神慰藉的职能注定是无法被取代的。最新修订的《老年人权益保障法》也突出了"情感养老"的重要原则,并且将"情感养老"升格为老年人社会养老权利的题中应有之义,"家庭成员不得孤立老年人,不得忽视老年人的精神需求;不与老年人共同生活的赡养者有责任经常问候与探望老年人。"应践行"尊严养老原则",尊严作为人权的固有组成部分,理应得到尊重,老年人作为家庭建设与社会发展的主要付出者,理应得到尊重。让老年人有尊严地安老是一个国家社会文明的重要标志以及一个民族道德风尚的重要指标,"尊严养老原则"常常外化为尊重老年人的生活方式与养老方式选择,支持与鼓励老年人的社会参与行为以及促进老年人自身价值的实现。

其二,完善层次多样、内容多元的社会养老服务资源供给体系,以不同社会养老方式组合形式适应老年群体不同需求,最大程度保障老年群体社会养老实有权利的实现。在我国人口老龄化进程不断推进的今天,家庭老年人赡养能力的逐渐弱化与老年人养老服务需求的不断增长之间的矛盾日益尖锐化,传统"养儿防老"模式已经无法承担全部的养老服务需求,老年群体的养老服务一部分外化为社会养老服务。换言之,老年群体的社会养老权利实现需要家庭服务与社会服务协同、充分以及有效供给才有可能得以落实。必须指出的是,家庭养老在老年人精神慰藉方面的作用是任何形式的社会养老服务均无法替代的,因此无论在任何时代,只要家庭存在,家庭赡养老年人的责任与形式就必将继续延续。社区服务支持下的居家养老模式充分结合了居家养老和机构养老的优势,是指老年人不离开熟悉的家庭和社区就能够享受由社区提供的生活照顾以及康复护理等上门服务或是临时托养服务,与此同时还能够就近就便地享受家人提供的精神慰藉温暖。在家庭赡养能力日渐弱化的今天,社区居家养老服务作为兼顾专业化照护与人性化关怀的模式成为广大老年群体的选择偏好,在社会养老权利实现方面确实功不可没。社区居家养老服务以其"亲民化"特质备受老年群体欢迎,然而社区居家养老模式要想最大限度地发挥作用离不开规范化的建设实施,政府有关部门除了制定与出台社区居家养老服务规划、兴建社区居家养老服务设施、投入财政资金购买社会力量提供的社区居家养老服务之外,还应当在建立社区居家老年人信息共享平台、规范与监督服务供给流程、通过业务培训等途径提升社区居家养老服务者素质、整合社区周边医疗资源与机构照护资源等协同发挥作用、培育社会组织承接服务供给的非依赖性、组建社区服务志愿者队伍等诸多方面下大力气。机构养老作为家庭养老和社区居家养老的有益补充,能够为自理老年人和失能半失能以及失智等生活自理有困难、家庭成员与社区无法为其提供专业化照护服务的老年人提供生活照顾服务与专业化社会康复护理服务,但是机构养老往往对老年人的精神需求重视不足。对于机构养老服务如何能够更好地保障老年人社会养老权利,我们认为机构应当走小型化、社区化、连锁化、人性化与规范化路线,即日本近年来流行的"设施居家化"与"居家社区化"相结合;与此同时,加大政府对机构养老服务行业的监管,完善与更新社会养老服务机构建设与服务质量评估标准、机构养老服务人才培养与评估机制、养老服务机构人性化管理机制,鼓励并支持民间社会资本兴建非营利性社会养老服务机构等,多管齐下,发挥养老服务机构的重要作用,以保障老年群体社会养老权利的全方位实现。

其三,畅通老年人社会养老权利的法律救助渠道。社会养老权利由"法定权利"上升为"实有权利"不仅离不开政府主导的社会各界积极努力,更为重要的是,必须有国家强制力对老年人社会养老权利遭到侵犯时的法律救助行为给予保障。老年人作为社会弱势群体,其社会养老权利很容易受到或明显或隐蔽的侵犯甚至剥夺,为此强化老年人社会养老权利的法律援助就显得必要而重要了。我们首先应当为老年人社会养老权利的诉讼开辟无障碍的法律援助通道,除了老年人自行前往司法部门的法律援助中心求助之外,司法部门还可以在社区老年人服务中心设立专门的诸如"司法援助咨询窗口"类的便民诉讼机构,派遣专人或具有法律专业资质的社区工作者接待老年人的维权咨询或求助诉求,也可以依托城市街道以及社区设置"社区便民诉讼联络员"与"社区人民调解员"岗位。对于老年群体的援助诉求认真登记并实行动态管理,适时建立庭外"委托调解制度",对于普通家庭纠纷性质的养老权案件,司法部门可以委托"社区便民诉讼联络员"与"社区人民调解员"进行内部调解,并且由社区工作者出面协调;对于符合法律援助规定的案情较为严重的纠纷则申请移交司法部门进行优先、快速处理,特别是针对健康状况较差、行动不便的老年人灵活实行"上门开庭",尽最大可能保障老年人权利,为老年群体的维权行动提供更加便捷的服务。除此之外,我们还应当在条件允许的情况下实行涉老权利诉讼的费用减免机制,特别是对残病孤寡的民政对象类社会困难老年人,应当为其提供免费司法救助服务;对家庭经济条件比较困难且身体状况较差的老年人,酌情减免诉讼过程中产生的费用。

2. 发展型养老权利:老年群体"增权赋能"

尽管说我们已经意识到老年人养老权利从"法定权利"上升为"实有权利"的重要性与必要性,但这些大都停留在理念或者说理论层面,具体到实际中,老年人的养老权利大多与物质性、生存性的"经济保障"与"制度保障"紧密相关,而对于涉及老年人社会参与、社会发展的"增权"(empowerment)问题并未给予重视,但是我们知道无论是实现"成功老龄化"的发展型目标抑或建构"老年友好型与老年发展型社会",都离不开老年群体的"增权赋能",都离不开老年群体生活质量与心理状态本质性的优化。遗憾的是,现实中由于缺乏关于老年人"增权赋能"方面的有效推动策略与关键性实施举措,使得我国老年人在整体上的社会参与度偏低、社会发展能力偏弱,老年群体的生活质量与心理状态并未得到本质上的提升,甚至在某些极端情况下还有所下降。在发展取向的思维分析框架中,"权利保障"是核心概念之一,社会养老权利的确认与实现彰显了社会养老服务的价值立场。老年群体作为社会弱势群体,他们因生理衰老与所能拥有的社会资源衰减而容易遭遇"照护困境"与"社会参与和社会发展困境",这就需要政府与社会各界为其提供物质保障与服务保障的同时,充分重视并保障老年群体作为平等社会成员而应当拥有的发展性权益。与生存型社会养老服务的提供相比,发展型社会养老服务的提供更为复杂、难度更大,这就更加需要我们将老年群体"增权赋能"事业纳入社会养老服务体系的优化措施当中,通过推进相关发展型政策的制定与有效实施、推动各项发展性保障措施全面到位等举措,切实改善老年群体的生活状态与社会发展状态,在实现"老有所养"的同时实现"老有所成、老有所得"。

在发展型社会政策、"成功老龄化"理论视域下的老年人"赋权",就是要将老年群体作为社会人力资本进行投资,赋予其平等发展权利的同时,促进其"权能"增长。社会养老服务体系的优化非常强调提供有益于老年群体"增权"的发展型服务,这在提升老年人发展权利与发展能力的同时,也有益于实现社会公平公正与包容和谐。在社会竞争日趋白热化的今天,老年人常常遭遇"家庭歧视""年龄歧视""社会参与歧视""社会资源获取歧视""政治参与歧视""在涉老制度制定中话语权缺失"等,这些现象甚至已经悄然成为"社会新常态"。在诸多歧视的共同作用之下,老年群体对个体生活、家庭生活以及社会生活的自由选择权利与控制权力逐渐弱化甚至消失,一些老年人由于年老等诸多原因无法得到家庭成员的理解与支持,导致家庭地位迅速下降,一些从事重要管理岗位的退休老年人因各种社会歧视而被迫荒废宝贵的管理经验与超凡的管理能力,无论是老年人曾经擅长的家庭生活能力还是社会发展能力,在他们遭遇长期歧视与冷落之后都逐渐弱化,无法正常发挥作用,极易造成老年群体挫败感、失落感与无力感的大量产生,这无疑会使老年人身心健康状况急速下降。这说明充分开发与利用老年人力资源是极其必要且迫切的。我们可以通过"增权赋能"的有益途径来消除诸多老年歧视、畅通老年群体旨在实现自我的多样化社会参与渠道。具体而言,对老年群体进行"增权赋能"就是要通过发展型社会养老服务的提供、发展型老年人社会参与平台的搭建以及老年友好型社会氛围的营造,来重新树立老年群体内心的获得感与自信心,重新建立老年群体被削弱或被剥夺的自由选择权利,重新提升老年群体逐渐弱化甚至消失的发展能力,充分调动老年群体以积极心态重新参与家庭建设与社会建设的主动性,赋予老年群体更多的社会参与机会,从而使老年群体真正获得发展权利,获得自我发展能力的提升。对老年群体进行"增权赋能"的核心是挖掘老年群体自身的内源性发展欲望与发展潜能,再辅之以外源性权益保障、资源提供、服务提供等,内外作用相结合,最终实现老年群体持续性"增权赋能"之目标。

发展型社会政策理论以及发展取向的"积极老龄化""成功老龄化"理念均内在地包含着赋予老年群体平等的社会养老权利以及社会发展权利,对老年人力资本进行社会积极投资等核心要义。具体来说,向老年群体"增权赋能"意味着增力老年群体的生活自由选择决定权利与社会养老服务获得权利,增加老年群体的社会参与与社会发展权利,增强老年群体的政治参与权利与涉老政策制定的话语权,提升老年群体生存能力与发展能力,旨在重新激活与培养老年群体潜能,促进其社会获得感与满足感,减少社会排斥与社会不平等,进而实现社会公平公正。"宪法和法律赋予每位社会成员平等的公民身份,这不仅意味着法制层面的公正与平等,更应当是实有权利、实享权利的公正与平等。"不仅如此,促进老年群体"增权赋能"也是完善社会养老保障制度、优化社会养老服务体系的必然要求。有鉴于此,在"政府大力主导、社会积极参与"原则指导下,老年人个人、老年人家庭、社会非营利组织、市场营利组织以及政府公共部门都应当自觉履行为老年群体"增权赋能"的社会责任,这就迫切需要政府和社会各界形成合力,不断完善社会养老服务支持下的自主选择式养老模式,畅通老年群体意愿表达的政治参与渠道与健全政府有关部门对于老年群体的诉求"响应—反馈"双向互动机制,搭建老年人社会参与的有效平台等,将老年人"增权赋能"的发展型需求落到实处。

其一,完善社会养老服务支持下的"自主选择导向"养老模式,增加老年人对生活方式与养老方式的自由决定权。向有照护服务需求的老年群体提供适应其需求

第六章　我国城市社会养老服务体系优化路径

的社会照护服务固然重要,生存保障取向的社会服务支持固然有助于老年群体摆脱因身体功能衰退与疾病所导致的自理功能受限困境,然而仅仅依靠这些难以实现真正意义上的老年群体"增权赋能",还需要不断激发、调动与培养老年人的内在潜能,使其获得自主选择生活方式与养老方式的能力,这同样离不开老年群体与周围社会环境之间的紧密互动。发展取向的自主选择导向的养老模式促使老年人积极解决生活中遇到的问题,或者在劳动过程中增加自身效能感,进而实现自我价值,获得心理满足感。可以认为,自主选择导向的养老模式是政府与社会力量协同为老年人提供条件,在家庭赡养服务、社区养老服务以及机构养老服务的支持下,凭借自己的能力和努力来满足生活需要、实现自我价值,日本"老幼复合型养护设施(机构)"堪称自主选择导向的养老模式的典范。在日本,"老幼复合型养护设施(机构)"很普遍,日本社会学界普遍认为,"老幼复合养护设施(机构)"的设立与有效运营显然是"多赢"之举,通过为老年群体和少年儿童创造相互接触、增进了解的机会,不仅有助于少年儿童培养尊老意识、积累生活常识、增进对传统文化的认知与了解以及增强社会适应能力,而且老年人通过对年轻一代的照看与交流容易获得精神上的愉悦与心理上的满足,享受天伦之乐有益于老年群体身心健康的同时有助于实现"老有所为""老有所得"以及"老有所乐"目标。这一做法值得我们借鉴与尝试。

其二,畅通老年群体意愿表达的政治参与渠道与健全政府有关部门对于老年群体的诉求"响应—反馈"双向互动机制,培养老年群体社会主体意识的同时,增加老年群体的社会话语权。简言之,就是要使老年群体与政府之间的双向沟通渠道保持畅通,作为老年群体一方来说,涉及"表达什么"与"如何表达"的问题;而作为政府一方来说,则涉及"如何回应"与"如何评价沟通结果"的问题。老年群体"表达什么"即是老年群体的意愿表达内容,这个问题涉及老年人生活的方方面面,可以是生活中遇到的难以解决的麻烦,也可以是政策实施过程中遇到的困惑;对于涉老法律、涉老政策的制定与实施,尤其需要注意法律服务对象、政策目标受众的真实需求。老年群体"如何表达"就是老年人通过什么渠道来表达意愿,即意愿表达渠道。老年群体意愿表达渠道包括三种:一是社会表达渠道,即老年群体通过原所在就职单位的退休管委会或现居住社区居委会等相关部门以口头或书面的形式,自下而上反映问题、表达意愿。二是官方表达渠道,即老年群体通过政府有关部门设立的群众信访部门、信访办公室以口头或书面的形式反映问题,表达现实诉求。三是政治表达渠道,即老年群体向基层人大代表以及基层政协委员以口头或书面的形式反映问题,表达现实意愿。与此同时,除了畅通老年人的意愿表达渠道之外,我们还应当确保意愿表达渠道的制度化,应当以正式制度的形式将意愿表达权利、意愿表达渠道以及意愿表达程序等确立下来,避免出现临时性、随意性、间断性等影响表达渠道畅通的因素出现。政府"如何回应"意味着政府要建立健全老年群体意愿"回应—反馈"机制,保证老年群体的意愿表达是个完整的"闭合回路"而非单向表达无回应的"单向输出"。以老年群体参与涉老政策的意见征集为例,政府有关部门需要在政策制定与实施过程中充分考虑老年群体正当利益诉求,并且将其落实到政策制定与执行之中,确保涉老政策的受众靶向性与实施有效性,避免政府信任危机。具体来说就是要建立政府有关部门深入基层了解老年群体实际需求的常态化调研机制,只有全面了解与掌握老年群体的实际需求与实际问题才有可能准确把握政策制定方向,才有可能及时为老年群体排忧解难。政府"如何评价沟通结果"意味着在政府涉老部门的评价考核体系中应当涵盖老年群体的评价意见,将老年群体对于诉求回应与反馈的满意度指标列入政府部门科学的绩效评价体系之中,并且向上级主管部门与社会公众及时公开评价结果,以切实推进老年群体意愿表达与政府部门"回应—反馈"双向沟通渠道的畅通无阻,在培养老年群体社会主体意识的同时,提升老年群体的社会话语权。

其三,政府主导搭建老年人社会参与的有效平台,增强老年群体自我实现的可能性。政府部门应当以"优势视角"而非"问题视角"重新审视老年群体,应当更加关注老年群体的内源性潜能以及他们所具备的优势资源,积极搭建老年人社会参与、社会发展的有效平台,激活与发掘老年群体的能动性与创造潜能,提高老年群体自我实现的可能性。老年群体的社会参与、社会发展应当以"量力而为、自愿参与"为首要原则,在老年群体自身健康状况允许并且符合其意愿的前提之下,鼓励、支持并引导老年群体从事社会志愿服务以及再就业等。具体而言,结合老年人退休前所从事职业的特性,根据老年人所具有的特长、能力以及经验,为老年群体再就业提供支持性服务。比如,政府有关部门投入专项资金或吸引社会资金设立老年再就业开发项目,吸引有就业意向的精英老年群体加盟。除了正规再就业途径之外,老年群体还能够以"老年社会志愿服务者"的形式实现社会参与,比如,作为交通义务协管员、戒烟义务宣传员、就医秩序义务维护者等提供社会志愿服务,作为社区治安巡查员、社区卫生督导员、社区废旧电池回收义务宣传员、社区废旧报纸回收义务宣传员、社区废旧衣物回收义务宣传员等为社区居民提供志愿服务等。相比正式社会再就业形式,以社区志愿服务为主的社会志愿服务对老年群体的吸引力更大,社会志愿服务具有灵活性更强、对老年群体参与限制更少的优势,因而更加有利于老年群体才能的发挥。

第三节 制度安排:构建发展型社会养老服务制度体系

就充当社会养老服务体系支撑系统的制度安排而言,就是要建构符合我国发展现状与发展需求的、具有中国本土特色的发展型社会养老服务制度体系,这要求我们合理设定并且妥善协调社会养老服务体系建设与发展的阶段性目标与总体性目标,使得社会养老服务制度体系具有发展性、积极性、可持续性以及连续性特征。社会养老服务制度体系不仅应该能够满足当代老年人的生存型与发展型需求,而且应该能够实现为全体社会成员进行"事前干预型"人力资本投资,这不仅是发展型社会政策、积极老龄化与成功老龄化的内在要求,亦是将我国社会养老服务体系融入经济社会发展全局的重要战略举措。发展型社会养老服务制度体系的构建是一项复杂的系统性工程,需要宏观层面的顶层设计、政策制定与资金筹措,中观层面的体制配套、社区支持以及微观层面的人才培养、社会组织培育等各项机制整合运行才有可能实现。与此同时,发展型社会养老服务制度体系还应当在家庭老年赡养能力逐渐弱化的背景之下,对家庭给予重视与支持,支持现代家庭在社会养老服务体系中发挥无法替代的经济供给与精神慰藉作用。发展型社会养老服务制度体系可以通过阶段性目标与总体性目标的统一、再分配功能与投资性功能的整合,最终形成融合家庭、政府公共部门、社会非营利组织以及市场营利组织各自优势的多元合作关系之上的中国特色的发展型社会养老服务制度体系。

(一)制度资源整合:发展型社会养老服务制度要素集聚

社会养老服务需求随着老年群体年龄增长、生理机能衰退状况与心理状态变化情况改变的,体现出阶段性与异质性特征。基于我国人口老龄化现状与社会经济发展实际,我们可以构建基于要素整合的、兼顾老年群体生存与发展诉求的"发展型社会养老服务制度体系",以满足老年群体日益增长的社会照护服务需求。之所以称之为"发展型社会养老服务制度体系",是因为社会养老服务制度体系中包含丰富的发展性内涵,除了常规的老年群体日常生活照顾服务、康复护理服务以及临终关怀服务等内容之外,还涵盖老年群体的健康管理、老年群体疾病预防与保健、老年群体心理健康档案建立与咨询、"积极老龄化""成功老龄化"导向的讲座开展以及老年志愿者培训与岗位安排、老年就业支持等服务,切实为提升老年群体生活品质、促进老年群体社会参与和社会交往、减少老年群体社会排斥感与精神孤独感、实现其老年阶段人生价值提供有益支持和帮助。与此同时,我们还应当致力于大力弘扬"敬老孝亲"传统美德的社会氛围引导与建设,减少直至消除老年歧视现象,为尊敬老年人、关爱老年人、与老年人共同分享社会发展成果营造和谐与包容的社会氛围。老年群体社会照护服务需求的满足依赖于在社会养老服务体系框架之内,围绕"以老年人为本"、构建"老年友好型与老年发展型社会"以及"成功老龄化"等目标,进行社会养老服务制度建设相关要素的有效整合与合理化配置。具体而言,发展型社会养老服务制度资源主要涵盖老年照护服务内容、老年照护服务提供方式、老年照护服务管理、老年照护服务技术要素以及老年照护服务文化资源。这些制度要素资源无法单独发挥有效作用,需要进行高效整合,在此基础上发挥制度资源的优势集聚效应,进而实现我国发展型社会养老服务制度体系的效能发挥。

就老年群体社会照护服务的具体内容而言,需要进一步完善涵盖"助餐助洁助行助浴助急"以及代理购物等老年群体生活照顾类服务、康复护理类服务、情感陪伴与精神慰藉服务、临终关怀服务、法律维权服务、老年娱乐休闲服务以及社会参与社会发展支持性服务等的多样化发展型社会养老服务制度内容体系。老年群体对社会照护服务的广度与深度即需求种类与需求程度随其年龄增长、身心衰老程度呈现出规律性变化趋势,这就迫切需要我们针对不同年龄阶段、不同身心健康状况的老年群体随时变化的异质性需求,通过多样化举措为其提供个性化的社会养老服务。我们通常认为,65岁以下的"低龄老年人"一般对生活照护类服务的要求不是很高,低龄老年群体大多数身心健康状况良好,能够完全自理、完全自由行动,并且能够拥有自己的社交网络进行正常的社会参与和社会发展,"低龄老年人"对社会参与和社会发展支持性服务的需求明显强于其他年龄段的老年人。65—75岁的"中龄老年人"对情感陪伴与精神慰藉服务的需求明显增加,随着年龄的增长,老年群体的失落感与孤独感与日俱增,因而精神慰藉类服务对于这个阶段的老年人是至关重要的;除此之外,"中龄老年人"对法律维权服务、老年娱乐休闲服务以及社会参与和社会发展支持性服务也有一定需求。75—85岁的"中高龄老年人"除了情感陪伴与精神慰藉服务需求之外,逐渐开始增加对包括陪同就医、代理取药、就医咨询等服务在内的康复护理类服务需求,"中高龄老年人"对老年娱乐休闲服务以及社会参与和社会发展支持性服务的需求开始下降。对于85岁以上"高龄老年人",除了提供日常生活照顾、非治疗性康复护理服务之外,还需要针对其心理承受情况进行个性化临终关怀服务,让高龄老年人幸福而坦然地面对死亡直至有尊严地死去。

就老年群体社会照护服务提供方式而言,构建发展型社会养老服务制度体系需要进一步构建起以家庭为核心、社区为载体与社会养老服务机构为有益补充的多元主体多维度合作供给社会养老服务的发展格局。对于绝大多数老年人而言,

第六章 我国城市社会养老服务体系优化路径

社区服务支持下的居家养老服务是其兼顾经济因素与情感慰藉因素的两宜选择。我们所倡导构建的"社区居家养老服务综合体"无疑是适应老年群体发展型社会养老服务需求的有益之举,在社区居家养老服务综合体中,居家老年人可以享受由社区照护者或者与社区具有合作关系的机构专业照护者提供的上门服务,或是在社区日间照料中心接受专业化照护服务,"原址安老"的养老模式在解决老年社会照护服务难题的同时充分考虑到老年群体的特殊情感需求,并且不切断老年群体的社会交际网络,使老年群体的照护需求得到满足的同时为老年人提供幸福快乐的养老体验。对于身体健康状况较差、自主生活能力基本消失的失能半失能与失智老年人,无法在家庭得到有效赡养的情况下,专业化机构养老服务是其理性选择。专业化社会老年照护服务机构因其院居模式而饱受人性化缺失的诟病,有鉴于此,社会养老服务机构的社区化、小型化以及连锁化应当是其发展趋向。在此基础上,还要不断优化养老服务机构的资源配置结构,扩充护理型床位建设,配备专业素质过硬的护理专业人员,以"公办民营"与"民办公助"的资源互补型模式取得长足发展,满足更多有支付能力的老年群体的专业化社会照护服务需求。

就老年群体社会照护服务的管理而言,构建发展型社会养老服务制度体系需要进一步从优化服务资源配置、监控服务供给流程以及保证服务供给质量三个方面进行改善与强化。应基于我国社会养老服务体系的发展现状,我们需要以发展性、全局性眼光科学规划社会养老服务机构(包括社区居家养老服务中心、日托机构等)的地理区位选择、基础设施建设、数字化信息共享平台建设、专业照护人力资源配置、资金筹措等诸多要素,以老年人的实际需求为出发点和落脚点,根据老年群体实际需求合理调整社会养老服务资源的城乡布局、地域布局、社区与机构布局,进而实现社会养老服务资源的合理配置与高效利用。除此之外,还需要严格控制社会养老服务供给与递送的全流程,特别是对于政府组织购买社会组织与市场组织社会养老服务进行基于合作契约的全流程监管,以确保有限的社会养老服务资源能够适应老年群体的需求。不仅如此,还需要将社会养老服务的供给过程、质量监督过程、绩效评估过程通过相关法律法规的制定与实施、制度化指标体系的构建、规范化运营机制的引入、质量考核系统的构建等途径推向制度化与规范化的发展轨道。

就老年群体社会照护服务所涉及的新技术而言,构建发展型社会养老服务制度体系需要充分运用"互联网+"背景下先进的现代通信技术、智能网络信息共享技术与发达的物联网技术等,努力探索并尝试建设老年人社会照护服务的"老年照护服务联网"。"老年照护服务联网"旨在将机构养老服务与社区居家养老服务以社区为平台有机整合,协同发挥各自优势,以实现资源优势互补。社会养老服务供给过程中的供需双方在"社会养老服务需求与供给数据信息共享平台"中能够自由进行供需精准匹配,在此基础上,以老年护理服务保险基金与公共财政相关护理补贴为保障,织就一张覆盖全体社会老年人、兼顾老年群体生存与发展需求的"老年照护服务联网",以实现不同社会养老服务资源之间、社会养老服务资源与老年需求者之间以及老年群体之间的紧密连接,进而实现资源整合与信息共享。

(二)"就地安老":发展型社会养老服务制度体系目标设置

1. "就地安老"与"社区居家化"的逻辑理路

提到社会养老服务制度体系目标设置,我们自然会想到"居家—社区—机构"的"基础—依托—补充"目标以及京沪两地分别倡导的社会养老服务体系建设"9064"与"9073"目标。仔细研究这两个"目标"不难发现,这种具体化的文字与数字描述仅是作为体系建设的原则性表述,而非真正的制度定位。如若继续将这种模糊的原则性表述视为社会养老服务体系建设目标,用于指导具体实践,无疑会使体系建设陷入混乱甚至僵局,大量的社会养老服务资源将面临低效率使用危机甚至被浪费。基于不断深化的人口老龄化现状,我国将于21世纪中叶前后迈入65岁以上老年人口占总人口比重超过25%的"超老龄社会",因此,制定并实施发展型社会养老服务制度势在必行。准确定位这一制度目标是客观合理进行制度设计的前提,这个目标就是"社会养老服务社区居家化"或称"就地安老""原址安老""在地老化"(aging in place),即使老年群体无须离开其所熟悉的家庭或社区就能够就近就便地享受到与其个性化照护服务需求相适应的社会照护服务。社区居家化导向的社会养老服务的实现形式多种多样:可以由社区组织的照护人员上门为居家老年人提供生活照顾、康复护理、情感陪伴等照护服务;居家老年人也可以在社区日间托养机构享受专业化的社区机构照护服务;社区组织还可以与周边的社会养老服务专业机构或社区内的小型社会养老服务专业机构进行资源共享式合作,从而使身体健康状况不甚良好的失能半失能老年人居住在家中也能够享受到社区网络支持下的专业化机构照料服务,实现"设施居家化"。这种就近就便的社区居家养老服务,不仅能够充分兼顾老年群体的情感需求与专业化照护服务需求,而且还能够有效降低家庭与社会的照护成本。发展型社会养老服务制度体系正是基于"成功老龄化"的理念并且力求实现"就地安老"目标,这不仅对于我国社会养老服务体系的未来发展至关重要,而且对于老年群体增进晚年生活幸福感更是至关重要。综上,我们需要在政府有关部门的积极主导下,在"就地安老"理念引导下,为居家老年人提供有力的社会照护服务支持,建立发展型社会养老服务制度体系;与此同时,通过社区支持服务的提供切实强化家庭的老年赡养功能。具体而言,发展型社会养老服务制度体系的构建基于以下两条逻辑理路:

其一,"社区居家养老服务"应当作为一个不可分割的整体来发挥资源整合的协同性优势,打破现行制度中将"居家养老"与"社区养老"相分离的模式。社区居家养老服务就是将社区支持服务(包括上门服务、临时日托服务、喘息支持服务等)与居家照护服务有机结合。西方福利国家进行的"由社区照顾"(care by community)的实质就是"社区居家养老服务"。发展型社会养老服务制度应当为有照护服务需求的老年群体提供内容丰富、可持续性能够得到保障并且在老年群体支付能力之内的生活照顾服务、康复护理服务、情感陪伴与精神慰藉服务。需要注意的是,社区居家养老服务充足且可持续的提供对于社区照护服务从业者而言是一种不小的挑战,专业照护服务人员需要在老年护理类知识储备、经验积累、职业修养以及敬老情怀方面不断深化学习。

其二,发展型社会养老服务体系应当与医疗卫生体系中的非治疗性康复护理资源有效整合,强化非治疗性的护理专业资源在社会养老服务体系中的合理配置。人口老龄化并非"罪魁祸首",人口老龄化危机的根源在于"未备先老"与"未富先老",即缺乏有效应对人口老龄化的配套措施才是极其危险的。我国现行医疗卫生服务体系资源规模不足、配置层次单一,社会公众普遍面临着"就医贵、就医难"的困境,如若使本就发展艰难的医疗卫生服务体系再背负"社会老年照护服务"的重担,那么我国医疗卫生服务体系将面临崩溃的风险。从这个意义上来说,与西方发达福利国家所不同的是,受制于我国极其紧缺的医疗卫生服务资源,我们国家的老年人几乎没有资格经历"社会性住院"的阶段。但是如若缺乏结构完整、层次多样的以非治疗性康复护理服务与生活照顾服务为主的社会老年照护服务体系(也即基本社会养老服务体系),尤其是患有慢性疾病等急需康复护理服务的老年群体身体健康状况将很难得到保障。由此看来,我们需要将医疗卫生服务体系中的非治疗性康复护理资源与社区老年照护服务资源紧密结合,社区基层医疗服务机构中的专业护理人员应当主动为本社区内有照护服务需求的老年人提供康复护理类专业服务,尤其关注社区内高龄独居且生活困难的失能失智老年人。

2. "就地安老"目标实现路径

就实现"就地安老""社区居家化"目标而言,可采取以下措施:

其一,制定并实施"以家庭为核心立足点、以社区为重要依托、以机构为有益补充"的"老年健康型—老年友好型—老年发展型"社区建设计划。按照"就地安老"目标,发展型社会养老服务制度体系的"发展取向"体现在针对社区居家老年人提供"生命全周期化"的照护服务,这亦是发展型社会政策理论引导下的"积极老龄化""成功老龄化"所倡导的。这就意味着发展型社会养老服务制度体系要做全生命周期的前后延展:发展型社会养老服务制度体系向前延展意味着在社区组织的支持下与社区卫生服务机构、老年专业护理服务机构进行资源"超链接",在专业护理人员与社区照护人员的帮助下做好老年群体的健康管理与慢性疾病预防服务;并且对其家庭成员进行老年专业照护服务方面的知识普及式培训,使老年人及其家庭在有准备的情况下从容应对照护难题,力求实现"有备而老"与"从容安老"。发展型社会养老服务制度体系向后延展意味着在社区组织的支持下与能够提供临终关怀服务的社会组织进行资源"超链接",在专业社会工作者的帮助下,使老年人有尊严地面对死亡,家庭成员从容地接受死亡。发展型社会养老服务制度体系全生命周期的延展意味着需要老年人家庭、社区组织、社会养老服务机构三个不同载体实现以服务资源为核心的功能互补型整合,除了常规性提供生活照顾服务、康复护理服务、情感陪伴与精神慰藉服务以及社会参与性支持服务、家庭赡养支持服务以外,还有预防性健康管理服务以及前瞻性临终关怀服务等,一系列社区居家照护服务在生命全周期之内形成一个完整的"服务连续系统",旨在"守护"老年群体的生命全周期。

其二,树立发展型养老理念,推动社区服务体制改革与优化,以实现"就地安老"制度目标。我们首先要树立"社会养老服务并非是失能失智老年人的专属服务,而是引导退出生产一线的老年群体积极享受晚年生活的发展型规划"的"积极老龄化"与"成功老龄化"思维,这亦是发展型社会养老服务制度体系的题中应有之义。发展型社会养老服务制度体系除了能为老年群体提供常规性照护服务之外,还引导老年群体积极进行社会参与、自我健康管理与疾病预防,借力于社区多样化服务激发生命新活力。其次要对投入小、规模小的"经济适用型""社区嵌入式小微养老服务机构"树立正确、理性的态度,破除"大型养老机构才具备提供专业规范性照护服务资质"的思维定式。随着社会养老服务"社区居家化"发展趋势,"社区嵌入式小微养老服务机构"有望成为面向社区居家老年人提供专业照护服务的主要力量。与英国社区照料中的"社区老人护理院"功能相类似,"社区嵌入式小微养老服务机构"不仅可以为社区居家老年人提供上门服务,还能为老年人提供院居服务与短期或日间照料等灵活性照料服务,极大地适应了社区居家老年人就近就便获取服务的需求。我们除了要树立积极的养老服务观念,建设经济适用型社区居家服务设施之外,对于发展型社会养老服务制度体系建设来说,离不开科学合理的社区管理体制与运行机制的设置。对比,可以在民政系统与城市街道综合管辖之下的社区管委会内部设立"社区养老服务管理中心",在社区层级发挥社会养老服务管理职能，主要负责社区养老服务规划制定、养老服务数据管理、组织整合社区内部各类服务资源、配置照护服务人员、对服务机构与服务设施进行监督管理、为残病孤寡困难以及高龄独居失能老人发放护理补贴、为家庭老人赡养者提供喘息服务、对社区范围之内的社会养老服务具体事宜进行综合管理。不仅如此，"社区养老服务管理中心"还需要积极支持家庭，为家庭提供力所能及的支持服务；链接整合社区医疗卫生资源，以期为社区老年康复护理服务提供专业资源；积极动员社区志愿服务资源，以期为社区服务储备人力资源，进而促进家庭、社区、机构、志愿者组织形成"社区服务网络"，以网络服务优势为实现"就地安老"目标作出贡献。

其三，设定科学合理的发展型社会养老服务制度体系运作机制与管理流程，全面促进"就地安老"制度目标的实现。我们需要在"社区养老服务管理中心"的积极主导以及社区老年人的积极配合下，在社区老年人数据信息共享平台与大数据监测体系的技术支持下，全面收集整理全体社区老年人的各类信息数据并建立社区老年人的家庭档案，针对社区老年群体的照护服务需求种类、身体健康状况（自理老人、介助老人、介护老人、特护老人）、家庭赡养能力、家庭经济状况等指标进行综合性分析与评估，以便精准核算照护成本以及精准分配照护服务资源，确保社区内有照护服务需求的老年人都能够获得与其需求相适应的照护服务。针对身体健康状况良好以及轻微失能的基本能自理老年人，应当鼓励并支持他们积极走进社区，积极参与社区活动，在社区居家养老服务中心、社区老年活动中心感受社区温馨氛围；针对需要介助服务或介护服务的失能半失能与失智的居家老年人，社区应当为其提供上门专业康复护理服务与生活照料服务，在需要时为其家庭赡养者提供喘息式服务；针对需要介护服务以及特殊护理服务的重度失能、重度失智老年人，则应当在社区服务支持下选择专业化社区内嵌式小微养老服务机构或是大型社会养老服务机构享受更为专业的护理服务。

（三）发展型社会养老服务制度重要着力点

尽管老年人的社会养老服务供给不再仅仅是个人事务或家庭内部事务，"就地安老"目标需要社会多个部门协同参与、聚力合作才有可能实现，但就目前而言，老年群体能够从家庭以外获得的支持性社会养老服务仍然非常有限。从老年群体的整个社会养老服务支持网络来看，以政府部门为代表的公共部门、以营利性企业为代表的市场部门和以非营利性社会服务机构为代表的社会部门在社会养老服务的供给层面都存在一定程度上的"缺位"与"错位"，进而导致老年人社会养老服务提供从"个人问题与家庭问题"逐步向"社会问题、市场问题"甚至"政治问题"蔓延。这就迫切需要我们构建发展型社会养老服务制度体系，为老年群体编织一张适应其社会照护服务需求的幸福保障网。建立发展型社会养老服务制度，不仅是满足当代老年群体的社会照护服务需求、积极应对社会人口老龄化的有益之举，也是促进我国社会养老服务业蓬勃发展、全面实现社会经济结构转型升级的内在需要，更是全面建成小康社会、使社会发展红利惠及全民的重大战略性举措。具体而言，发展型社会养老服务制度建设的重要着力点主要包括以下几个方面：

其一，对发展型社会养老服务制度进行合理定位。我们认为，发展型社会养老服务制度的构建首先应当对"社会养老服务"的属性作出明确界定，并且以此为制度建设指明方向。我们将社会养老服务明确定位为"公共服务"，西方福利国家的社会养老服务实践表明，养老服务已经从旨在化解个人风险、仅依靠家庭提供的无偿性个人服务转向旨在分担社会风险、依靠多元主体提供的有偿性社会服务，换言之，个人与家庭不再独自承担养老服务成本，而是由政府部门、社会组织以及家庭共同分担社会养老服务成本。社会养老服务的提供者负责制定服务提供规划、配置包括人力、物力、财力以及信息技术等在内的全部服务资源、监督管理服务的生产与递送全过程，社会养老服务的提供者是各级政府有关部门、街道以及社区；社会养老服务的生产者可以是拥有服务设施与服务人员的营利性市场部门、非营利社会组织、社区非正式组织甚至家庭；社会养老服务的需求方则是有照护服务需求的老年人及其家庭。无论营利性市场组织还是非营利性社会组织，均可以在政府部门的统一规划、统一监督与规制之下通过契约委托、契约外包以及合同购买等形式供给社会养老服务。

其二，开展多样化服务内容、多元化主体合作供给的社会养老服务，设立并优化社会养老服务的管理体制与运行机制。社会养老服务的定位是多元主体合作供给的"公共服务"，这意味着国家政策应积极鼓励并大力引导支持营利性市场组织以及非营利性社会组织在国家规划与监管规制之下积极进入社会养老服务市场，成为养老服务的生产者。除了社会养老服务多元主体参与服务的生产与递送环节之外，政府部门应当在时机成熟的前提下，设置专门机构负责管理社会养老服务事业发展，避免现行管理体制常常出现的"多龙治水""政出多门"所导致的行政资源浪费现象。我们建议设立国家层面的"社会养老服务管理中心"，负责整合民政部门、卫生部门、人力资源与社会保障部门等跨部门的行政资源，对国家层面的社会养老服务事宜进行统筹规划、资源整合、资金筹集、人才培养、协调管理与监管规制，并且加强"社会养老服务管理中心"与作为专门议事协调机构的"全国老龄委"之间的行政联系，在进行管理体制整合过程中要本着"逐层逐级推进、避免矫枉过正"原则，在涉及不同部门利益的组织整合时需要特别注重运用创新型整合方法。除了管理体制的整合式改革与优化之外，我们还需要做好社会养老服务相关政策

第六章　我国城市社会养老服务体系优化路径

与管理体制之间的衔接工作,从国家层面社会养老服务政策的全局性宏观规划高度,将社会养老服务与我国现行卫生部门主导的社会基本医疗保险政策、民政部门主导的社会救助政策、人力资源与社会保障部门主导的社会基本养老保险政策以及其他有关社会养老服务的社会保障政策相衔接,在此基础上,制定针对不同类型社会养老服务机构(住宅类、养护类、医养结合类)的支持政策,按照支持政策的相关规定,逐步推进民政部门、人社部门与卫生部门分别设立的不同类型社会养老服务机构的整合工作。

其三,基于我国老龄化现状以及社会经济发展状况,慎重选择社会养老服务制度的筹资方式,探索并建立社区居家养老服务与机构养老服务通用的社会养老服务基本补贴制度。西方发达福利国家大多选择多元化的社会养老服务制度筹资方式,即以公共财政资金提供的各类社会养老服务补贴为基础、以现有制度资金为调整性工具、以家庭付费为支撑、以社会资金为辅助性支持力量。此类多元化筹资方式的优势在于筹资负担分散化、制度成本经济化、制度调整灵活化,缺陷在于资金来源的非稳定性以及筹资的短期效应比较明显。如若设立社会保险性质的"老年人长期护理服务保险"制度来进行筹资,就我国目前尚不发达的社会保险体系而言,会面临制度成本过高、筹资困难、保费增长幅度难以预期、服务提供可持续性难以预期等短期内难以突破的制度发展瓶颈。除了资金筹集困难之外,"老年人长期护理服务保险"的核心是社会老年照护服务的供给,而实现老年照护服务充足且可持续供给的核心要素是具有能够提供专业服务的照护人才资源,这恰恰是我国社会养老服务体系建设最为缺乏的核心资源。就"老年人长期护理服务保险"而言,专业照护服务的充足且可持续供给与制度资金保障是两个核心环节,而这两个方面恰是我们亟待完善的部分,因而我国目前是否具备单独设立"老年人长期护理服务保险"的条件,需要审慎抉择。就目前我国社会养老服务体系发展现状而言,可行的制度选择之一是探索并建立社区居家养老服务与机构养老服务通用的社会养老服务基本补贴制度,这就需要我们建立基于失能程度、家庭经济状况以及家庭照护能力的补贴对象服务需求评估机制,并且建设与补贴对象需求评估机制相配套的信息化管理机制,在使政府部门清晰界定补贴对象的同时,通过"直补需方"的经济政策工具,以增强补贴对象的服务自由选择性与购买能力,提升公共财政资金的使用效率,促进社会养老服务质量的提升。

其四,完善与社会养老服务制度密切相关的配套制度,包括建立家庭照护人员支持制度与建立照护人才培养制度。首先,建立家庭成员照护者支持制度。我们在探索建立社会养老服务制度的同时不应忽视家庭照护人员支持制度的建立。我们可以借鉴西方发达福利国家经验,在社区主导下为家庭照护者提供老年专业护理类以及老年情感支持类免费或低费培训；与此同时，培养与提升家庭照护者有效获取社区服务资源的能力，以便更好地为家中老年人提供照护服务。家庭照护服务者除了能够获取社区主导提供的培训资源之外，有条件的社区综合服务中心、社区老年服务中心以及社区嵌入式小微服务机构还能够为家庭赡养者提供喘息式照护服务与精神慰藉服务，以便适当减轻家庭赡养者的照护服务压力。我们还可以适当吸收借鉴西方发达福利国家给予家庭赡养者的护理补贴制度，即家庭成员在赡养老年人期间可以获得政府部门发放的护理补贴，以减轻家庭照护者的经济压力。其次，完善照护人才培养制度。相比庞大的老年照护服务需求，我国目前的社会老年照护服务人才队伍既面临着总量不足又面临结构不合理的发展困境，在照护人才极端匮乏的情况下，专业素质过硬的照护服务人才又大多集中于正规医疗机构，社会非治疗性养老服务机构中专业素质良好的照护人才并不多见，社区居家养老服务的从业者专业素质更是低下。这就需要我们建立完善的社会养老服务人才培养制度，大力发展层次多样的老年照护高等教育、老年照护职业教育以及老年照护继续教育，开设老年照护专业课程与社会培训类课程。我们还应当制定老年照护服务行业的资格标准，老年照护人员登记应分为初级、中级、高级三个级别，通过初级资格考核的老年照护人员可以提供基本生活照顾类服务，通过中级资格考核的老年照护人员能够提供基本生活照顾类与康复护理类服务，通过高级资格考核的老年照护人员能够提供基本生活照顾类与康复护理类以及精神慰藉类、社会支持类服务。应要求老年照护服务行业的从业人员必须"持证上岗"，同时逐步设立照护人员的职称评定系统，将照护人员的服务资质与劳动报酬以及相关职称评定挂钩，以此激励老年照护人员不断提升专业技能。制定与社会养老服务制度相配套的照护人员培养制度能够有效促进老年照护人才队伍建设的制度化与专业化进程，有助于社会养老服务质量以及服务对象满意度的提升。

第四节　资源供给：整合资源，优化配置

(一) 保障基本养老服务需求，增强资源配置公平性

1. 整合资源与优化配置的迫切性与重要性

与我国社会人口老龄化进程的不断推进相匹配，我国社会养老保障体系建设与完善进程也在不断推进，并且已经取得了一定成效。就目前的制度安排而言，旨在针对老年群体进行收入补偿的社会基本养老保险制度已经实现了城镇居民的全

第六章　我国城市社会养老服务体系优化路径

覆盖,旨在满足基本医疗服务需求的社会基本医疗保险制度也已建立并逐步扩大覆盖范围,对于这两项制度的公平性、持续性以及有效性的完善与优化成为政府有关部门"十三五"时期的重点任务。较之社会养老保险与医疗保险制度而言,我国城市社会养老服务体系建设与发展的现实生态却不容乐观,面临着政策、管理、资源等诸多困境。在很长一段时期内,各级地方政府主要依靠扩建改建与新建养老机构、更新社区服务设施、加大政策与资金支持力度吸引社会资本大举进入社会养老服务领域等途径来扩大服务资源供给,以期提升社会养老服务水平。事实上,社会养老服务资源供给量的增加无法与层次多样化且规模扩大化的社会养老服务需求相适应。例如,政府在社会养老服务领域投入的人、财、物资源逐年递增,但社会养老服务机构中床位空置、社区居家养老服务中心日托床位空置现象比比皆是,而与之相对的却是大量高龄独居失能老年人的照护服务需求等无法得到满足。社会养老服务资源的供需矛盾日益尖锐,老年群体对于社会养老服务资源供给的满足程度不仅没有随政府资源投入力度增加而增加,反而呈现出逐渐降低趋势。"出力难讨好"的社会养老服务体系资源供需现状迫使我们对现行养老服务资源的配置效率以及资源供给管理体制与递送机制重新进行审视与评估,进而在此基础上对其进行优化与创新。具体地说,目前我国社会养老服务体系的资源供给与递送方面存在两大突出问题,即"有效服务资源供给短缺"与"资源配置结构失衡"。

"有效服务资源供给短缺"意味着社会养老服务资源的有效动员能力短缺。目前,家庭赡养在养老服务资源供给方面仍然发挥着重要作用,社会化服务资源的供给能力难以弥补日益弱化的家庭服务资源供给能力。社会化养老服务资源的供给主要依靠政府投入,民间养老服务资源的有效供给能力还很薄弱,市场化递送机制的优越性亦未能充分发挥作用。"有效服务资源供给短缺"难题的产生源于缺乏能够吸收与老年群体需求相匹配的优质服务资源进入社会养老服务领域的资源动员机制,尤其是能够让民间社会组织与市场组织专业化、人性化、多样化的养老服务资源进入社会养老服务领域的机制现在还没有真正成型,居家老年人如何获得能够支付得起并且适应自身需求的照护服务目前也未能找到有效突破口。

"资源配置结构失衡"意味着目前处于运行之中的社会养老服务资源存在公平性与有效性不足的分配结构失衡现象。资源配置的公平性不足主要体现在不同人群、不同区域以及城乡之间社会养老服务资源的分配比例严重失衡,极少数老年人占用了大量极为有限的优质服务资源,而绝大多数老年人难以享受到政府提供的免费或低费的社会照护服务。资源配置的有效性不足主要表现在机构养老与社区居家养老资源"错配"、不同养老机构入住率相差悬殊、部分养老机构区位规划人性关怀缺失、养老机构互利性床位比例严重不足等几个方面。无论是政策制定中的

"9064""9073"目标还是老年人的实际养老偏好,社区居家养老服务都应当是我国社会养老服务体系的重中之重,然而现实情况是绝大多数老年照护资源都投向了机构,政府建机构,社会建机构,市场同样建机构,大批机构建设的同时却忽视了老年群体"原址安老"的核心诉求,导致机构服务资源大量浪费。因此,促进社会养老服务资源的合理化、有效化配置,已经成为我国社会养老服务体系优化的重要着力方向。

2. 推进社会基本养老服务均等化进程

《国家基本公共服务体系"十二五"规划》明确指出:"建立健全养老服务体系,鼓励居家养老,拓展社区养老服务功能,增强公益性养老服务机构服务能力,鼓励通过公建民营、民办公助等方式引导社会资本参与养老服务机构建设和管理运行。基本养老服务补贴面向家庭经济困难且生活难以自理的失能半失能65岁及以上城乡居民,有条件的地方根据老年人身体状况和家庭收入情况评估,确定补贴标准,由地方政府负责,确保目标人群覆盖率达50%以上。"《"十三五"推进基本公共服务均等化规划》在"十二五"规划的基础上更进一步,明确指出:"国家建立完善基本社会服务制度,为城乡居民提供相应的物质和服务等兜底帮扶,重点保障特定人群和困难群体的基本生存权与平等参与社会发展的权利。全面建立针对经济困难高龄、失能老年人的补贴制度,并做好与长期护理保险的衔接。提高城乡社区卫生服务机构为老年人提供医疗保健服务的能力,加快社区居家养老信息网络和服务能力建设,推进医养结合发展。积极开展养老护理人员培养培训。搭建养老信息服务网络平台,推广应用便携式体检、紧急呼叫监控等设备。"社会养老服务的供给主体可以由政府、民间社会组织以及市场组织单独承担或者组合承担,然而作为具有公共服务属性的基本社会养老服务,其供给主体必须是政府部门。向全体社会成员提供具有公共物品属性的基本社会养老服务是政府的基本职责之一,同时也是老年群体基于平等公民身份而拥有社会养老权利的基本内涵,所以基本社会养老服务的供给应当以社会公平公正为原则,以实现"基本社会养老服务均等化"为目标与价值追求。然而现实中,政府所提供的社会养老服务远未覆盖全部老年群体,这就意味着我国目前的基本社会养老服务可及性与可得性都偏低,基本社会养老服务的均等化程度严重不足,"享受过度"与"无法享受"的现象并存:极少数老年群体以极小的成本占用了大量极为有限的优质服务资源,而绝大多数老年群体则难以享受政府提供的免费或低费基本社会养老服务。这就迫切需要我们对基本社会养老服务的资源分配机制与管理运行机制进行完善与优化,为有照护服务需求的老年群体提供基于均等的基本社会养老服务。

第六章 我国城市社会养老服务体系优化路径

3. 基本社会养老服务均等化宏观政策路径探索

"十三五"期间,我国社会养老服务体系优化落到实处的首要目标便是实现基本社会养老服务的均等化与普及化。这迫切需要从我国目前经济社会全局发展的宏观实际出发并且充分考虑公共财政的负担能力,以两亿多老年群体最为迫切的社会照护服务需求为出发点与落脚点,将"政府积极主导、社会积极配合、市场积极参与"作为根本行动原则,将扩大有效养老服务资源供给与均衡服务资源配置紧密结合、完善并优化服务资源"供给—递送"机制与服务资源"管理—监督"机制有效整合作为主要内容,突破基本社会养老服务普及化与均等化过程中的难点,逐步推进普及化与均等化目标。就基本社会养老服务普及化与均等化实现的宏观政策路径而言,主要包括:

其一,从经济社会全局发展出发并充分考虑公共财政负担能力,制定与本地区老年群体社会养老服务需求相适应的基本养老服务均等化标准。"基本社会养老服务均等化"的实质就在于使社会全体老年人在同一标准上实现享受基本社会照护服务的起点公平与机会均等,即每个老年人都可以在社会养老这一重点民生领域享受到基于平等社会养老权利的最基本保障与服务。基本社会养老服务体系是以公民基本生存权与发展权为出发点、以政府为主导、以提供基本而有保障的养老服务类公共产品为主要内容。从经济社会全局发展出发并充分考虑公共财政负担能力的前提下,建立本土特色的基本社会养老服务体系,促进基本社会养老服务可及性与可得性实现,不仅是服务型政府在民生领域的重要职责,而且也是实现社会公平正义与包容和谐的关键。目前,一些西方发达国家在建成"社会福利型国家"的基础上开始建设"社会服务型国家",这些国家大多实现了基本社会服务均等化,基本社会养老服务均等化显然是基本社会服务均等化的重要组成部分。诚然,基本社会养老服务的实现有其标准,这个标准随着经济社会发展与全体老年人整体服务需求的变化呈现出刚性升高趋势。因此,我们应确定基本社会养老服务均等化阶段性目标与长期发展规划,科学合理地界定实施范围与实施水平,制定与本地区发展现状相适应的基本养老服务机构建设标准、设施配置标准、护理员专业标准与福利待遇标准、收费标准等,并根据标准制定情况划拨相应的公共财政资金、给予相应的政策支持,以保障服务的顺利实施。

其二,明晰各级政府履行基本社会养老服务均等化职责,提升其履职能力,完善并优化各级政府部门基本社会养老服务资源"供给—递送"机制与服务资源"管理—监督"机制。西方发达国家在基本社会服务提供方面,一般由中央政府负责法规政策制定、宏观规划制定、财政资金筹集、服务规制与监管等全局性事务,地方政府具体负责实施中央政府的相关政策、制定本地区基本社会服务发展规划、多渠道筹措发展资金、组织与动员多样化社会资源、配置专业人力资源等。不仅如此,地方政府出于提升服务质量与效率、节约财政成本的考虑,常常会通过竞争招标、契约购买等政策工具吸引社会力量与市场力量加入,以实现基本社会服务"契约外包",中央政府则将工作重心放在更为擅长的资金筹集与监管规制方面。可以认为,地方政府在基本社会服务的具体供给层面拥有更大的自主选择权与自主决定权。基本社会养老服务资源的供给不仅取决于可供支配的财政资源,而且也取决于政府推行基本社会养老服务均等化的意愿与决心。明晰各级政府履行基本社会养老服务均等化职责,提升其履职能力,不仅直接关系到基本社会养老服务资源供给规模的扩大化,而且必然会改变政府既有思维模式、行事方式与绩效评估形式,以及推动政府职能转变。因此,各级政府应树立并强化"服务老年人"与"关爱老年人"的意识,以努力构建"老年友好型与老年发展型社会"为行动方向。同时,加大对各级政府部门履职过程与所提供服务质量的监管力度,设立对各级政府部门基本社会养老服务提供的社会评估与问责反馈机制,逐步将基本社会养老服务评价指标体系以较大权重纳入政府部门绩效目标考核体系与政绩评价体系。在此基础上,明晰中央政府与地方各级政府之间的履职边界,根据基本社会养老服务的受益范围及具体行事权力性质的不同,建立中央政府与地方政府事权与财权按比例共担机制。中央集中负责基本社会养老服务法规政策制定、中长期发展规划确定、财政资金筹集与划拨比例、整体资源配置协调与服务质量监督规制等;地方具体负责落实中央决策部署、服务资源组织与整合以及具体实施,根据基本社会养老服务均等化的实施情况适度增加中央和省级两级财政在社会养老服务领域的支出责任,并加大中央对中西部及农村地区基本社会养老服务的资源支持力度。

其三,推进财税体制改革,为基本社会养老服务均等化实现提供充足、可持续的财政资源保障。我们可以借鉴吸收西方国家财政管理方面的先进经验,以完善公共财政体系、优化财政收支结构为改革目标,在公共财政的负担能力之内建立"动态增量管理与调节机制",根据财政增量的实际情况定期调节基本社会养老服务均等化的标准,逐年增加基本社会养老服务的财政支付份额,确保基本社会养老服务均等化水平的刚性提高。除此之外,还需要进一步理顺府际财政分配关系,尤其是在第二次收入分配阶段,努力将专项财政转移支付聚焦于基本社会养老服务均等化项目,着力探索并逐渐试点中央财政直接向"老""少""边""穷"等困难地区的转移支付机制。

其四,完善并强化基本社会养老服务的绩效评估机制与服务监管、规制机制建设。目前,基本社会养老服务均等化的绩效评估体制机制以及评价指标体系的设置均存在进一步完善的必要性。一些评估指标只注重诸如机构床位数等便于测量的可视化外在产出,而忽视对"投入—产出"比、服务效能以及供给与需求匹配程度等难以考量的指标进行综合性评估,这就极易造成评估标准与评估结果难以反映老年群体真实需求,这也是资源投入不少而供需矛盾依然很大之"怪象"存在的重要原因之一。由此看来,我们需要立足于我国老年群体的实际需求以及基本社会养老服务均等化现状,逐步完善并强化基本社会养老服务的绩效评估机制与服务监管规制机制建设,从根本上提升服务过程与服务质量的评估与监督效果。一是要设计服务过程与服务质量的"绩效评估—结果反馈"机制,以定期的正式绩效评估报告形式向有关部门以及社会公众公示评估结果。二是要探索并逐步确立基本社会养老服务的综合评估机制,由政府相关部门代表、老年人代表、社会监督机构代表以及专家代表共同组成多元化的评估团,评估团应从多维度出发对基本社会养老服务进行全方位绩效评估,以指导基本社会养老服务的供给更加适应需求、更加公平公正与高效。三是要创新基本社会养老服务动态管理指标体系,并根据动态指标体系所反馈的结果及时进行调整,这个动态指标体系应当涵盖基本服务资源投入情况、资金投入与使用情况、服务资源使用率、机构与设施建设情况、专业照护人员配比情况、老年群体覆盖率情况以及服务对象满意度情况等。这个动态管理指标体系就是要通过"监督—评估—反馈—调整—再评估"的循环机制改变以往"重视投入有余而重视产出不足""重视服务有余而重视管理不足"以及评估整改形式化等突出弊端,尤其要加强对服务资源使用效率、投入资金使用效率、老年群体覆盖率以及服务对象满意度等情况的绩效评价,并将评价结果与财政拨款和优惠政策的享受条件直接挂钩,以倒逼模式促进服务资源、财政资金等稀缺资源使用效率的切实提升,保证多方整合资源能够有效转化为老年群体的基本社会养老福利。

(二) 提升资源动员能力,合力突破"四重困境"

不管是政府公共部门及其下属职能机构,还是非营利性社会组织以及营利性市场组织以单独形式或组合形式供给社会养老服务,其所提供服务的有效性即所提供的服务与老年群体实际需求之间的匹配程度都是至关重要的。所以,为了提高社会养老服务的供给质量与供给效率,政府主导的以基本社会养老为主的服务内容,除了由政府公共部门及其下属职能机构直接供给之外,也可以通过竞争性招标与契约购买的方式吸引非营利性社会组织以及营利性市场组织进入社会养老服务领域提供服务。我国在完善与优化社会养老服务体系建设进程中,政府部门似乎更加倾向于依靠政府内部相关职能部门及其下设机构、政府直接管辖范围内的社区组织以及政府直接培育或大力支持其发展的民间非营利性社会组织来提供社会养老服务;相比之下,考虑到营利性市场组织的资本逐利偏好以及可能引发的公众信任危机以及寻租及腐败风险,政府部门似乎很少依靠营利性市场组织来提供社会养老服务。与此同时,我国大多数有照护服务需求的老年群体无法得到充足而有效的社会化养老服务,无论是社会养老服务机构还是社区服务支持下的居家养老,都面临着以床位总量不足、资源分配结构失衡为主要表现形式的"资源困境",以"重公办、轻民办""重机构、轻居家"为主要表现形式的"政策困境",以照护服务者专业素质低下且稳定性差主要表现形式的"人才困境"以及以定位混乱职能不明主要表现形式的"管理困境"。"十三五"期间,与我国人口老龄化进程不断推进相伴随的是我国经济社会发展将不断转型升级,进入全面深化改革、全速发展的新常态;与之相对应,老年群体的社会养老服务需求将从"生存保障型"走向"发展促进型",这就为我国社会养老服务体系的进一步优化提出了更高标准。

我们说,以尊重价值规律、积极调动社会资源与市场资源、适时利用市场竞争机制优势为核心原则,多维度增强社会养老服务的资源动员能力、人才开发能力、政策适应能力与管理匹配能力,其首要前提就在于寻求有效的资源动员机制,以扩大社会养老服务资源规模,也就是要吸引更多的有益资源进入社会养老服务领域。西方发达福利国家的普遍做法便是在社会养老服务领域的服务供给环节,有机整合公共部门资源、非营利性社会组织资源、营利性市场组织资源以及社区资源甚至包括家庭资源。在英国老年人社区照护服务领域,随处可见的便是由私营专业护理服务机构向老年人提供专业照护服务,反观我国社会养老服务体系发展现状,核心突破口就在于积极调动社会资源与市场资源,多维度增强社会养老服务的资源动员能力。在市场经济条件下,积极调动社会资源与市场资源必然离不开尊重并顺应市场规律,适时引入市场竞争机制,以使其有效发挥作用。事实上,我国近年来在推进社会养老服务事业发展、推动社会养老服务体系优化的进程中,已经充分意识到社会力量与市场力量提供社会养老服务在服务效率与服务质量方面的优越性,政府有关部门也在尝试逐步从不擅长的服务直接供给领域"退让",但是在实践过程中还是遇到一些问题,使得来自社会与市场的服务资源并未在社会养老服务领域扮演重要角色。比如,民间社会服务组织提供居家养老服务的能力总体偏弱、民营社会养老服务机构大多生存艰难甚至难以为继,这其中有"政策歧视"以及由"政策歧视"导致的"资源歧视"的原因,即现有社会养老服务政策对机构建设关注较多而对居家养老服务关注相对不足,对公办机构补贴性支持较多而对民办福利性养老服务机构支持力量不足,这就易于造成机构发展与社区居家养老发展不平衡,公办机构与民办机构进行不公平竞争,进而导致发展不均衡。这就迫切需要在充分尊重并顺应市场经济规律的前提下,积极调动社会资源与市场资源以市场竞

第六章　我国城市社会养老服务体系优化路径

争机制优势为核心原则,多维度增强社会养老服务的资源动员能力、人才开发能力、政策适应能力与管理匹配能力。

1. 确保公办机构公益性,扶持民办机构发展

目前,我国公办养老服务机构以其资源优势在社会养老服务领域仍然占据主导地位,与公办机构相比而言,民办社会养老服务机构大多发展缓慢、生存艰难甚至难以为继,这就迫切需要我们在法律层面与制度层面对民办养老服务机构进行科学合理的定位,在此基础上加大对民办社会养老服务机构的政策支持力度。具体而言,"在资格准入方面的适度宽松政策"方面,适度降低民办社会养老机构的建设与运营准入门槛,适度简化机构不必要的审批流程,强化机构建设的"适老无障碍化"要求,以及合理化设置非营利性民办养老服务机构的退出机制;"在建设用地以及租金方面的适度优惠政策"方面,在社会养老服务领域适度改进或简化现有"招拍挂"的经营性、竞争性土地政策,优先确保养老机构类社会民生事业的建设用地,优先将空置公共场地(闲置厂房、闲置学校等)用于社会养老服务设施建设,在用地租金方面对于经营业绩良好、社会效益突出的民办非营利性养老服务机构给予奖励性优惠;"在税收、规费方面的适度减免政策以及补贴方面的适度优惠政策"方面,逐渐缩小民办非营利性社会养老服务机构在享受税收、规费等运营成本优惠上与公办机构的差距,在机构建设补贴与运营补贴上,逐步缩小民办非营利性机构与公办机构之间的差距,在财政补贴上对于经营业绩良好、社会效益突出的民办非营利性养老服务机构给予奖励性补贴。

我们一再强调"增强社会养老服务的资源动员能力、吸收社会有益资本进入社会养老服务领域协同发挥作用",与此同时,强调"保障公办机构公益性、扶持民办机构发展",将这些宏观政策着力点具体落到实处,就是要在政府主导下保证社会养老服务的适度公益性特征不动摇,严格控制公办机构规模与建设投入成本,将政府直接供给社会养老服务的职能通过转让经营管理权、扶持民办机构、加大政府购买力度等途径向社会部门转移,特别促进公办民营与民办公助两个类型社会养老服务机构的发展。作为所有权与运营管理权分开的模式,公办民营类社会养老服务机构由政府出资兴建,后期交由民间组织运营管理,政府公共部门享有对养老服务机构包括相关资产的所有权、监督管理权以及处置权,民间社会组织、市场组织包括个人等享有对养老服务机构的运营管理权。对于公办民营类社会养老服务机构,我们应当通过竞争性招标的方式面向全社会遴选具有相应专业服务提供资质的、信誉良好的管理运营主体,或是依法将公办养老机构的运营管理权以合同承包、转让租赁、参股合营、委托经营等多样化方式交由非公有经济成分的管理运营

者,以公平、公正、公开的遴选方式杜绝政府通过暗箱操作指派不具备相关资质的机构管理运营的变相寻租与腐败现象。政府公共部门应允许公办民营机构的管理运营者获利并将其用于机构的扩大化建设与支付管理服务人员的报酬;与此同时,鼓励机构运营管理者探索创新除分红以外的机构盈利部分的分配机制。针对所有权与经营权均归属于民间资本的"民办公助"类非营利性社会养老服务机构,政府部门将其视为社会福利机构为其提供一次性或定期发放的建设补贴与运营补贴(护理补贴)。

就我国民办社会养老服务机构整体发展现状而言,最为核心的发展瓶颈与改革思路已经不再局限于"机构数量少与机构规模小"以及相应"简单粗暴"地"增数量与扩规模",而是拓展至"机构服务质量不高与机构资源结构配置不合理"以及相应"精准服务导向"地"提质量调结构"。在社会养老服务需求激增、服务资源相对稀缺的今天,在"机构服务质量不高与机构资源结构配置不合理"难题尚未寻求到合适突破口的背景下,试图仅仅依靠增加机构数量、扩大机构规模来化解结构性发展难题,必将会使现存"多床空置"的资源利用率低下的现实更为严峻。由此,我们应当以提高服务质量与优化资源结构作为民办养老服务机构的发展策略,借力于政府更有广度与深度的支持,全面提升民办社会养老机构的资源利用能力与服务供给能力。有鉴于此,我们在"提质量调结构"维度提出促进民办社会养老服务机构优化转型升级的行动方略,具体而言:

其一,进一步加大公共财政对民办社会养老服务机构的补贴力度,以"层次分明、重点突出"为原则优化公共财政资金的投入结构,在此基础上探索"既补供方又补需方"的创新性公共财政补贴机制。这实质上为我们规划了利用政府财政资源支持民间社会养老服务组织发展的"三步走"战略:第一步是扩大规模。政府为具有民生相关性、需求迫切性与发展弱势性特征的社会养老服务事业提供财政资金支持是履行政府民生职能的应有之义,因此政府在充分考虑财政负担能力的基础上,逐年增加对民办社会养老服务机构的财政支持资金数额与扩大对民办养老服务机构的财政支持资金占财政支持总支出的比例,并且建立财政支持资金随时间、物价水平的自然上浮机制。与此同时,合理划分省级财政与市县财政的资金支持比例,省级财政资金投入应当向经济欠发达地区的民办养老服务机构倾斜,以期缩小地区之间社会养老服务水平差距。第二步是优化结构。政府应当在"层次分明、重点突出"的原则指导下,对不同地区、不同发展状况的民办养老服务机构进行分类精准补贴,避免"一刀切"或者"撒胡椒面"式的粗放补贴,多管齐下,多维度提升财政补助资金的利用效率。对于民办社会养老服务机构发展严重滞后的地区,政府财政资金支持方向应当是针对符合一定建设标准的民办机构,以建设补贴为主,

第六章 我国城市社会养老服务体系优化路径

以此吸引民间资本进入社会养老服务领域,其中重点补助护理型床位的建设,以满足老年群体对于护理型服务的大量需求;对于民办机构已经大量存在、民办机构与公办机构存在不公平竞争的地区,政府财政资金支持方向应当是以运营补贴或护理补贴为主,以减轻民营机构运行成本压力,稳定经营预期,这也会间接减轻民营机构的"高定价压力",以此提升机构服务资源的使用效率;在机构的补贴标准设置方面,可以考虑地理区位与机构租金成本因素,对于不同区位的民办机构给予"极差补助",还可以针对运营情况良好、社会效益优良的民办机构给予奖励性质的补助。除了资金形式的直接财政支持之外,政府还可以通过购买服务、免费培训护理人员、购买与维护照护设施、购买社工岗位等形式为民办养老服务机构提供间接财政资金支持。第三步是创新机制即探索"既补供方又补需方"的创新性公共财政补贴机制。

其二,按照营利标准对民办社会养老服务机构进行明确定位,对于不同性质的民办社会养老服务机构给予不同性质的支持政策。目前,民办养老服务机构的现实生态是,在现有政府补贴严重不足的情况下,大多民办机构依靠服务收费来抵偿机构建设成本与运营成本,出于机构生存与发展的可持续性考虑,民办机构的营利性取向较强。政府对民办机构的补贴力度较之公办机构显然不足,加之政府民政部门仅以模糊性的"民办非企业"来定位非营利性民办机构,同时,政府在对民办机构的盈利分红方面也存在着较大的监管漏洞,在诸多因素共同作用下,极大地削弱了民办机构的"非营利"动机。因此,政府部门必须以"盈利部分是否分红"为标准,严格界定民办社会养老服务机构的基本属性,对营利性机构与非营利性机构分别实行有差别的补贴政策,以使不同性质的民办机构在各自不同的轨道上发展。对于非营利性民办社会养老服务机构而言,政府部门支持政策应着眼于资格准入方面的适度宽松政策、建设用地和租金方面的适度优惠政策、税收和规费方面的适度减免政策以及补贴方面的适度优惠政策等,尽可能缩小民办非营利机构与公办机构之间的"政策歧视"。对于营利性民办社会养老服务机构而言,政府部门可以实行"公共财政资金有偿利用"的市场化机制,以实现对民办营利性社会养老服务机构的支持,具体操作方式包括投入财政资金为民办营利性机构担保贷款、引导保险资金与养老机构合作、财政资金自由入股等。

其三,培育社会养老服务人才,扩大专业照护人才资源规模并不断优化人才资源结构。就我国社会养老服务体系发展现状而言,无论是机构养老服务还是社区居家养老服务,无论是公办机构还是民办机构,普遍面临着"照护人才困境"。"人才资源困境"的根源就在于目前我国社会养老服务体系中的照护人员普遍专业素质低下,而专业素质低下就极易引发劳动报酬低、社会地位低、职业预期低、职业稳定性差、风险抵御能力低。实现社会养老服务体系的优化离不开人才资源巨大作用的发挥,这就迫切需要大力培育社会养老服务专业人才,扩大专业照护人才资源规模并且不断优化人才资源结构。首先,要对社会养老服务行业进行客观科学的定位,作为社会养老服务从业者,与其他社会服务工作性质相同,不应当存在职业歧视与社会地位歧视,在此基础上参照我国老年照护人才培养的相关制度要求,制定合理可行的职业素质可操作性标准、与从业资质挂钩的职业薪酬标准以及社会保障待遇。其次,要对社会养老服务人才资源队伍建设进行整体性规划与布局,基于目前老年群体社会养老服务需求状况、人才资源缺口状况,制定社会养老服务人才资源队伍建设的阶段性目标与总体性目标以及具体培养措施的实施步骤。借鉴吸收西方发达福利国家老年照护人才的培养经验,在民政部门、人力资源与社会保障部门联合主导下,构建社会养老服务人才培养体系与培训制度,对社会养老服务从业人员进行老年生活护理、老年康复保健、老年心理学、老年社会工作以及基础医疗知识等方面的有偿或低偿培训。除此之外,逐步在中高等职业技术学校、高等教育机构开设与老年护理相关的课程,设置老年护理、老年服务与管理等相关专业,为社会养老服务行业储备服务人才与管理人才,并且鼓励与支持专业优秀人才积极从事社会养老服务工作。再次,要规范化社会养老服务人才的招聘与使用制度,在保障行业服务供给质量的前提下,提升行业稳定性,这就需要设置社会养老服务岗位管理制度、绩效考核制度、薪酬管理制度、专业职称评定制度、职业技能与晋升制度等,以期实现社会养老服务行业的规范性、制度化发展,形成养老服务人才资源"能上能下、能进能出"的合理流动机制。尤其鼓励与支持社会养老服务机构以及社区居家养老服务行业优先雇用下岗失业人员、生活困难人员等,由政府相关部门负责依托社区,向符合培训补贴条件的社会养老服务从业者提供免费职业培训。

2. 大力培育社会组织参与养老服务资源供给

西方发达福利国家的实践经验表明,从政府部门以"权威垄断"姿态单独承担社会养老服务的供给责任到政府将社会养老服务的供给职能部分让渡给社会组织承担的"政社合作"模式,此举不仅意味着政府转变职能具有了新的实现路径,而且说明社会养老服务资源领域"政社合作"兼备现实可能性与逻辑合理性。政府部门比市场组织更具备提供"准公共物品"性质的社会养老服务的可能性与积极性,如若以政府部门向市场组织购买社会养老服务的方式行事,则可能因对市场组织的约束与监管无效而产生市场组织"背叛行为",市场组织在社会养老服务供给方面因其天生的逐利性而无法具备"天然优势",这印证了"市场失灵"论断;政府部门以

第六章 我国城市社会养老服务体系优化路径

"权威垄断"姿态单独提供社会养老服务,又难以规避目标短视性、专业局限性、供给低效性与需求适应非全面性等弊端,这印证了"政府失灵"论断。由于社会养老服务领域可能出现的政府失灵与市场失灵,为非逐利性、社会公益性的社会志愿组织提供了广阔发展空间。社会组织具有需求回应灵活性、服务供给高效性等突出优势,然而正如一个硬币的正反面,社会组织也并非完美无缺,其发展也常常面临合法性身份获取困难、资源获取能力偏弱、独立发展能力偏弱等"天然软弱性",即印证了"志愿失灵"论断,这意味着社会组织的成长与发展离不开政府的引导与支持。政府部门与社会组织之所以能够实现合作供给社会养老服务,重要原因就在于二者构建了优势互补的责任分担模式,利用社会组织需求回应灵活性、服务供给高效性有时可以弥补政府部门专业局限性、供给低效性与需求适应非全面性等弊端,而政府部门以其资源获取优势能够化解社会组织发展难题,这种"取长补短"的合作模式使得政府在并未扩大资源投入规模的前提下实现了社会养老服务更加专业与高效的供给与递送。

尽管说社会组织拥有社会服务志愿性、目标取向公益性、服务供给专业性、服务供给高效性以及需求回应灵活性等特征,社会组织也在社会养老服务领域扮演着重要角色并且容易与政府部门形成优势互补性合作,然而社会组织由于合法性身份获取困难、资源获取能力偏弱、独立发展能力偏弱等"天然软弱性"造成其难以凭借自身力量独立解决资源再生产的问题。这就意味着要使社会组织在社会养老服务领域发挥更加广泛而深入的作用,必然离不开社会组织本身不断强化其发展能力与政府部门不断加大在资源、政策等多维度对社会组织的扶持力度。就我国目前社会养老服务体系发展状况而言,政府部门对社会组织的合法性与合理性定位还有待于进一步明确,政府部门与社会组织以购买服务形式建立的联系还有待于进一步深入,政府部门与社会组织的合作机制还有待于进一步完善,政府部门与社会组织合作的质量控制体系还有待于进一步优化。这就需要政府部门充分利用政策制定优势、组织管理优势、资源动员优势,为社会组织发展营造宽松的政策环境,增强政府购买社会组织服务的广度与深度,通过"契约购买"与"分类竞购"等政策工具完善政府部门与社会组织的合作机制,构建"全流程评估机制"进一步优化政府部门与社会组织合作的质量控制体系。

其一,在政府部门主导下为社会组织发展营造宽松的政策环境,多样化支持政策组合聚力提升社会组织发展能力。首先,改革长期以来一直严格遵循的对非营利性社会组织(民办非企业)实行的"双重管理"制度。国务院于2013年在《机构改革与职能转变方案》中提出,政府部门将重点培育、优先发展社区服务类等四大类非营利性社会服务组织,降低此类社会组织准入门槛,彻底取消业务主管部门前置审批环节,将原先民政部门与业务主管部门双重管理制度简化为民政部门统一登记许可制度。这意味着为社会组织发展营造宽松的"资格准入"政策环境已经迈出了第一步,社会组织的独立发展走上了全新轨道。然而,政策支持的广度与深度还远远不够,国家层面还应当通过制定"社会服务组织法"或修订《社团登记管理条例》《民办非企业登记管理条例》以及《基金会管理条例》等法律法规对社会组织本质属性、合法性地位、组织职能等进行明确界定,赋予社会组织合法性身份,树立社会组织的公益性、服务性与独立性社会形象,并且实质推进双重管理制度改革与注册审批流程简化甚至取消,切实为社会组织发展营造无障碍的政策支持环境。其次,政府组织应当给予承接社会养老服务提供职能的社会服务组织财政资金支持、税收规费减免、土地租金优惠等政策性支持。政府部门可以通过购买社会组织服务、设立社会组织公益发展基金、针对表现突出的社会组织给予奖励性支持的"以奖代补"等多样化政策工具组合实现对社会组织的资金补贴,还可以运用税收规费减免等财税政策工具实现对社会组织发展的支持。具体来说,政府部门应当适度减免征收以提供社会养老服务为主的非营利性社会服务组织所得税、营业税以及增值税等,社会捐赠部分予以税前减免,在土地优惠政策方面,可以通过盘活空置公共用地(空置厂房、空置学校等国有资产)、土地租金优惠、公益性用水用电用气优惠等方式为社会组织发展提供补贴性优惠政策支持。最后,政府部门应通过免费或低费组织专业培训、完善组织人事管理制度、制定社会组织从业者职称评定与社会保险福利待遇制度等途径支持社会组织组建专业化服务人才与管理人才队伍,与此同时,还可以通过奖励性、鼓励性"社会服务积分落户"等举措吸引高校专业毕业生从事社会组织的服务与管理工作,形成社会组织人力资源"进得去、上得去、出得来"的人才合理性流动机制,不断充实与优化社会组织人力资源规模与结构。不仅如此,我们还可以充分借鉴吸收瑞典、英国等西方福利国家的实践经验,在社会组织基本实现独立发展的前提下,颁布实施《非营利社会服务组织发展促进法》,以法律形式保障社会组织支持政策有效实施。

其二,增强政府购买社会组织服务的广泛性与深入性,实现政府购买社会组织养老服务的合法化、制度化、规范化与公开化,在此基础上适度扩大政府购买服务规模与范围,扩充政府购买服务资金来源渠道。我们可以充分借鉴吸收西方福利国家实践经验,制定并实施《社会服务政府采购法》《政府采购招投标法》,以法律形式保障社会养老服务买卖双方的地位平等性以及合法化、制度化、规范化与公开化的健康合作关系。换言之,政府有关部门应当将购买社会养老服务全面纳入政府采购范围,明确政府购买服务相关的资金来源与资金投入规模、购买服务具体内容、服务受益对象、社会组织服务提供资质标准等细节,厘清政府部门作为委托方

第六章　我国城市社会养老服务体系优化路径

与社会组织作为承接主体的各自权责关系。进一步说,就适度扩大政府购买服务规模与范围、扩充政府购买服务资金来源渠道而言,政府部门需要建立健全政府购买专项财政资金管理制度,旨在明确政府购买专项资金的来源渠道、使用规则以及管理监督等细则。另外,政府财政部门应根据符合政府购买要求的老年群体照护服务需求评估、购买服务范围、购买服务标准进行相关成本核算,将政府购买所需资金纳入市县两级财政预算的同时划拨社会养老服务购买专项基金,在此基础上,根据地方社会经济发展现状,逐步建立政府购买资金逐年自然增长机制。对于政府购买服务资金的使用情况实行内部监督与社会监督,以确保购买服务资金的使用效率。根据市县两级政府购买社会养老服务的具体情况综合评估结果,中央政府与省级政府通过公共财政转移支付、税收优惠、"以奖代补"财税工具实现对基层政府购买社会养老服务的资金支持。除了扩大政府购买资金投入规模、优化资金支出结构,还需要构建多渠道的政府购买资金筹措机制,积极吸收社会慈善基金、福利彩票公益金等作为政府购买社会组织养老服务的补充性资金来源。在有了制度化购买机制保障、多渠道来源的政府购买资金保障之后,政府部门才有可能扩大社会养老服务购买的覆盖范围,实现政府购买社会养老服务的受益群体由高龄、失能、空巢、低收入困难老年群体向社会普通老年群体转变,政府购买社会养老服务的内容由以家政服务、生活照顾服务为主向兼顾生活照料服务与康复护理服务、心理慰藉服务、娱乐休闲服务、社会参与服务等转变。

其三,通过竞争性契约购买与分类购买等政策工具完善政府部门与社会组织的服务购买合作机制,确保社会养老服务购买过程的公平性与有效性。如前所述,我们可以充分借鉴吸收西方福利国家实践经验,制定并实施《社会服务政府采购法》《政府采购招投标法》,从立法与制度层面明晰与规范政府购买社会养老服务的具体操作流程与竞争性招投标流程。政府应当及时向社会公开购买社会养老服务的资金预算、预期价格、购买服务规模、服务内容与服务质量标准,以使各类社会组织获得通过公开竞标途径成为服务供应者的平等机会。政府作为服务委托方与作为服务承包方的社会组织签订委托购买协议,进而明确买卖双方的责任与义务,确保政府购买社会养老服务各个环节的起点公平、机会均等、过程公开与程序公正,最大限度地确保服务购买的公平性与有效性,避免"形式化购买"与"依附性非均衡购买"。政府可以建立"契约购买"机制,在此基础上,依据社会养老服务的目标对象、具体服务内容、服务专业化需求程度以及社会组织资质水平等,创新灵活性与多元化而非"一刀切"式的社会养老服务购买机制,对社会养老服务的购买实施精准化服务导向的分对象、分类别购买。对于生活照顾服务、家政服务、餐饮服务等同质性较强、可替代性较强、专业化需求较低的老年照护服务,可以面向具有普通服务资质的社会组织进行公开竞标,政府部门综合考察投标的社会组织之后将此类服务交由声誉良好、服务水平优质、报价合理的社会组织提供;对于康复护理服务、心理慰藉服务、社会参与支持服务等异质性较强、可替代性较弱、专业化需求较高的老年照护服务,政府部门应当充分考察社会组织的专业资质水平、业界声誉以及服务人才专业素质等,向符合政府购买要求的社会组织定向购买此类服务。

其四,构建"全流程评估机制"进一步优化政府部门与社会组织合作的全过程质量控制体系,以确保政府向社会组织购买社会养老服务行为顺利实现。政府部门应当通过第三方评估或社会评估的途径,构建社会养老服务购买的"全流程评估机制",即对政府购买社会养老服务的三个阶段综合进行上游服务需求与组织资质评估、中游服务过程评估以及下游服务效果评估。上游服务需求评估是政府部门购买社会组织养老服务的重要环节,政府部门应当首先制定老年群体服务需求评估指标体系,根据健康状况与自理能力状况、家庭收入状况、家庭居住状况、家庭成员赡养能力以及社会贡献等综合性指标体系,确定政府购买服务的受益对象、受益顺序以及享受标准。政府部门应当在对符合政府购买条件的老年群体照护服务需求进行全面调查、了解、掌握的基础上,科学合理地制定服务购买目录、服务购买规模以及结合市场价格与补贴标准进行相关成本测算,以确定资金投入量,确保稀缺服务资源的有效利用。组织资质评估意味着对作为服务承接者的社会组织进行服务资质评估,包括组织性质、服务设施建设水平、服务人员专业素质、组织管理能力、业界声誉、服务经验等。中游服务过程评估主要针对社会组织的服务供给过程进行跟踪式管理,多采取服务受众满意度情况调查、政府部门随机性抽查、社会公众监督等多种方式进行评估。下游服务实施效果评估多采用第三方评估方式,对社会养老服务效果进行全局性、综合性评估,并且基于评估结果建立反馈—退出机制,及时向社会公众公布评估结果,为社会组织参与下一轮社会养老服务政府购买招投标以及社会组织资质评定提供参考依据,对于评估优秀的社会组织考虑延续契约购买的可能性与可行性,对于评估不合格的社会组织中断购买合同并惩戒性地收回补贴资金。

(三)构建发展型"社区居家养老服务综合体"

社区居家养老服务综合体是一种兼顾老年群体生存需求与发展需求的社会养老服务资源供给与递送模式其突出优势就在于植根家庭、依托社区、借力社区内部以及周边社会养老服务机构,能够将社区内外部可用的社会养老服务资源集中整合于社区之内。社区居家养老服务综合体,既源于我国人口老龄化速度快、程度深、高龄失能老年人口庞大与社会养老服务体系有待于进一步优化的基本国情以

第六章 我国城市社会养老服务体系优化路径

及"尊老敬亲"导向的传统文化伦理根基,又充分汲取国际"社区老年照顾"导向的社会养老服务发展经验;既考虑到有照护需求的居家老年人在家中或离家很近的社区内部享受社会养老服务的经济实惠性、就近就便性与人文关怀性,又兼顾社会养老服务供给者资源优势共享性与互补性。可以说,构建社区居家养老服务综合体是当下我国最合适不过的社会养老服务模式选择,具体而言,可以从服务组合、方式融合以及体制整合三个维度进行突破。

服务组合就是要通过社区居家养老服务综合体将传统生存型需求导向的社会养老服务内容与现代发展型需求导向的社会养老服务内容进行有机"组合",以满足居家老年群体与时俱进的社会养老服务需求,为其实现老有所养、老有所乐、老有所得目标提供服务资源基础。方式融合意味着社区居家养老服务综合体要融合现存养老服务供给方式,即在社区老年照护服务的有力支持下,将传统家庭养老与机构养老两种养老方式融合起来,这样既能够有效克服传统家庭赡养方式非专业化以及在家庭规模微小化、子女流动频繁化、居住模式分散化所带来的家庭照护能力弱化的局限;同时也能够有效规避机构养老服务人文关怀缺乏、容易造成过重家庭经济负担的局限。在社区这一平台上,运用上门服务、社区养老服务机构临时性寄养服务、社区喘息服务等具体形式,将传统家庭赡养与机构照顾两种优势互补型养老方式进行融合。养老服务供给方式的融合意味着服务主体责任的多元合作共担,包括老年人自我生存与发展责任、家庭赡养责任、社会志愿责任、政府服务责任以及企业社会服务责任,进而实现老年群体"养老不离家""在地老化"的愿望。"体制整合"意味着要实现服务组合与方式融合,构建起政府民政部门、老龄工作委员会、医疗卫生部门、财政部门等多个政府职能部门以及社会组织与企业组织共同负责的社会服务事业。社区综合性养老服务体制,使多元化养老服务主体与多样化养老服务资源在社区之内实现整合,这就需要从根本上打破管理部门权责分割、行业利益分割等体制僵化局限,从老年人实际需求而非部门利益、政绩考核需要出发,实现社会养老服务的跨部门、跨行业合作供给。进一步说,就是要在社区平台上,推进社会养老服务网络体制建设:以政府为主导,加大对社区居家养老服务的政策与资金支持力度,包括社区居家养老服务中心设施建设、社区居家养老服务助餐点建设、社区居家养老服务专业人员培训等;以家庭为基础,强化以"敬老孝亲"为核心的传统孝道文化,积极承担家庭生活照护与精神慰藉、情感陪伴责任;以非营利性社会组织以及营利性市场组织为支撑,增强社会力量与市场力量提供社会养老服务的质量与效率,提升其作为社会养老服务供给者的责任意识,为有效应对社会人口老龄化凝聚力量。

可以认为,服务组合、方式融合以及体制整合是成本最小、效益最好的社会养老服务供给途径:社会养老服务的资源组合程度越深,方式融合程度越紧密,体制整合程度越彻底,社会养老服务资源的需求匹配程度就会越好,服务提供效率就会越高,服务提供过程就会更加顺畅、服务提供过程中的不必要成本与损耗就会大大减少。因此,对于社会养老服务需求极其旺盛、养老服务资源极其有限的"银发中国"而言,以服务组合、方式融合以及体制整合为重要着力点的社区居家养老服务综合体是有效应对人口老龄化危机的有益可行途径。

第五节 角色互动:构建社会养老服务多元合作关系

就角色互动而言,构建多元合作关系是发展型社会政策理论对政府与社会关系最好的诠释。构建发展型养老服务体系需要政府部门改变"一元权威控制"的传统社会管理方式,以构建"多元合作伙伴网络"的现代治理思路来实现社会养老服务的多元主体合作供给,通过政府向社会组织与市场组织购买社会养老服务来培育非营利性社会组织发展、规制营利性市场组织行事,最终形成"合作中竞争与竞争中合作"的政府积极主导、社会积极参与的"社会养老服务多元主体协同创新网络结构体系"。

(一) 社会养老服务体系多元合作关系逻辑理路

全球化浪潮下的风险社会催生了社会养老服务领域的合作主义和伙伴关系,占据制度资源和财政资源的政府、掌握创新资源和资本优势的市场、拥有公益特征和专业精神的社会等多元主体以多种方式或松散或紧密地合作。政府不再兼顾筹资者和服务提供者的双重角色,非营利性社会组织与营利性市场组织开始同公共部门以多样化的PPP模式合作供给社会养老服务,以实现社会养老服务提供与递送等全流程效能与效率的切实提升。从政府部门独自包揽社会养老服务供给职能,到市场主体与社会主体开始承担政府部门让渡的小部分社会养老服务供给职能,再到政府职能分化导向下社会主体与市场主体以PPP模式全面介入社会养老服务的供给,这是社会养老服务领域的合作主义和伙伴关系主体角色发展演进的基本脉络。

具体而言,体现社会养老服务体系多元合作关系逻辑本质的关键就在于"价值整合,优势互补,形成目标一致共同体"。在社会养老服务体系的多元合作关系中,多元主体的价值取向异质性与内在优势异质性为价值整合和优势互补提供了极大的空间,政府部门应当成为社会养老服务体系多元合作关系的"激活者",在社会养老服务领域实现不同主体目标价值的有效整合与内在优势的有效互补。政府的目标价值在于构建社会养老服务体系,为有照护服务需求的老年群体提供养老服务,以实现保障民生职责。政府部门的优势在于拥有制度优势、组织优势与资源优势,然而出于政绩或部门利益考虑,会更加注重可视化设施建设而忽视服务提供与服务管理,在供给社会养老服务的过程中也会遇到需求回应性差、供给低效性等局限;非营利性社会组织的目标价值在于通过社会养老服务的供给实现其社会公益性目标,突出优势就在于在志愿精神的主导下能够灵活高效地供给专业化社会养老服务,能够快速响应老年群体的照护服务需求,而其局限在于独立发展性弱、资源获取能力弱;营利性市场组织的目标价值在于通过社会养老服务的供给实现利润最大化目标,突出优势在于竞争精神导向下服务供给专业优势明显、需求回应迅速、有动机不断提升服务品质,而其局限在于社会公益性动机不强、逐利趋向较重,有可能会为老年人带来过重经济负担。基于此,政府部门应通过购买社会组织与市场组织服务的形式来实现目标价值整合与优势互补,政府以其资源优势与制度优势支持社会组织发展,在规制市场组织行为的同时为其发展提供政策性便利条件,以实现"多赢"。从横向多元合作关系出发,政府应当通过诸如政府购买等有效政策工具的合理运用引导多元主体之间的价值整合,将"冲突型关系"巧妙转化为"合作型关系",尽可能规避因利益冲突而导致多元合作关系的破裂,形成社会公益目标导向的目标共同体。

(二)公共性回归与重构:多元合作角色的发展型反思

从"一元主体"垄断式管理走向"多元主体"合作式治理,政府部门与市场组织、社会组织形成契约伙伴关系已成为国际社会养老服务供给领域的常态,以政府组织购买社会养老服务为主要政策工具的公共部门与非公共部门的多元合作关系成为社会养老服务领域的核心要件。随着我国人口老龄化程度不断加深,我国政府不断探索以政府购买社会养老服务为主要工具的社会养老服务供给机制,以不断推进社会养老服务的民营化、多元化与社会化进程。我国政府购买社会养老服务可以分为向营利性市场组织购买和向非营利社会组织购买两大类型,志愿精神导向的非营利社会组织,因其提供服务的专业性与高效性、回应需求的及时性而容易获得政府部门与社会公众的信任,因此向非营利社会组织购买社会养老服务成为我国社会养老服务体系建设的重点。政府通过购买社会养老服务的方式实现政府部门的社会养老服务供给职能,此举既有益于政府部门实现简政放权与行政效率提升、财政支出结构优化、政府公信力与群众满意度提升,又能够选择专业化程度高、服务供给效率高、需求回应能力强的社会养老服务。政府通过购买社会组织服务的形式实现了社会资源有效整合,极大地增进了老年群体社会福利的同时,实现了政府部门与社会组织双赢。与西方国家的私有化、民营化福利体制改革相对应,具有中国本土特色的社会福利社会化实践模式,无论是在减轻财政负担,还是在提升社会养老服务供给效率方面,抑或扩大老年群体社会养老服务选择权方面,均是通过政府部门和非营利社会组织与营利性市场组织的角色重塑以及功能互补,将市场竞争机制引入社会养老服务的供给之中,通过构建社会养老服务供给角色的组合规则来试图打破政府部门垄断性服务供给地位。这不仅有利于提升社会养老服务供给质量与供给效率,而且能够使政府部门优化职能结构,将有限的优质资源与履职精力投向其更为擅长的筹资与规制领域。我国自20世纪末开始引入政府购买社会养老服务机制,在近二十年的实践中,这一机制在社会养老服务的供给领域发挥了重要作用,我国中东部多个经济发达地区甚至将"政府购买社会养老服务"视为重要的"创新型制度"而强力推进。

诚然,我们通过政府购买社会养老服务的方式实现了供给主体多元化,一定程度上也推进了政府职能优化,促进了我国社会组织的快速发展,但同时也必须意识到,在政府购买社会养老服务的过程中也存在着购买过程规范性欠缺、制度性监管力度不够、购买效果评估形式化倾向严重等突出问题。尽管多元主体合作治理视野下的政府购买社会养老服务这一制度安排在实践中迅速发展,但是在竞争性相对缺乏的社会养老服务购买过程中,机会主义风险、服务供给低效率风险、服务供应主体垄断风险等局限性却是一直存在的。政府部门对于社会养老服务购买的"热衷"并非"忽视"而更多的是"漠视"了诸多购买风险。政府购买社会养老服务可能不仅仅出于经济成本的考虑,更多的会出于政绩考虑以及获取公信力考虑。从这个意义上说,在一些情况下政府部门购买社会养老服务更多的是一种形式化的政治行为,它并不追求高品质服务、高效服务与低廉成本,仅仅是为了表明"政府部门已经尝试从直接提供社会养老服务的具体事务中脱身"。因此,我们非常有必要以理性思维重新审视政府部门购买社会养老服务存在的诸多风险,在反思的基础上探寻政府购买社会养老服务的最佳路径。

1. 多元合作关系局限性反思

在多元合作关系网络下,我国政府广泛购买社会养老服务是适应国家治理体系与治理能力现代化要求的重要举措。在社会养老服务领域,我国政府已经从权威包办逐渐过渡至开放合作,逐步将社会养老服务的生产与提供职能适度分开,将服务生产职能逐步转移至社会主体与市场主体。

然而现实并非如此理想,事实上,在大力倡导并构建公共部门与非公共部门多

第六章 我国城市社会养老服务体系优化路径

元合作关系的过程中,以政府购买社会养老服务为主要方式的合作模式面临着诸多急需克服的弊端。按照社会组织对于政府部门的依赖程度以及政府购买服务过程竞争性的完全程度,我们将政府购买社会养老服务划分为依赖关系主导的非竞争性购买(包括体制内吸式非竞争性购买与体制外非竞争性购买)、独立关系主导的非竞争性购买以及独立关系主导的竞争性购买三个类型。通过对大量实践模式的收集、整理与分析,我们发现,就我国政府部门购买社会养老服务实践而言,独立关系主导的竞争性购买极少量存在,大量存在的是依赖关系主导的非竞争性购买与独立关系主导的非竞争性购买这两种类型。无论是何种非竞争性购买方式,都或多或少地存在着社会组织对于政府部门政策法规资源、财政资源以及组织资源等方面的不平等依赖即过度依赖。在政府部门与社会组织以服务购买建立起来的互动合作之中,政府始终处于压倒性的相对强势地位,处于相对弱势地位的社会组织因资源获取能力严重不足导致在购买合作中的极端不平等。政府部门对于社会组织必需的关键性发展资源拥有极强的控制力,不仅如此,政府部门还能够通过内部购买、替换合作伙伴、缩减购买资金规模等形式实现对社会组织的控制。社会组织的资源获取能力严重不足,对于政府财政资源、组织资源以及制度资源的过度依赖导致社会组织在准行政化倾向严重的同时独立性严重匮乏;社会组织以主动接受政府干预来换取政府部门给予的资源支持与优惠政策,与此同时,对全能模式保有眷恋的政府组织有意加强对社会组织的控制。在社会养老服务领域,政府与社会、政府与市场之间也不是一种基于多元主体角色平等的多元合作关系,而是一种依附性、依赖性的不平等合作关系,更多的是一种吸纳式合作。吸纳指的是政府通过支持社会组织以及市场组织发展,使它们的社会养老服务资源为政府所用,使它们充当政府间接生产社会养老服务的帮手,同时也意味着在这样一种不平等合作关系中,政府始终处于绝对的主导性地位。

总体而言,我国以政府购买服务为主要途径的社会养老服务体系中的多中心合作角色尚未走上规范化发展道路,公共部门与非公共部门的合作中存在定位模糊、权责划分不明晰、购买过程规范性偏低、购买过程监管乏力、购买过程评估机制不健全、公共责任落实不到位等诸多风险。

由此,我们需要对以下几个问题进行理性反思:其一,公平竞争与平等合作能否实现?实现这一目标的前提是社会养老服务领域已经存在具备一定规模以及相应资质并且愿意承接政府部门社会养老服务供给职能的社会组织与市场组织。事实上,就我国目前发展现状而言,有合作能力并具备合作意愿的非公共组织数量与规模均十分有限,因此政府部门很难在符合条件的非公共组织中作出充分选择。例如,在一些偏远城市,社会组织数量少之又少,政府部门要想实现社会养老服务的购买,必须私下委托甚至专门培育具有相应资质的社会组织来承接服务供给职能,当然无法实现所谓"公平竞争",也就无法确保受托组织的服务品质。从某种程度上来说,与其说这种社会养老服务购买形式是一种新型社会服务政策工具,倒不如说是一项政治任务,其象征意义远大于实际效果,政府部门如若不关心购买项目所产生的实际社会效益,疏于合同管理和绩效评估也是自然而然的事情。在不完全竞争机制甚至不存在竞争的机制作用下,公共组织与非公共组织极易形成非平等性资源依赖关系,进而造成购买社会养老服务的质量监督机制无法有效运转。鉴于社会公益性与资本逐利性的巨大差异,追求利益最大化的市场组织常常为了资本逐利,没有很强烈的动机去主动填补政府部门让渡的社会养老服务供给职能空缺,而社会养老服务的盈利空间本来就是微不足道的。政府部门购买社会养老服务问题的根源就在于社会养老服务提供者之间是否存在公平竞争,以保证服务质量与服务效率,而不在于社会养老服务到底是由政府部门还是社会组织甚至市场组织提供,这亦非公共部门或私人部门的选择问题。社会养老服务供给的公平竞争性能否实现,取决于政府部门与市场部门、社会部门基于不同特性和优劣的资源整合与定位。

其二,公共部门天然低效?市场组织与社会组织天然高效?大多数人认为社会养老服务的私有化、民营化、市场化或者社会化能够自动实现政府部门规模的精简、政府部门相关权力的部分下放、政府部门人力资源配置的降低以及用于购买社会养老服务的公共财政资金节节约等,并且通过服务契约的制定与履行,在社会养老服务诸多供给者之间形成有效竞争,进而实现社会养老服务的低成本供给与高质量提供。事实上,在社会养老服务领域,政府将社会养老服务的直接供给职能部分让渡给社会组织与市场组织等非公共部门承接,这其中所蕴含的理想假设便是"非公共部门会以社会公益性目标作为价值取向与兴趣焦点",然而这样的假设却并不一定与事实完全相符。由于政府部门对社会养老服务购买所进行的规制而表现出来的社会养老服务市场资格准入限制,公共部门与非公共部门之间服务信息的不对称,以及不同社会养老服务代理者之间能力的差异化,使得社会组织与市场组织等服务代理者之间在社会养老服务资源分配层面并未形成真正意义上的市场化,充其量只是造就了一种准垄断状态下的服务代理者运行非常态化机制,而正是这种非常态化机制使得政府部门作为社会养老服务委托者与非公共部门作为服务代理者所期望达到的帕累托最优状态相去甚远。从根本上说,政府部门实行社会养老服务私有化、民营化也好,市场化或社会化也罢,其中心目的就在于实现政府绩效的同时提高社会养老服务质量与服务效率,并且在可能的情况下提高公共财政资金的使用效率。然而作为社会养老服务代理者之一的市场组织,在有效规制

第六章 我国城市社会养老服务体系优化路径

力度不大的情况下,因其固有的资本逐利性,比起社会公益性目标,它更倾向于以更小的成本获得更大的收益,因而市场组织极有可能通过降低社会养老服务供给质量或变相抬高价格来获取利润,而非在竞争压力的促动下通过优化供给模式、创新服务内容等实现成本的降低。市场组织在社会养老服务领域的逐利性有悖于政府部门通过社会养老服务契约外包以实现社会利益最大化的初衷。不仅如此,社会养老服务购买的外部性环境对于服务的委托者与代理者正常发挥作用也有着直接的影响,在一些情况下确实存在公共部门提供服务的绩效表现比非公共部门更好。

其三,社会养老服务的供给成本与服务效益能够实现评估吗?在现实中确实存在着诸多影响社会养老服务绩效评估结果的因素。首先,社会养老服务目标的多重复杂性使得可测量的绩效标准体系很难制定,我们常常说的社会公益性目标便是一个看似清晰实则极端模糊的目标表述。它可能包含很多具体化指标,如老年服务对象的需求满足程度、服务满意度等,而一系列主观色彩浓厚的评价性结果使得精确测量变得极不现实。其次,社会养老服务的效益水平会通过不同的服务对象体现出来,服务对象的分散性就必然导致评估结果难以掌握。最后,社会养老服务的绩效评估结果通常是模棱两可的,不同的人可能对于评估结果有着不同的理解。除此之外,社会养老服务大多属于"软性准公共物品",其绩效测量与评估往往会受到如收集服务效果成本过高、考察服务效果周期过长、评估指标体系主观性较强、外源性因素如市场因素等对绩效结果的影响等诸多难题影响,而这些是社会养老服务购买过程中一直悬而未决的困境。

2. 社会养老服务多元合作发展型路径选择

如前所述,尽管在我国现有不完全的"多元合作主体关系"构建中存在一系列难以克服的缺陷,然而"多元主体合作"代表新形势下社会养老服务供给的角色构建模式与未来发展方向,这一点是毋庸置疑的。多元主体合作关系使得公共领域、社会领域以及市场领域之间界限模糊,三个领域由原先各自独立的行政权威导向、志愿精神导向以及资本利益导向下的建构与重塑逐渐走向优势互补导向下的目标价值趋同化,进而开启了公共领域向广义化的社会领域快速转化的多元主体合作时代。社会养老服务社会化与市场化对于社会养老服务质量的提升、政府职能转变进程的推进以及国家治理体系与治理能力现代化转型的实现具有显而易见的助推作用。

其一,公共性价值的回归和重塑要求强化政府部门社会责任主体意识,这就要求新形势下的服务型政府部门既能够充当社会利益忠实维护者的角色,又能够胜任社会养老服务购买者的角色。回归与重塑公共性是社会养老服务多元合作供给赖以存在与发展的基本价值理念,社会养老服务社会化、民营化、私有化、市场化所衍生出的经济效率与社会公平之间的矛盾对政府部门的公共性取向造成了极大的威胁,这意味着政府部门在制定与实施社会养老服务社会化政策时必须深刻考虑如何在无害于社会公平正义的前提下,改善并提高服务资源的使用质量与使用效率。在社会养老服务多元合作供给过程中,强调公共部门购买社会养老服务的交易成本与供给效率问题的同时绝不能忽略社会养老服务的公共性价值属性。事实上,以社会组织与市场组织为主体的社会资本介入公共资源领域提供社会养老服务这一准公共物品,这一跨领域多元合作过程就必然使得多元主体的合作关系具有更加宽泛的价值内涵与更加多元的价值考量,这就为寻求社会资本投资回报与社会公益性目标之间的均衡关系提供了可能。必须承认的是,公共利益与资本利益之间的巨大差异与矛盾甚至冲突是客观存在的。同时,社会养老服务领域的多元主体合作关系使我们清楚地认识到公共利益主导下的政府部门与资本利益主导下的私人部门同样存在着相互调和与促进的一面,它们的良性互动和合作发展极有可能实现互利共赢的结果。

其二,多元主体合作的平衡理念与多元主题平等合作关系的建立,要求全方位提升政府部门的契约管理能力,并且妥善处理好政府部门的契约管理责任与多元主体权利保留之间的平衡关系。在社会养老服务领域,多元主体合作关系的重点并非是节约财政成本,这并不是说节约财政成本不重要,而是相较于"省钱",政府部门更加注重老年群体作为服务接受者的需求满足情况,也即社会公益性目标的实现情况。这就意味着政府部门应当基于多元主体之间的合作关系,充分考虑社会组织与市场组织的社会养老服务提供的专业性、提供形式的弹性化以及服务对象的可及性与可得性,促使多元主体合作供给的社会养老服务能够最大限度地适应有照护服务需求的老年群体。多元主体合作模式涉及社会养老服务资源等公共资源的控制与管理权限的转移以及社会养老服务类准公共产品的供给风险,这就要求政府部门必须在多元主体的合作契约机制中在项目制定、筹资、建制、运营等全流程扮演无可替代的重要角色。

其三,在社会养老服务领域设立基于满足老年群体社会照护需求的社会公益目标导向的独立性监督管理机制,对于社会养老服务的多元主体合作供给是具有重要意义的。多元合作关系模式的有效引入,其本质就在于通过市场竞争机制对公共资源进行重新配置以实现社会养老服务质量与效率的协同提升。多元合作关系模式中,政府部门的核心职责是保证基于合作契约的多元主体关系在购买程序以及实际运作过程中均在社会公益性目标的主导下,即社会公益目

第六章　我国城市社会养老服务体系优化路径

标居于核心支配地位,确保多元主体合作关系模式的存在与运行都符合社会公平正义导向的核心价值观。就目前而言,应在政府有关部门的积极主导与强力支持下创设独立性质的社会公共监管机构,以政府与社会民众赋予的强势监管职能围绕社会养老服务所涉及的重要社会公益目标是否实现、供给效率是否提升、供给质量是否提高、供给结构是否优化等主题实施多元主体合作项目分类别的细致规划与强势监管。

附录1 南京市鼓楼区四个社区养老服务调查问卷

(一) 调查对象基本信息

(1) 老年人性别：
① 男;② 女 。
(2) 老年人年龄区间：
① 60—69 岁;② 70—79 岁;③ >80 岁。
(3) 老年人身体状况/生活自理情况(自评)：
① 完全自理;② 部分自理;③ 完全失能。
(4) 老年人退休以前从事职业：
① 城镇企业;② 机关事业单位;③ 个体经营;④ 务农;⑤ 家务;⑥ 其他。
(5) 老年人拥有的子女数量：
① 无子女;② 独生子女;③ 两个以上子女。
(6) 老年人是否与子女同住：
① 是;② 否。
(7) 老年人经济来源：
① 养老金;② 子女供养;③ 政府补助;④ 商业保险;⑤ 其他。
(8) 老年人家庭每月人均收入(元/月·人)：
① 低保线以下(<750 元);② 750—1500 元;③ 1500—2000 元;④ ≥2000元。
(9) 老年人每月能够承受的养老服务支出(元/月·人)：
① 500—800 元;② 800—1000 元;③ 1000—1500 元;④ ≥1500 元。
(10) 所在社区：
① 凤凰花园社区;② 莫愁新寓社区;③ 西城岚湾社区;④ 白云园社区。

附录1　南京市鼓楼区四个社区养老服务调查问卷

（二）调查对象的养老服务需求类型

（1）老年人最希望的养老资源供给方式（养老资源供给方式选择意愿）：

① 家庭（子女）养老；② 社区居家养老；③ 老年公寓（民营机构）；④ 福利院敬老院（公办机构）；⑤ 其他。

（2）老年人对日常照护类养老服务项目需求：

① 家政助洁服务；② 助餐服务；③ 保健康复服务；④ 健身服务；⑤ 娱乐休闲服务；⑥ 助医取药服务；⑦ 代理购物服务；⑧ 家庭修理服务；⑨ 其他。

（3）老年人对精神文化类养老服务项目需求：

① 老年交流活动中心；② 老年兴趣培训班；③ 法律心理咨询；④ 陪伴聊天服务；⑤ 其他。

（4）老年人对养老服务人员的能力需求：

① 家务能力；② 理财能力；③ 辅助康复保健能力；④ 心理疏导能力；⑤ 其他。

（三）调查对象的养老服务供给评价

（1）社区正在提供的日间养老服务资源：

① 日间照料服务（助浴、助医、助急等服务）；② 助洁服务；③ 助餐服务；④ 健身保健服务；⑤ 休闲娱乐服务；⑥ 知识讲座；⑦ 其他。

（2）社区正在提供的精神文化服务资源：

① 老年交流促进服务；② 老年兴趣培训服务；③ 法律心理咨询服务；④ 陪伴聊天服务；⑤ 其他。

（3）对社区居家养老的认知程度：

① 很了解；② 一般了解；③ 了解很少。

（4）对社区居家养老资源供给方式的支持程度：

① 支持；② 不支持；③ 模棱两可。

（5）对社区居家养老资源供给方式的满意程度：

① 满意；② 一般；③ 不满意；④ 没有享受过。

（6）老年人对社区居家养老服务收费合理性的评价：

① 收费合理；② 收费偏高；③ 收费不合理（应取消收费）。

（7）老年人对社区居家养老服务有待完善之处的建议：

① 完善服务设施；② 提高人员素质；③ 完善服务项目。

表 A-1 调研问卷统计情况

		凤凰花园社区		莫愁新寓社区		西城岚湾社区		白云园社区		总和	
		人数(人)	占比(%)	人数(人)	占比(%)	人数(人)	占比(%)	人数(人)	占比(%)	人数(人)	占比(%)
现有养老资源供给方式认知情况	家庭(子女)养老	43	86.00	39	78.00	27	54.00	39	78.00	148	74.00
	社区居家养老	27	54.00	7	14.00	17	34.00	10	20.00	61	30.50
	老年公寓(民营机构)	20	40.00	5	10.00	9	18.00	11	22.00	45	22.50
	福利敬老院(公办机构)	14	28.00	3	6.00	9	18.00	18	36.00	44	22.00
	其他	0	0.00	3	6.00	1	2.00	0	0.00	4	2.00
养老资源供给意愿方式选择(最希望的养老资源供给方式)	家庭(子女)养老	43	86.00	32	64.00	30	60.00	38	76.00	143	71.50
	社区居家养老	7	14.00	9	18.00	12	24.00	7	14.00	35	17.50
	老年公寓(民营机构)	0	0.00	5	10.00	4	8.00	5	10.00	14	7.00
	福利敬老院(公办机构)	0	0.00	1	2.00	3	6.00	0	0.00	4	2.00
	其他	0	0.00	3	6.00	1	2.00	0	0.00	4	2.00
对社区居家养老的认知程度	很了解	2	4.00	6	12.00	6	12.00	1	2.00	15	7.50
	一般了解	36	72.00	15	30.00	11	22.00	15	30.00	77	38.50
	了解很少	12	24.00	29	58.00	33	66.00	34	68.00	108	54.00

附录1 南京市鼓楼区四个社区养老服务调查问卷

续表

		凤凰花园社区		莫愁新寓社区		西城岚湾社区		白云园社区		总和	
		人数（人）	占比（%）	人数（人）	占比（%）	人数（人）	占比（%）	人数（人）	占比（%）	人数（人）	占比（%）
对社区居家养老资源供给方式的支持程度	支持	46	92.00	43	86.00	35	70.00	33	66.00	157	78.50
	不支持	0	0.00	1	2.00	0	0.00	0	0.00	1	0.50
	模棱两可	4	8.00	6	12.00	15	30.00	17	34.00	42	21.00
对社区居家养老资源供给方式的满意程度	满意	28	56.00	16	32.00	18	36.00	2	4.00	64	32.00
	一般	21	42.00	27	54.00	13	26.00	45	90.00	106	53.00
	不满意	0	0.00	0	0.00	0	0.00	0	0.00	0	0.00
	没有享受过	1	2.00	7	14.00	19	38.00	3	6.00	30	15.00

表 A-2 2016 年南京市鼓楼区凤凰街道四个社区

			现有养老资源供给方式认知情况					养老资源供给方式选择意愿（最希望的养老资源供给）			
			家庭（子女）养老	社区居家养老	老年公寓（民营机构）	福利院敬老院（公办机构）	其他	家庭（子女）养老	社区居家养老	老年公寓（民营机构）	福利院敬老院（公办机构）
性别	男（共90人）	人数(人)	68	23	21	24	4	64	14	5	3
		占比(%)	75.56	25.56	23.33	26.67	4.44	71.11	15.56	5.56	3.33
	女（共110人）	人数(人)	80	38	24	20	0	80	21	9	1
		占比(%)	72.73	34.55	21.82	18.18	0.00	72.73	19.09	8.18	0.91
年龄	60—69岁（共114人）	人数(人)	80	32	24	22	4	75	20	11	4
		占比(%)	70.18	28.07	21.05	19.30	3.51	65.79	17.54	9.65	3.51
	70—79岁（共52人）	人数(人)	39	20	16	15	0	41	8	3	0
		占比(%)	75.00	38.46	30.77	28.85	0.00	78.85	15.38	5.77	0.00
	≥80岁（共34人）	人数(人)	29	9	5	7	0	28	7	0	0
		占比(%)	85.29	26.47	14.71	20.59	0.00	82.35	20.59	0.00	0.00
生活自理情况	完全自理（177人）	人数(人)	129	52	43	42	4	126	30	13	4
		占比(%)	72.88	29.38	24.29	23.73	2.26	71.19	16.95	7.34	2.26
	部分自理（22人）	人数(人)	17	8	2	2	0	18	3	1	0
		占比(%)	77.27	36.36	9.09	9.09	0.00	81.82	13.64	4.55	0.00
	完全失能（1人）	人数(人)	1	0	0	0	0	1	0	0	0
		占比(%)	100.00	0.00	0.00	0.00	0.00	100.00	0.00	0.00	0.00
退休以前从事职业	城镇企业职工（30人）	人数(人)	21	14	9	5	1	22	5	2	0
		占比(%)	70.00	46.67	30.00	16.67	3.33	73.33	16.67	6.67	0.00
	机关事业单位（140人）	人数(人)	107	36	31	34	0	99	25	12	4
		占比(%)	76.43	25.71	22.14	24.29	0.00	70.71	17.86	8.57	2.86
	个体经营户（3人）	人数(人)	0	0	0	0	3	0	0	0	0
		占比(%)	0.00	0.00	0.00	0.00	100.00	0.00	0.00	0.00	0.00
	务农（8人）	人数(人)	8	0	2	2	0	8	0	0	0
		占比(%)	100.00	0.00	25.00	25.00	0.00	100.00	0.00	0.00	0.00
	家务（5人）	人数(人)	5	0	0	0	0	5	0	0	0
		占比(%)	100.00	0.00	0.00	0.00	0.00	100.00	0.00	0.00	0.00
	其他（14人）	人数(人)	7	11	3	2	0	10	4	0	0
		占比(%)	50.00	78.57	21.43	14.29	0.00	71.43	28.57	0.00	0.00

附录1 南京市鼓楼区四个社区养老服务调查问卷

老年人自身特征与对养老资源供给的认知与评价

	对社区居家养老的认知				对社区居家养老支持程度			对社区居家养老满意程度			
其他	很了解	一般了解	了解很少	支持	不支持	模棱两可	满意	一般	不满意	没有享受过
4	5	40	45	77	0	13	34	45	0	11
4.44	5.56	44.44	50.00	85.56	0.00	14.44	37.78	50.00	0.00	12.22
0	10	38	63	81	1	29	31	61	0	19
0.00	9.09	34.55	57.27	73.64	0.91	26.36	28.18	55.45	0.00	17.27
4	10	41	63	87	1	26	35	55	0	24
3.51	8.77	35.96	55.26	76.32	0.88	22.81	30.70	48.25	0.00	21.05
0	4	23	25	43	0	9	17	31	0	4
0.00	7.69	44.23	48.08	82.69	0.00	17.31	32.69	59.62	0.00	7.69
0	1	13	20	27	0	7	13	19	0	2
0.00	2.94	38.24	58.82	79.41	0.00	20.59	38.24	55.88	0.00	5.88
4	13	71	93	137	1	39	57	93	0	27
2.26	7.34	40.11	52.54	77.40	0.56	22.03	32.20	52.54	0.00	15.25
0	2	7	13	19	0	3	7	12	0	3
0.00	9.09	31.82	59.09	86.36	0.00	13.64	31.82	54.55	0.00	13.64
0	0	0	1	1	0	0	0	0	0	1
0.00	0.00	0.00	100.00	100.00	0.00	0.00	0.00	0.00	0.00	100.00
1	4	13	13	25	0	5	21	7	0	2
3.33	13.33	43.33	43.33	83.33	0.00	16.67	70.00	23.33	0.00	6.67
0	11	56	73	113	1	26	40	77	0	23
0.00	7.86	40.00	52.14	80.71	0.71	18.57	28.57	55.00	0.00	16.43
3	0	3	0	3	0	0	0	3	0	0
100.00	0.00	100.00	0.00	100.00	0.00	0.00	0.00	100.00	0.00	0.00
0	0	0	8	6	0	2	0	8	0	0
0.00	0.00	0.00	100.00	75.00	0.00	25.00	0.00	100.00	0.00	0.00
0	0	0	5	0	0	5	0	0	0	5
0.00	0.00	0.00	100.00	0.00	0.00	100.00	0.00	0.00	0.00	100.00
0	0	6	8	14	0	0	4	10	0	0
0.00	0.00	42.86	57.14	100.00	0.00	0.00	28.57	71.43	0.00	0.00

表 A-3 2016 年南京市鼓楼区凤凰街道四个社区老年人自

		生活自理情况						城镇企业职工（30人）	
		完全自理（177人）		部分自理（22人）		完全失能（1人）			
		人数（人）	占比（%）	人数（人）	占比（%）	人数（人）	占比（%）	人数（人）	占比（%）
现有养老资源供给方式认知情况	家庭(子女)养老	129	72.88	17	77.27	1	100.00	21	70.00
	社区居家养老	52	29.38	8	36.36	0	0.00	14	46.67
	老年公寓(民营机构)	43	24.29	2	9.09	0	0.00	9	30.00
	福利院敬老院(公办机构)	42	23.73	2	9.09	0	0.00	5	16.67
	其他	4	2.26	0	0.00	0	0.00	1	3.33
养老资源供给方式选择意愿（最希望的养老资源供给方式）	家庭(子女)养老	126	71.19	18	81.82	1	100.00	22	73.33
	社区居家养老	30	16.95	3	13.64	0	0.00	5	16.67
	老年公寓(民营机构)	13	7.34	1	4.55	0	0.00	2	6.67
	福利院敬老院(公办机构)	4	2.26	0	0.00	0	0.00	0	0.00
	其他	4	2.26	0	0.00	0	0.00	1	3.33
对社区居家养老的认知程度	很了解	13	7.34	2	9.09	0	0.00	4	13.33
	一般了解	71	40.11	7	31.82	0	0.00	13	43.33
	了解很少	93	52.54	13	59.09	1	100.00	13	43.33
对社区居家养老资源供给方式的满意程度	支持	137	77.40	19	86.36	1	100.00	25	83.33
	不支持	1	0.56	0	0.00	0	0.00	0	0.00
	模棱两可	39	22.03	3	13.64	0	0.00	5	16.67
对社区居家养老资源供给方式的支持程度	满意	57	32.20	7	31.82	0	0.00	21	70.00
	一般	93	52.54	12	54.55	0	0.00	7	23.33
	不满意	0	0.00	0	0.00	0	0.00	0	0.00
	没有享受过	27	15.25	3	13.64	1	100.00	2	6.67

附录1 南京市鼓楼区四个社区养老服务调查问卷

身特征与养老资源供给方式认知情况

退休以前从事职业									
机关事业单位 (140人)		个体经营户 (3人)		务农 (8人)		家务 (5人)		其他 (14人)	
人数(人)	占比(%)	人数(人)	占比(%)	人数(人)	占比(%)	人数(人)	占比(%)	人数(人)	占比(%)
107	76.43	0	0.00	8	100.00	5	100.00	7	50.00
36	25.71	0	0.00	0	0.00	0	0.00	11	78.57
31	22.14	0	0.00	2	25.00	0	0.00	3	21.43
34	24.29	0	0.00	2	25.00	0	0.00	2	14.29
0	0.00	3	100.00	0	0.00	0	0.00	0	0.00
99	70.71	0	0.00	8	100.00	5	100.00	10	71.43
25	17.86	0	0.00	0	0.00	0	0.00	4	28.57
12	8.57	0	0.00	0	0.00	0	0.00	0	0.00
4	2.86	0	0.00	0	0.00	0	0.00	0	0.00
0	0.00	3	100.00	0	0.00	0	0.00	0	0.00
11	7.86	0	0.00	0	0.00	0	0.00	0	0.00
56	40.00	3	100.00	0	0.00	0	0.00	6	42.86
73	52.14	0	0.00	8	100.00	5	100.00	8	57.14
113	80.71	3	100.00	6	75.00	0	0.00	14	100.00
1	0.71	0	0.00	0	0.00	0	0.00	0	0.00
26	18.57	0	0.00	2	25.00	5	100.00	0	0.00
40	28.57	0	0.00	0	0.00	0	0.00	4	28.57
77	55.00	3	100.00	8	100.00	0	0.00	10	71.43
0	0.00	0	0.00	0	0.00	0	0.00	0	0.00
23	16.43	0	0.00	0	0.00	5	100.00	0	0.00

表 A-4　2016 年南京市鼓楼区凤凰街道四个社区老年人服务资源需求

		凤凰花园社区		莫愁新寓社区		西城岚湾社区		白云园社区		总和	
		人数(人)	占比(%)	人数(人)	占比(%)	人数(人)	占比(%)	人数(人)	占比(%)	人数(人)	占比(%)
日常养老服务项目需求	助医取药服务	40	80.00	25	50.00	29	58.00	40	80.00	134	67.00
	家政助洁服务	46	92.00	14	28.00	22	44.00	4	8.00	86	43.00
	助餐服务	33	66.00	7	14.00	16	32.00	12	24.00	68	34.00
	家庭修理服务	29	58.00	9	18.00	12	24.00	10	20.00	60	30.00
	健身服务	11	22.00	11	22.00	13	26.00	15	30.00	50	25.00
	娱乐休闲服务	1	2.00	12	24.00	9	18.00	10	20.00	32	16.00
	代理购物服务	7	14.00	9	18.00	13	26.00	0	0.00	29	14.50
	保健康复服务	4	8.00	6	12.00	7	14.00	4	8.00	21	10.50
	其他	0	0.00	1	2.00	0	0.00	2	4.00	3	1.50
社区养老精神文化服务需求	老年交流促进服务	41	82.00	32	64.00	36	72.00	28	56.00	137	68.50
	老年兴趣培训服务	30	60.00	11	22.00	15	30.00	3	6.00	59	29.50
	法律咨询服务	11	22.00	7	14.00	24	48.00	6	12.00	48	24.00
	陪伴聊天服务	11	22.00	4	8.00	20	40.00	9	18.00	44	22.00
	其他	0	0.00	3	6.00	0	0.00	8	16.00	11	5.50

附录1 南京市鼓楼区四个社区养老服务调查问卷

表 A-5 2016年南京市鼓楼区凤凰街道四个社区服务资源供给与服务需求对比情况

		日常养老服务项目需求			社区提供的日间服务资源			日常养老服务供需匹配情况	
		人数（人）	占比（%）		人数（人）	占比（%）		人数（人）	占比（%）
	助医取药服务	134	67.00	日间照料服务（助浴、助医、助急）	81	40.50		-53	-26.50
	家政助洁服务	86	43.00	助洁服务	96	48.00		10	5.00
	助餐服务	68	34.00	助餐服务	64	32.00		-4	-2.00
	家庭修理服务	60	30.00					-60	-30.00
	健身服务	50	25.00	健身保健	67	33.50		17	8.50
	娱乐休闲服务	32	16.00	休闲娱乐	44	22.00		12	6.00
	代理购物服务	29	14.50					-29	-14.50
	保健康复服务	21	10.50					-21	-10.50
	其他	3	1.50	其他	32	16.00		29	14.50
				知识讲座	67	33.50		67	33.50

（续表）

		人数（人）	占比（%）		人数（人）	占比（%）	人数（人）	占比（%）
社区养老精神文化服务需求	老年交流促进服务	137	68.50	社区提供的精神文化服务 老年交流促进服务	155	77.50	精神文化服务供需匹配情况 18	9.00
	老年兴趣培训服务	59	29.50	老年兴趣培训服务	86	43.00	27	13.50
	法律心理咨询服务	48	24.00	法律心理咨询服务	49	24.50	1	0.50
	陪伴聊天服务	44	22.00	陪伴聊天服务	23	11.50	−21	−10.50
	其他	11	5.50	其他	1	0.50	−10	−5.00

附录1 南京市鼓楼区四个社区养老服务调查问卷

表 A-6 2016年南京市鼓楼区凤凰街道四个社区老年人对服务资源供给情况评价

		凤凰花园社区		莫愁新寓社区		西城岚湾社区		白云园社区		总和	
		人数（人）	占比（%）	人数（人）	占比（%）	人数（人）	占比（%）	人数（人）	占比（%）	人数（人）	占比（%）
对养老服务人员的能力需求	家务能力	48	96.00	14	28.00	22	44.00	14	28.00	98	49.00
	理财能力	19	38.00	3	6.00	11	22.00	11	22.00	44	22.00
	辅助康复保健能力	46	92.00	40	80.00	36	72.00	33	66.00	155	77.50
	心理疏导能力	30	60.00	17	34.00	36	72.00	18	36.00	101	50.50
	其他	0	0.00	1	2.00	0	0.00	12	24.00	13	6.50
对服务收费的评价	收费合理	22	44.00	8	16.00	13	26.00	15	30.00	58	29.00
	收费偏高	20	40.00	26	52.00	10	20.00	7	14.00	63	31.50
	收费不合理（应取消收费）	8	16.00	16	32.00	27	54.00	28	56.00	79	39.50
服务有待完善之处	完善服务设施	41	82.00	33	66.00	33	66.00	27	54.00	134	67.00
	提高人员素质	45	90.00	27	54.00	29	58.00	12	24.00	113	56.50
	完善服务项目	49	98.00	10	20.00	39	78.00	30	60.00	128	64.00
	其他	0	0.00	1	2.00	0	0.00	7	14.00	8	4.00

表 A-7 2016 年南京市鼓楼区凤凰街道四个社区

			日常养老服务项目需求					
			家政助洁服务	助餐服务	保健康复服务	健身服务	娱乐休闲服务	助医取药服务
性别	男（共90人）	人数(人)	36	33	4	20	13	59
		占比(%)	40.00	36.67	4.44	22.22	14.44	65.56
	女（共110人）	人数(人)	50	35	17	30	19	75
		占比(%)	45.45	31.82	15.45	27.27	17.27	68.18
年龄	60—69（共114人）	人数(人)	42	32	15	35	25	80
		占比(%)	36.84	28.07	13.16	30.70	21.93	70.18
	70—79（共52人）	人数(人)	29	26	3	11	5	32
		占比(%)	55.77	50.00	5.77	21.15	9.62	61.54
	>80（共34人）	人数(人)	15	10	3	4	2	22
		占比(%)	44.12	29.41	8.82	11.76	5.88	64.71
生活自理情况	完全自理(177人)	人数(人)	73	57	19	46	30	122
		占比(%)	41.24	32.20	10.73	25.99	16.95	68.93
	部分自理(22人)	人数(人)	12	9	2	4	1	11
		占比(%)	54.55	40.91	9.09	18.18	4.55	50.00
	完全失能(1人)	人数(人)	1	1	0	0	1	1
		占比(%)	100.00	100.00	0.00	0.00	100.00	100.00
退休以前从事职业	城镇企业职工(30人)	人数(人)	23	19	5	14	7	20
		占比(%)	76.67	63.33	16.67	46.67	23.33	66.67
	机关事业单位(140人)	人数(人)	58	46	16	33	25	94
		占比(%)	41.43	32.86	11.43	23.57	17.86	67.14
	个体经营户(3人)	人数(人)	0	0	0	0	0	3
		占比(%)	0.00	0.00	0.00	0.00	0.00	100.00
	务农(8人)	人数(人)	2	0	0	0	0	6
		占比(%)	25.00	0.00	0.00	0.00	0.00	75.00
	家务(5人)	人数(人)	0	0	0	3	0	2
		占比(%)	0.00	0.00	0.00	60.00	0.00	40.00
	其他(14人)	人数(人)	3	3	0	0	0	9
		占比(%)	21.43	21.43	0.00	0.00	0.00	64.29

附录1 南京市鼓楼区四个社区养老服务调查问卷

老年人自身特征与养老服务资源需求情况

代理购物服务	家庭修理服务	其他	社区养老精神文化服务需求				
			老年交流活动中心	老年兴趣培训班	法律心理咨询	陪伴聊天服务	其他
16	26	2	63	30	16	10	7
17.78	28.89	2.22	70.00	33.33	17.78	11.11	7.78
14	34	1	74	27	32	34	4
12.73	30.91	0.91	67.27	24.55	29.09	30.91	3.64
11	31	0	81	36	33	26	4
9.65	27.19	0.00	71.05	31.58	28.95	22.81	3.51
7	19	1	36	13	9	8	3
13.46	36.54	1.92	69.23	25.00	17.31	15.38	5.77
12	10	2	20	8	6	10	4
35.29	29.41	5.88	58.82	23.53	17.65	29.41	11.76
21	51	3	123	55	40	35	11
11.86	28.81	1.69	69.49	31.07	22.60	19.77	6.21
7	9	0	12	2	6	7	0
31.82	40.91	0.00	54.55	9.09	27.27	31.82	0.00
1	0	0	1	0	1	1	0
100.00	0.00	0.00	100.00	0.00	100.00	100.00	0.00
7	14	0	19	11	10	9	2
23.33	46.67	0.00	63.33	36.67	33.33	30.00	6.67
22	40	3	102	38	30	29	7
15.71	28.57	2.14	72.86	27.14	21.43	20.71	5.00
0	0	0	3	3	0	0	0
0.00	0.00	0.00	100.00	100.00	0.00	0.00	0.00
0	0	0	3	2	0	0	2
0.00	0.00	0.00	37.50	25.00	0.00	0.00	25.00
0	0	0	0	0	3	0	0
0.00	0.00	0.00	0.00	0.00	60.00	0.00	0.00
1	6	0	10	3	5	6	0
7.14	42.86	0.00	71.43	21.43	35.71	42.86	0.00

表 A-8　2016 年南京市鼓楼区凤凰街道四个社区子女情况与养老资源供给方式选择

		家庭(子女)养老	社区居家养老	老年公寓(民营机构)	福利院敬老院(公办机构)	其他
老年人拥有的子女数量	0(6人) 人数(人)	5	0	1	0	0
	占比(%)	83.33	0.00	16.67	0.00	0.00
	1(70人) 人数(人)	43	15	6	2	4
	占比(%)	61.43	21.43	8.57	2.86	5.71
	≥2(124人) 人数(人)	96	20	7	2	0
	占比(%)	77.42	16.13	5.65	1.61	0.00
老年人是否与子女同住	是(99人) 人数(人)	70	13	9	3	4
	占比(%)	70.71	13.13	9.09	3.03	4.04
	否(101) 人数(人)	74	22	5	1	0
	占比(%)	73.27	21.78	4.95	0.99	0.00

附录1 南京市鼓楼区四个社区养老服务调查问卷

表 A-9 2016年南京市鼓楼区凤凰街道四个社区老年人家庭经济情况与养老资源供给方式选择

			养老资源供给方式选择意愿（最希望的养老资源供给方式）					每月能够承受的养老服务支出				
			家庭（子女）养老	社区居家养老	老年公寓（民营机构）	福利院敬老院（公办机构）	其他	≥1500元	1000—1500元	800—1000元	500—800元
经济来源	养老金(173人)	人数(人)	120	34	14	4	1	60	49	28	36
		占比(%)	69.36	19.65	8.09	2.31	0.58	34.68	28.32	16.18	20.81
	子女供养(18人)	人数(人)	16	2	0	0	0	0	3	1	14
		占比(%)	88.89	11.11	0.00	0.00	0.00	0.00	16.67	5.56	77.78
	政府补助(6人)	人数(人)	5	0	1	0	0	1	1	0	4
		占比(%)	83.33	0.00	16.67	0.00	0.00	16.67	16.67	0.00	66.67
	商业保险(12人)	人数(人)	11	1	0	0	0	6	1	4	1
		占比(%)	91.67	8.33	0.00	0.00	0.00	50.00	8.33	33.33	8.33
	其他(6人)	人数(人)	3	0	0	0	3	3	1	0	2
		占比(%)	50.00	0.00	0.00	0.00	50.00	50.00	16.67	0.00	33.33
家庭每月人均收入(元/月·人)	<750(8人)	人数(人)	8	0	0	0	0	0	3	0	5
		占比(%)	100.00	0.00	0.00	0.00	0.00	0.00	37.50	0.00	62.50
	750—1500(8人)	人数(人)	8	0	0	0	0	0	1	0	7
		占比(%)	100.00	0.00	0.00	0.00	0.00	0.00	12.50	0.00	87.50
	1500—2000(59人)	人数(人)	41	10	4	0	4	17	16	12	14
		占比(%)	69.49	16.95	6.78	0.00	6.78	28.81	27.12	20.34	23.73
	≥2000(125人)	人数(人)	86	25	10	4	0	48	34	20	23
		占比(%)	68.80	20.00	8.00	3.20	0.00	38.40	27.20	16.00	18.40

附录2 南京市养老服务机构访谈问卷

(一)入住老年人基本特征

(1) 入住老年人总数

(2) 老年人身体状况:根据9个建议问题或者2个专业量表测算是否患有疾病、疾病严重程度及治疗程度(见附录3)

(3) 服务对象基本类型:完全自理老人数量及所占比例;半自理老年人数量及所占比例;完全不能自理老年人数量及所占比例

(4) 机构服务费用来源:自费(退休金、子女等)老年人数量及所占比例;政府补贴(离退休老干部、困难老年人等)老年人数量及所占比例

(5) 意外保险购买情况:个人自付、机构代付、个人与机构共付、政府补贴情况

(二)机构基本特征

表 B-1 机构基本特征

机构名称		法人姓名			
联系电话		机构地址			
成立年份		占地面积		建筑面积	
机构用房来源	土地出让(招、拍、挂);土地划拨;租赁;自有房产;政府免费提供;其他				
经营性质	公办公营;公办民营;民办公助;民办民营				
机构属性	公办福利机构;民办非企业;民办企业;其他				
主营业务	机构养老;社区养老;居家养老				
	总床位数: 　　　入住率: %				

附录 2　南京市养老服务机构访谈问卷

(1) 机构人员构成

表 B-2　机构人员构成

工作人员总数			
护理员人数		持证护理员人数	
医生人数		具备从业资格医生人数	
后勤人数			
每 100 位老年人拥有的护工人数			
外来打工人员占所有护工比例			
本地下岗人员占所有护工比例			
其他			

(2) 机构日常收入来源主要构成

表 B-3　机构日常收入来源主要构成

机构月/年均总收入			
政策优惠	政府直接资金支持		
	建设补贴	新建/改造床位	
	运营补贴	床位运营补贴	
		护理补贴	
		从业人员护理补贴	
		服务人员薪酬补贴	
		日常办公经费补贴	
日常业务收入	床位费	基本床位费＋单/双/三/四/五/六人间收费	
	伙食费		
	护理费	生活自理;介助;介护;专人特护	
	杂费	水电费、网费等	
	其他	一次性设施使用费;其他服务项目	
	平均月/年收费		
社会捐赠	个人捐赠;组织捐赠		
收费形式	现金缴费;社保结算;养老服务券;政府现金补助		

(3) 机构日常支出构成

表 B-4　机构日常支出构成

机构月/年均总支出	
房屋租赁费（月/年）	
人员工资（月/年）	管理人员工资
	护理服务人员工资
	后勤人员工资
设备采购与维护费	
水电气电视网络费用	
理赔费用	
课税/费	房产税
	企业所得税
	城镇土地使用费
	收入营业税
	增值税
	养路费
	车船使用费

附录2 南京市养老服务机构访谈问卷

表 B-5 2010 年和 2015 年南京市老年人服务机构建设情况

	类型	机构数(个) 2010年	机构数(个) 2015年	占全市比例(%) 2010年	占全市比例(%) 2015年	床位数(张) 2010年	床位数(张) 2015年	占全市比例(%) 2010年	占全市比例(%) 2015年
公办公营	市、区养老福利院	77	43	29.84	20.57	12682	13626	46.27	34.21
	农村敬老院	67	35			3070	5102	11.20	12.81
公建民营	区、街养老福利院(承包)	10	8	3.88	3.83	9612	8524	35.07	21.40
公办民营	区、街养老福利院(承包)	26	21	11.63	14.35	1553	4116	5.67	10.33
	农村敬老院(承包)	4	9	25.97	16.75	1761	6894		
				10.08	10.05	208	2778	0.76	6.98
				1.55	4.31				
民办民营	社会兴办养老服务机构	151	136	58.53	65.07	12965	19307	47.30	48.48

219

附录3 城市社会养老服务访谈提纲

(一) 针对老年人

1. 基本情况

(1) 老年人的基本情况:老年人年龄、文化水平、身体状况(能否自理、是否患有慢性病)、婚姻状况、居住状况(是否独居、是否与子女同住)、从事过的职业

(2) 家庭基本情况:家庭人口数、主要经济来源、家庭的养老观念

2. 物质提供方面

(1) 老年人的主要生活收入来源由谁提供及其提供标准

(2) 老年人对这一标准是否满意及满意程度

(3) 老年人生活费的主要支出

(4) 老年人的医疗支出费用来源

(5) 老年人是否参加了社会养老保险以及商业保险

3. 日常生活照顾方面

(1) 老年人的日常生活由谁照顾,主要的照顾方面

(2) 子女与老年人的联系频率及联系的相关内容

(3) 老年人目前的身体状况

(4) 老年人生病由谁照顾

(5) 老年人是否参加家庭劳务

(6) 能否接受钟点工或住家保姆照顾饮食起居,能够接受的费用

4. 精神慰藉方面

(1) 老年人一般与谁联系最多

(2) 照顾者对老年人心理状况的了解程度

(3) 老年人遇到问题时向谁求助

(4) 老年人在养老过程中遇到的最大困难

附录3　城市社会养老服务访谈提纲

5. 对于现存养老模式态度

(1) 是否会选择去养老院,如果去会选择何种类型,能够接受的收费标准,希望得到的照护服务类型

(2) 是否愿意在家养老的同时接受社区服务,需要社区提供何种照护服务

(3) 是否接受过社区相关养老服务,能够接受的收费标准,对所在社区提供服务满意度

表 C-1　现存养老服务项目及使用情况

服务项目	使用情况	
	是	否
生活照料服务(上门送餐、起居、助浴、卫生清理、代办缴费等)		
医疗保健服务(疾病和保健咨询、医疗协助、老年人健康档案建档)		
紧急救助服务(求助门铃、呼叫器、紧急呼救等)		
家政维修服务(清洗、打扫、疏通管道等)		
精神慰藉服务(陪同聊天交流、心理疏导、心理咨询等)		
康复健身服务(提供康复健身配套设施、组织健身项目培训等)		
机构转介服务		
居家护理转介服务		
日托服务居家养老服务券		

(4) 是否享受过政府购买服务以及满意度

(5) 所在社区还需要在哪些服务方面给予加强

(6) 是否听说过"银龄互助""喘息服务""家庭病床服务"

(7) 希望政府重点关注老年群体的何种需要

(二) 针对街道和社区工作人员

1. 社区基本资料

(1) 目前社区老年人数目,失能、空巢、独居、残疾等特殊老年人所占比例,享受政府购买服务的比例

(2) 政府购买的社区养老服务有哪些种类,其中上门服务有哪些

(3) 对于失能和半失能老人有哪些照护措施

(4) 是否具有并正常使用居家养老服务中心或服务站,运行情况如何

(5) 是否具有社区卫生服务中心或服务站,对老年人一般提供何种支持

2. 社区养老服务生产与递送

(1) 社区在居家养老方面的工作机制,其中包括社会组织和市场组织参与社区老年服务提供的方式

(2) 政府和社区在社会组织培育和支持方面做了哪些工作,社会组织的作用如何,枢纽型社会组织(工会、共青团、妇联等)是否发挥重要作用

(3) 是否有市场组织在本社区开展老年人服务,具体运作机制以及运作效果如何

(4) 就社区养老服务而言,政府在社区老年服务方面进行了哪些行政体制方面的改革,效果如何

(5) 当前在社区有哪些信息技术被采用到养老服务中,信息技术平台如何运作,服务资源如何共享,"互联网+"时代中的养老服务与之前有何不同

(6) 本社区提供上门服务的人员构成怎样,其中40—50岁人员的公益性岗位以及家政服务员的工作内容有哪些,老年人评价如何

(7) 目前开展社区养老服务的经费来源有哪些,各占比例为多少

(8) 目前社区养老服务方面有哪些创新政策

(9) 本社区希望得到政府、社会、市场组织以及老年人的哪些支持

(三) 针对社会组织/市场组织

1. 组织基本情况

(1) 组织成立背景、成立时间、性质及相关政策依据或文件材料

(2) 组织的性质、目标与宗旨

(3) 组织参与的养老服务业务范围、组织体制与运行机制

(4) 组织的治理结构、人员构成(专职/兼职)、薪酬模式

(5) 组织参与养老服务的效果(有无盈利,多长时间)

(6) 组织现有护理床位数,护理设施情况,能够接纳老年人数量

(7) 组织是否设有分支机构,若有,如何开展机构之间的互动联系

(8) 组织与监管机构的互动方式(检查评估、投诉受理)

2. 组织资产管理

(1) 组织成立初期时有无固定的活动中心、办公场所及其他设施,资源供给方的占比关系,现在是否有所改变

(2) 组织启动资金的来源

(3) 当前组织经费来源,有无捐赠,何种形式、具体数额,参与养老服务收入的

附录3 城市社会养老服务访谈提纲

大致占比,经费的开支使用情况

3. 组织外部关系

(1)组织与政府部门的联系方式以及联系内容

(2)组织与其他组织(社会组织或市场组织)在养老服务上的竞合关系,与哪些组织关系较为密切

(3)是否有固定的志愿者团队,若有,互动的方式;若没有,是否有动员或对志愿者的看法

(4)组织与社区、高校等是否有联系以及如何联系

4. 组织参与养老服务情况

(1)组织在提供养老服务过程中需要链接哪些资源

(2)组织开展过哪些养老服务项目,服务对象如何确定,服务提供者如何选聘与任用,服务项目运行机制与运行效果如何

(3)组织内部有哪些评估机制,承接的政府项目是如何进行评估的

(4)组织有无专业督导,如何保证养老服务的专业性

(5)组织在提供养老服务过程中最大的困境是什么,目前有无解决措施

(6)政府当前提供哪些补贴与支持性政策,期望得到哪些方面的进一步支持

参 考 文 献

一、中文文献

(一) 中文专著

1. 〔澳〕欧文·休斯.公共管理导论[M].张成福等译.北京:中国人民大学出版社,2007.
2. 〔美〕戴维·L.德克尔.老年社会学[M].沈健译.天津:天津人民出版社,1986.
3. 〔美〕莱斯特·M.萨拉蒙.公共服务中的伙伴——现代福利国家中政府与非营利组织的关系[M].田凯译.北京:商务印书馆,2008.
4. 〔美〕麦克尔·詹森,威廉·麦克林.企业理论:管理行为、代理成本与所有权结构[A].陈郁译.所有权、控制权与激励——代理经济学文选[C].上海:上海人民出版社,1998.
5. 〔美〕E.S.萨瓦斯.民营化与公司部门的伙伴关系[M].周志忍等译.北京:中国人民大学出版社,2003.
6. 〔美〕斯蒂芬·戈德史密斯,威廉·D.埃格斯.网络化治理——公共部门的新形态[M].孙迎春译.北京:北京大学出版社,2008.
7. 〔美〕詹姆斯·N.罗西瑙.没有政府的治理[C].张胜军等译.南昌:江西人民出版社,2001.
8. 〔英〕格里·斯托克.作为理论的治理:五个论点[A].俞可平.治理与善治[C].北京:社会科学文献出版社,2000.
9. 〔英〕马丁·鲍威尔.理解福利混合经济[M].钟晓慧译,岳经纶校.北京:北京大学出版社,2011.
10. 〔英〕罗伯特·罗兹.新的治理[A],俞可平.治理与善治[C].北京:社会科学文献出版社,2000.
11. 〔英〕苏珊·特斯特.老年人社区照顾的跨国比较[M].周向红,张小明译.北京:中国社会出社,2002.
12. 〔英〕亚当·斯密.国富论[M].唐日松等译.北京:华夏出版社,2005.
13. 陈立行,柳中权.向社会福祉跨越—中国老年社会福祉研究的新视角[M].北京:社会科学文献出版社,2014.
14. 董红亚.中国社会养老服务体系建设研究[M].北京:中国社会科学出版社.2011.
15. 费孝通.乡土中国·生育制度[M].北京:北京大学出版社,1998.
16. 林娟芬.妇女晚年丧偶后的适应——一个以台湾地区为例的叙述分析[M].上海:上海人民出版社,2006.

17. 林闽钢.现代社会服务[M].济南:山东人民出版社,2014.
18. 马克思恩格斯选集(第1卷)[M].北京:人民出版社,1972.
19. 彭华民.社会福利与需要满足[M].北京:社会科学文献出版社,2008.
20. 彭华民.西方社会福利制度理论前沿:论国家、社会、体制与政策[M].北京:中国社会出版社,2009.
21. 彭希哲等.城市老年服务体系研究[M].上海:上海人民出版社,2006.
22. 祁峰.中国城市居家养老研究[M].大连:大连海事大学出版社,2011.
23. 施巍巍.发达国家老年人长期照顾制度研究[M].北京:知识产权出版社,2012.
24. 孙伯瑛.当代地方治理——面向21世纪的挑战[M].北京:中国人民大学出版社,2004.
25. 童星.社会转型与社会保障[M].北京:中国劳动社会保障出版社,2007.
26. 仝利民.老年社会工作[M].上海:华东理工大学出版社,2006.
27. 邬沧萍等.社会老年学[M].北京:中国人民大学出版社,1999.
28. 熊跃根.需要、互惠和责任分担——中国城市老人照顾的政策与实践[M].上海:上海人民出版社,2008.
29. 易国松.社会福利社会化的理论与实践[M].北京:中国社会科学出版社,2006.
30. 竺乾威.公共行政评论[M].上海:复旦大学出版社,2008.

(二)期刊论文

1. 班娟.社区老年群体互助养老中增权模式探究[J].社会科学战线,2014(8).
2. 蔡禾,叶保强.城市居民与郊区农村居民寻求社会支援的社会关系一向比较[J].社会学研究,1997(6).
3. 曹煜玲.中国老年人的照护需求与服务人员供给分析——基于对大连和南通的实证研究[J].人口学刊,2014(3).
4. 陈友华,吴凯.社区养老服务的规划与设计——以南京市为例[J].人口学刊,2008(1).
5. 陈友华.居家养老服务及其相关的几个问题[J].人口学刊,2012(4).
6. 常敏,朱明芬.政府购买公共服务的机制比较及其优化研究——以长三角城市居家养老服务为例[J].上海行政学院学报[J],2013(11).
7. 崔恒展.居家养老的源起演变及其内涵探究[J].山东社会科学,2015(7).
8. 单大圣.中国养老服务管理体制的改革与发展[J].经济论坛,2011(9).
9. 董红亚.中国政府养老服务发展历程及经验启示[J].人口与发展,2010(5).
10. 董红亚.中国社会养老服务体系的解析和重构[J].社会科学,2012(3).
11. 董红亚.我国养老服务补贴制度的源起和发展路径[J].中州学刊,2014(8).
12. 冯占联等.中国城市养老机构的兴起:发展与公平问题[J].人口与发展,2012(6).
13. 高迪理.社会支持体系概念之构架探讨[J].社会发展季刊(台湾),1991(45)
14. 关信平,赵婷婷.当前城市民办养老服务机构发展中的问题及相关政策分析[J].西北大学学报(哲学社会科学版),2012(5).
15. 郭竞成.居家养老模式的国际比较与借鉴[J].社会保障研究,2010(1):31—32.
16. 胡爱敏.高速老龄化背景下中国养老服务的着力点——以马斯洛需求层次理论为观照[J].福建省委党校学报,2012(12).
17. 胡宏伟等.需求与制度安排:城市化战略下的居家养老服务保障定位与发展[J].人口与

发展,2011(6).
18. 胡灿伟.新加坡家庭养老模式及其启示[J].云南民族大学学报,2003(3):35.
19. 黄佳豪.合肥市社区居家养老的实践探索及政府责任[J].中国老年学杂志,2015(10).
20. 姜向群等.影响我国养老机构发展的多因素分析[J].人口与经济,2011(7).
21. 景天魁.在社会服务体制机制的改革与创新中发展非营利组织[J].教学与研究,2012(8).
22. 敬乂嘉,陈若静.从协作角度看我国居家养老服务体系的发展与管理创新[J].复旦学报(社会科学版),2009(5).
23. 孔繁斌.社会治理的多中心场域构建——基于共和主义的一项理论解释[J].湘潭大学学报(哲学社会科学版),2009(3).
24. 孔繁斌.中国社会管理模式重构的批判性诠释——以服务行政理论为视角[J].行政论坛,2012(1).
25. 孔繁斌.服务型政府在社会治理中的知识扩散[J].中国人民大学学报,2014(2).
26. 孔月红,卢乔石.民间资本投资养老社区的政府支持体系构建研究[J].湖北社会科学,2013(12).
27. 黎民,胡斯平.中国城镇机构养老及其模式选择——以广州为实例的研究[J].南京社会科学,2009(1).
28. 李春,王千.政府购买养老服务过程中的第三方评估制度探讨[J].中国行政管理,2014(12).
29. 李长远,张举国.养老服务本土化中政府责任的偏差及调整[J].人口与发展,2013(6).
30. 李敏.社区居家养老意愿的影响因素研究——以北京为例[J].人口与发展,2014(2).
31. 李平.养老服务中的政府责任定位[J].人民论坛,2014(2).
32. 李薇,丁建定.中国居家养老服务的发展状况研究[J].当代中国史研究,2014(1).
33. 李伟.关于机构养老的认识误区、理性原则及完善对策[J].城市问题,2015(1).
34. 林闽钢.中国社会服务管理体制和机制研究[J].华中师范大学学报(人文社会科学版),2013(3).
35. 林闽钢.论我国社会服务的公益性及实现途径[J].人口与社会,2014(1).
36. 林闽钢.超越"行政有效,治理无效"的困境:兼论创新社会治理体系的突破点[J].中共浙江省委党校学报,2014(5).
37. 林闽钢.中国社会保障制度优化路径的选择[J].中国行政管理,2014(7).
38. 林闽钢.中国社会福利发展战略:从消极走向积极[J].国家行政学院学报,2015(2).
39. 刘继同.人类需要理论与社会福利制度运行机制研究[J].中共福建省委党校学报,2004(8).
40. 刘红芹,包国宪.政府购买居家养老服务的管理机制研究——以兰州市城关区"虚拟养老院为例"[J].理论与改革,2012(1).
41. 罗楠,张永春.居家养老的优势和政府财政支持优化方案研究——以西安市为分析样本[J].福建论坛(人文社会科学版),2012(5).
42. 罗亚萍,茹斯羽.我国发展城市社区居家养老服务的问题与对策——以西安市社区老年餐桌为例[J].西安交通大学学报(人文社会科学版),2014(5).
43. 毛满长.西北地区社区居家养老:功能、限度与完善——以兰州市西北新村社区为个案

[J].宁夏社会科学,2009(4).

44. 穆光宗,姚远.探索中国特色的综合解决老龄问题的未来之路[J].人口与经济,1999(2).
45. 穆光宗.中国传统养老方式的变革和展望[J].中国人民大学学报,2000(9).
46. 穆光宗.我国机构养老发展的困境与对策[J].华中师范大学学报,2012(3).
47. 穆光宗.公办养老机构"乱象"治理[J].人民论坛,2012(11).
48. 牛荣华等.空巢老人养老意愿及其影响因素[J].中国老年学杂志,2015(6).
49. 彭华民.中国政府社会福利责任:理论范式演变与制度转型创新[J].天津社会科学,2012(6).
50. 祁峰.非营利组织参与居家养老的角色、优势及对策[J].中国行政管理,2011(10).
51. 祁峰.城市社区养老服务的特点与作用[J].城市问题,2011(11).
52. 任丽新.社区服务在养老保障中的作用[J].社会,2001(1).
53. 唐咏,徐永德.中国社会福利变迁下养老服务中非营利民间组织的发展[J].深圳大学学报(人文社会科学版),2010(1).
54. 唐钧.社区服务支持下的居家养老[J].中国人力资源社会保障,2014(3).
55. 唐钧."十三五"的老年服务应多接地气[J].中国人力资源社会保障,2014(11).
56. 唐钧.中国老年服务的现状、问题和发展前景[J].国家行政学院学报,2015(3).
57. 唐钧.政府购买社会服务的政策缺失[J].中国党政干部论坛,2015(3).
58. 唐钧.从社会管理到社会治理[J].中国人力资源社会保障,2015(4).
59. 唐钧."护联网"织就老年服务大网[J].中国人力资源社会保障,2015(8).
60. 唐钧."十三五"需要什么样的老年服务机构[J].中国党政干部论坛,2015(10).
61. 田玲,张思锋.居家养老服务发展的思路框架与制度安排——基于国际实践经验的分析探讨[J].理论与改革,2014(6).
62. 田原.日本城市社区养老服务的经验与启示[J].当代经济,2010(9).
63. 童星.社会管理的组织创新——从"网格连心、服务为先"的"仙林模式"谈起[J].江苏行政学院学报,2012(1).
64. 童星.论社会治理现代化[J].贵州民族大学学报,2014(5).
65. 童星.从养老保险转向养老服务,社保制度建设要有新思维[N],中国社会科学报,2014-11-28(A02).
66. 孙宏伟等.中国社会养老服务体系建设的政策选择[J].东北大学学报(社会科学版),2013(4).
67. 童欣.日本家庭经济制度变迁与养老方式选择的思考[J].现代日本经济,2005(1):54.
68. 王名,乐园.中国民间组织参与公共服务购买的模式分析[J].中共浙江省委党校学报,2008(4).
69. 魏姝.中国城市社区治理结构类型化研究[J].南京大学学报(哲学·人文科学·社会科学),2008(4).
70. 魏姝.民主行政与行政民主——兼论中国行政改革的方向与困境[J].江苏行政学院学报,2012(1).
71. 吴玉韶.养老服务热中的冷思考[J].北京社会科学,2014(1).
72. 吴玉韶.养老产业机遇与挑战并存[N].中国社会报,2014-07-28(004).

73. 席恒.分层分类:提高养老服务目标瞄准率[J].学海,2015(1).
74. 徐双敏.政府绩效管理中的"第三方评估"模式及其完善[J].中国行政管理,2011(1).
75. 徐月宾,张秀兰.中国政府在社会福利中的角色重建[J].中国社会科学,2005(12).
76. 阎青春.我国人口老龄化的特点、发展趋势和对策研究[J].社会福利,2004(5).
77. 姚俊."一体化"社会养老服务政策的理念与设计研究——基于服务递送的视角[J].现代经济探讨,2015(7).
78. 姚远."激活"与"吸纳"的互动——走向协商民主的中国社会治理模式[J].北京大学学报,2013(3).
79. 杨述明.论地方政府主导社会养老服务体系构建的"三根支柱"[J].湖北社会科学,2014(7).
80. 杨文健,邹海霞.江苏现行养老服务体制机制存在的问题及对策研究[J].学习论坛,2014(5).
81. 于凌云.推进养老机构市场化的财政补贴机制研究[J].财政研究,2015(3).
82. 郁建兴,瞿志远.公私合作伙伴中的主体间关系——基于两个居家养老服务案例的研究[J].经济社会体制比较(双月刊),2011(4).
83. 岳经纶.个人社会服务与福利国家:对我国社会保障制度的启示[J].学海,2010(4).
84. 张海波.柔性社会管理:可能与可为[J].中国行政管理,2012(6).
85. 张海波等.公共管理视角下的中国危机管理研究——现状、趋势与未来方向[J].公共管理学报,2012(3).
86. 张康之.社会治理中的价值[J].国家行政学院学报,2003(5).
87. 张康之,张乾友.民主的没落与公共性的扩散——走向合作治理的社会治理变革逻辑[J].社会科学研究,2011(2).
88. 张康之.论主体多元化条件下的社会治理[J].中国人民大学学报,2014(2).
89. 张奇林,赵青.我国社区居家养老模式发展探析[J].东北大学学报(社会科学版),2011(5).
90. 张卫东.居家养老模式的理论探讨[J].中国老年学杂志,2000(4).
91. 张孝廷,张旭升.居家养老服务的结构困境及破解之道[J].浙江社会科学,2012(8).
92. 张仲兵,徐宪.养老服务体系保障机制建设研究[J].湖南社会科学,2014(2).
93. 章晓懿,刘帮成.社区居家养老服务质量模型研究——以上海市为例[J].中国人口科学,2011(3).
94. 郑功成.中国社会福利的现状与发展取向[J].中国人民大学学报,2013(2).
95. 郅玉玲.长江三角洲地区居家养老服务的发展[J].学海,2010(4).
96. 周春发,付予光.居家养老:住房与社区照顾的联结[J].城市问题,2008(01)
97. 周秋光等.养老服务需求现状及发展趋势——基于长沙市的实证分析[J].中国劳动,2012(5).
98. 周湘莲.居家养老服务中的政府责任[J].学海,2011(6).
99. 周育瑾等.深圳市桃源社区居家养老服务模式探讨[J].中国全科医学,2011(5C).
100. 〔美〕罗伯特·B.登哈特,珍妮特·V.登哈特.新公共服务:服务而非掌舵[J].中国行政管理,2002(10).
101. 唐文玉.行政吸纳服务——中国大陆国家与社会关系的一种新诠释[J].公共管理学

报,2010(1).

102. 康晓光,韩恒,卢宪英. 行政吸纳社会——当代中国大陆国家与社会关系研究(英文版)[J]. 中国社会科学,2007(2).

(三)学位论文

1. 曹煜玲. 中国城市养老服务体系研究——以大连市为调查分析样本[D]. 东北财经大学,2011.
2. 伏威. 政府与公益性社会组织合作供给城市养老服务研究[D]. 吉林大学,2014.
3. 焦亚波. 社会福利社会化背景下上海养老机构发展研究[D]. 华东师范大学,2009.
4. 李凤琴. 从权威控制到体制吸纳:中国城市社区公共服务模式转变研究[D]. 南京大学,2012.
5. 李雪萍. 城市社区公共物品供给研究[D]. 华中师范大学,2007.
6. 刘红芹. 政府购买居家养老服务的绩效研究[D]. 兰州大学,2012.
7. 刘燕. 制度化养老、家庭功能与代际反哺危机——以上海市为例[D]. 华东理工大学,2014.
8. 罗小华. 我国城市失能老人长期照护问题研究[D]. 西南财经大学,2014.
9. 吕津. 中国城市老年人口居家养老服务管理体系的研究[D]. 吉林大学,2010.
10. 吴敏. 基于需求与供给视角的机构养老服务发展现状研究[D]. 山东大学,2011.
11. 修宏方. 社区服务支持下居家养老服务研究[D]. 南开大学,2013.
12. 赵婷婷. 我国城镇养老服务机构的问题研究——福利混合经济的三维分析框架[D]. 南开大学,2013.
13. 张旭升. 政府购买居家养老服务参与主体的行动逻辑研究——以M市Y区为例[D]. 南京大学,2011.
14. 章晓懿. 城市社区居家养老服务质量研究[D]. 江苏大学,2012.

二、英文文献

1. Abrams,P. Community Care:Some Research Problems and Priorities[J]. *Policy and Politics*,1977(6).
2. Bayley,M. *Mental Handicap and Community Care*[M]. London:Routledge & Kengan Paul,1973.
3. Berkman L. F. ,Syme S. L. Social Networks,Host Resistance and Mortality[J]. *American Journal old Epidemiology*,1979(109).
4. Berkman L. F. ,Oxman T. et al. Social Networks and Social Support Among the Elderly:assessment Issues. In Wallace,R. B. and Woolson,R. F. (eds.). *The Epidemiologic Study of the Elderly*[M]. New York:Oxford University Press,1992.
5. Bradshaw,J. The Concept of Social Need[J]. New Society,1972(30).
6. Challis,D. & Hugman,R. Editional. Community Care,Social Work and Social Care[J]. British Journal of Social Work,1993(4).
7. Evers,A. ,Olk,T. Wohlfahrts Pluralismus:Vom Wohlfahrtsstaat Zur Wohlfahrts Gesellschaft[M]. Opladen,1996.

8. Fultz, Elaine, Tracy. *Good Practices in Social Service Delivery in South Eastern Europe*[M]. Budapest: International Labor office, 2004.

9. Gallo J., Reichel W. et al. *Handbook of Geriatric Assement*[M]. Maryland: Aspen Publishers, 1988.

10. Jonathan Bradshaw. The Concept of Social Needs[J]. New Society, 1972(3).

11. Maslow, A. *Motivation and Personality*[M]. NewYork: Harper&Row, 1954.

12. Neil Gilbert. Welfare Pluralism and Social Policy[A]. James Midgley. Norman Johnson. *Mixed Economies of Welfare: A Comparative Perspective*[M]. London: Prentice Hall Europe, 1999.

13. Norman Johnson. *The Welfare State in Transition: The Theory and Practice of Welfare Pluralism*[M]. Amherst: University of Massachusetts Press, 1987.

14. Ragnar, S., Blomqvist, P. and Winblad, U. Privatization of Social Services: Quality Difference in Swedish Elderly Care[J]. *Social Science & Medicine*, 2011(4).

15. Richard Rose. Common Goals But Different Roles: The States Contribution to the Welfare Mix[A]. R. Rose & Shiratori. *The Welfare State East and West*[C]. Oxford: Oxford University Press, 1986.

16. Robert Wuthnow. *Between States and Markets: the Voluntary Sector in Comparative Perspective*[M], Princeton University Press, 1991.

17. Sven E. Olsson, Hans Hansen, Ingemar Eriksson. *Social Security in Sweden and Other European Countries: Three Essays*[M]. Stockholm: Finans-Departmenter, 1993.

18. Thomas H. Marshall. *Social Policy*[M]. London: Hutchinson University Press, 1965.

19. Weisbrod Burton Allen. *Toward a Theory of the Voluntary Nonprofit Sector in a Three-sector Economy*[M]. Wisconsin: University of Wisconsin-Madison, 1975.

20. World Bank. *Averting the Old Age Crisis: Politics to Protect the Old Promote Growth*[M]. Oxford: Oxford University Press, 1994.